職業訓練原理

田中　萬年　著

財団法人　職業訓練教材研究会

は　じ　め　に

　「職業訓練法」が「職業能力開発促進法」に改正されたのは1985（昭和60）年であった。それから20年経た今日の「職業能力開発促進法」の下でも、技術・技能や知識の指導を担当する者は"職業訓練指導員"である。このことは「職業能力開発促進法」第1条で、「職業訓練……の内容の充実強化及びその実施の円滑化のための施策」を講ずること、とあるように矛盾することではない。今日でも職業能力開発の主要な施策は職業訓練なのである。そして、職業訓練指導員の資格試験の科目には「職業訓練原理」が掲げられている。「職業訓練原理」が求められる理由である。

　また、職業訓練指導員の方々から「職業訓練の根拠は何か」、「職業訓練の存在意義とは何か」、あるいは「職業訓練とはいかにあるべきか」と問われることが少なくない。このような問いは、職業能力開発施設で日々の職業訓練を担当しておられる中で、職業訓練への確信を得たいという期待が極めて強く、かつ大きいためだと思われる。

　一方、職業訓練に関心を寄せておられる職業訓練の外部の人々からも、職業訓練とは何かを簡単に紹介してくれる解説本が無いかと問われることが度々ある。職業訓練の制度や政策は厚生労働省等より出ているが、全貌をとらえられないというのである。これらのご要望にも我々は応えなければならない。

　ところで、戦後の公共職業訓練を再開させようとしていた岩手県の指導員が「労働文化の発祥は職業補導から」の信念で努力している、という決意が『職業安定広報』の前身である昭和22年の『職業通信』に報告されている。また、戦後の企業内訓練の「技能者養成規程」における「教習事項」では、「社会」科の「労働」で、「技能者養成」を含めて解説すべきというように指示されていた。

　「労働文化」の創造や、「職業訓練」の意義を明確にすべきことは今日でも必要であるはずである。なぜなら、職業訓練の展開のためには職業訓練に対する確信を担当者が持てることが第一歩であるからである。と同時に、指導員を通して受講者にもその職業訓練の意味を理解してもらえることになるからである。

　そして、前述したように「職業訓練原理」が、1958（昭和33）年の「職業訓練法」の成立以来、職業訓練指導員養成の基準の教科として、あるいは職業訓練指導員免許、職業訓練指導員試験の教科として掲げられてきた。しかしながらこの「職業訓練原理」とはどのようなことを学習すべきかについて十分に検討されてきたとはいえない。

それは「職業訓練」の課題があまりに大きく、かつ様々な社会の事象と絡まって極めて複雑であり、その整理が困難であるためである。例えば、教育学では「教育原理」があるが、その「教育」を「職業訓練」に変換すれば「職業訓練原理」になる、というような簡単なものではない。しかし、困難だからといっていつまでも手をこまねいているわけにはいかない。

　本書はこのような期待に遅ればせながら少しでも応えたいとの思いからとりまとめたものである。読者には各位のご関心のある箇所から読み進めていただければよいと考えている。

　さて、本書の課題である「職業訓練原理」とは何か、が問題となる。とりあえず「職業訓練原理」とは

　　職業訓練の存在意義を明確にするために、職業訓練のアイデンティティー（独
　　自性・主体性）の確立に寄与する論である。

と定義しておきたい。このことは換言すれば「**職業訓練の立場から他の社会的諸事象を位置づけ、整理すること。**」であるともいえる。

　このように考えるのは、職業訓練がこれまで長年にわたり営まれてきた事実があり、このことはそこに原理があるはずである、と考えるからである。ただし、理工学の原理のように唯一無二の原理という意味ではなく、全体を矛盾無く整理する論理だ、と考えていただきたい。したがって、本書とは異なった「職業訓練原理」が刊行されても不思議ではない。

　そのような意味で、本書は職業訓練を理解するための一つの試みに過ぎない。そして、真の職業訓練学の体系化を共に目指すために、関係者各位、あるいは職業訓練を見守って下さっている方々から忌憚のないご意見、ご批判をお願いしたい。

2006年3月

田中　萬年

目　　次

序　論　「教育」と"Education"に関する誤解と幻想 …………………1
　1. 寺子屋と徒弟制度の内容 ……………………………………………1
　2. 「教育」用語の成立と普及 ……………………………………………5
　3. 近代的学校制度の成立と変質 ………………………………………7
　4. "Education"の概念と「教育」との同定 ……………………………11

第1章　職業訓練指導員の役割——何が期待されているか—— ………17
　1. 職業訓練指導員の業務と拡大 ………………………………………17
　2. 自信と誇りを与える指導員 …………………………………………19
　3. 親方としての指導員 …………………………………………………22
　4. 「専門職」としての指導員 ……………………………………………24
　5. 職業訓練を説明できる指導員 ………………………………………25
　6. 指導員論を考える指導員 ……………………………………………26
　7. 「職業訓練学」を追究する指導員 ……………………………………28

第2章　「職業訓練」の用語——何を意味しているか—— ………………30
　1. 「職業」関連用語 ………………………………………………………31
　2. 「職業」の意味 …………………………………………………………32
　3. わが国の職業訓練観 …………………………………………………37
　4. 「教育訓練」と「教育・訓練」 …………………………………………40
　5. 職業訓練を見る視座 …………………………………………………43

第3章　職業訓練の制度——どのような実態か—— ……………………47
　1. 日本的特色 ……………………………………………………………47
　2. 「職業能力開発促進法」における制度構造 ………………………48
　3. 社会の中での位置づけ ………………………………………………49
　4. 経営主体別の分類 ……………………………………………………51
　5. 訓練体系による分類 …………………………………………………54

6．受講者による分類 …………………………………………………………58

第4章　職業訓練の成立――なぜ成立したのか―― …………………………66
　　1．労働の伝承としての分化と合理化 ……………………………………66
　　2．見習工養成制度としての企業内訓練の成立 …………………………67
　　　2－1　近代化と技術・技能の伝承………………………………………67
　　　2－2　三菱工業予備学校の成立…………………………………………69
　　　2－3　「工場法」と義務教育 ……………………………………………72
　　　2－4　「重ね餅システム」の定着 ………………………………………76
　　3．労働保障のための公共訓練の成立 ……………………………………79
　　　3－1　「社会的不運者」への援助 ………………………………………79
　　　3－2　実践実習を組み込んだ授産・輔導施設…………………………82
　　　3－3　学校的実習を組み込んだ技術講習施設…………………………87
　　　3－4　"生涯教育"の始まり ……………………………………………90

第5章　職業訓練の歴史――どのように発展してきたか―― ………………93
　　1．社会の変動と職業訓練の発展 …………………………………………94
　　2．職業訓練の拡大期の実情 ………………………………………………99
　　3．戦後再発足の理念と基盤の脆弱性……………………………………106
　　4．経済成長と職業訓練の確立……………………………………………109
　　5．財源の確立と理念の課題………………………………………………114
　　6．民活化と個人主導………………………………………………………118
　　補－1　職業訓練指導員養成の概史 ……………………………………119
　　補－2　モノづくり学習軽視の歴史的背景 ……………………………123

第6章　職業訓練の内容――何を選ぶべきか――…………………………127
　　1．「能力」としての技能 …………………………………………………127
　　2．「単位」としての実習 …………………………………………………131
　　3．人間的学習としての実習………………………………………………133
　　4．実習＝「モノづくり学習」の意義……………………………………135
　　　4－1　内容的意義 ………………………………………………………136

4－2　方法的意義………………………………………………138
　5．「モノこわし学習」の重要性…………………………………142
　6．問題解決の態度…………………………………………………145
　7．実習の評価の困難性……………………………………………146

第7章　職業訓練の計画──どのように構想するべきか──………150
　1．社会の動向と職業訓練…………………………………………150
　2．職業訓練カリキュラムの視点…………………………………150
　　　2－1　訓練基準の拘束性と弾力性…………………………150
　　　2－2　「実学一体」の職業訓練……………………………154
　　　2－3　実技中核の方法………………………………………161
　　　2－4　実技と理論の組合わせ法……………………………162
　　　2－5　受講者の興味・関心と計画…………………………163
　　　2－6　古い伝統・経験と新しい技術との統合……………165
　3．長期的な計画戦略の視点………………………………………166
　4．新たな可能性の模索……………………………………………170
　　　4－1　日本版デュアルシステムの有効性…………………170
　　　4－2　"生き甲斐訓練"の重要性……………………………174

第8章　職業訓練の目的──どのような意義があるか──…………175
　1．人間形成の一方法………………………………………………175
　2．職業訓練関係法の目的規定の変遷……………………………176
　3．職業人の養成……………………………………………………182
　4．産業基盤の土台づくり…………………………………………185

第9章　世界の職業訓練──何を学ぶべきか──……………………187
　1．主要先進国の職業訓練…………………………………………187
　　　1－1　学校に発展したイギリスの職業訓練………………188
　　　1－2　現代に続くアメリカの徒弟制度……………………191
　　　1－3　学校になっているドイツの徒弟制度………………193
　　　1－4　学校段階と並ぶフランスの見習工制度……………195

2．国際組織の職業訓練……………………………………………………197
　　　2－1　学校を含むILOの職業訓練……………………………………197
　　　2－2　ILOと同じユネスコの規定………………………………………199
　　　2－3　生涯教育としてのOECDの戦略…………………………………200
　　　2－4　労働権としての国際人権規約……………………………………202
　　3．世界に共通する視点……………………………………………………204

補　論　「職能形成学」の確立──誰のために必要なのか──……………206
　　1．「職能形成学」確立の意味………………………………………………206
　　2．「職能形成学」の概念……………………………………………………208
　　3．基盤学問としての工学、社会学、経済学の3領域……………………211
　　4．「生きること」、「働くこと」、「学ぶこと」との4層構造………………214
　　5．研究すべき視点と視角…………………………………………………217
　　6．「職能形成学」の意義……………………………………………………221
　　7．誰のための「職能形成学」か…………………………………………223
　　8．職業訓練担当者としての責務…………………………………………224

おわりに…………………………………………………………………………225
参考文献…………………………………………………………………………227
索　引……………………………………………………………………………229

別　冊　「職業訓練往来」・「職業能力開発促進法施行規則（抄）」

序論 「教育」と"Education"に関する誤解と幻想

はじめに

　わが国においては職業訓練の重要性に比してその意義が明確に国民に理解されていないきらいがある。このことの大きな理由の第一は職業訓練が複雑であるためである。この問題を整理することが本書のねらいでもある。ただ、それだけではなく、第二の理由として、わが国における「教育」への独特な誤解と幻想があるからである。職業訓練の意味を考察するためには、この「教育」に対する誤解をまず解かねばならない。そこで、序論ではわが国における今日までの「教育」に関する誤解を解くこととする。

　なぜそれが必要かといえば、わが国の教育学では職業訓練という類似の学問をきちんと整理できないからである。第9章で紹介するがアフリカの女性指導員からの質問にあるように、職業訓練のとらえ方には日本人の根本的な誤解があるようである。それが冒頭に述べた我々の悩みの根元ではないか、と考えている。

　つまり日本人の抱いている「教育」という概念が国際的な"Education"の定義とは異なることにある、ということである。序論ではその概要を紹介し、これまでの日本人の教育観の誤解を明らかにすることを目的とする。つまり、「教育」への誤解を解くことによって、職業訓練も正しく理解できると考えるからである。

1. 寺子屋と徒弟制度の内容

（1） 寺子屋の学習内容

　近代になって、今日のような学校が設立されたのは1872（明治5）年の「学制」によってであった。それ以前の学習施設としては、幕府の昌平坂学問所、公家のための学習院、武士のための藩校、庶民のために藩が設立した郷学、よく知られている寺子屋、そしてより進んだ学問に志した人たちのための私塾があった。郷学や寺子屋は明治になっても設立が続いていた。

　寺子屋は全国に分布し、3万とも、あるいは5万設置されていたとも推計されている。

したがって、これらの学習施設によって学ぶ者は少なくなく、当時のわが国民の識字率は世界のトップであったといわれている。

　庶民の施設であった寺子屋は、読み・書き・算を指導し、学校のような施設であったと一般に理解されている。学校では「教育」が実施されているが、寺子屋でもそうであろうか。否である。寺子屋では「教育」は実施されていない。なぜなら、学びたい者が自由に学んでいたに過ぎないからである。学ぶ順序はあっただろうが、師匠が「教える」順序ではなかったはずである。

　その寺子屋では読み書き算だけではなく、職業に関する指導も行われていたし、『史記』のようなかなり高度な知識も授けられていたのである。特に、職業に関しては「往来物」と呼ばれる写真のような教材によって指導されていた。

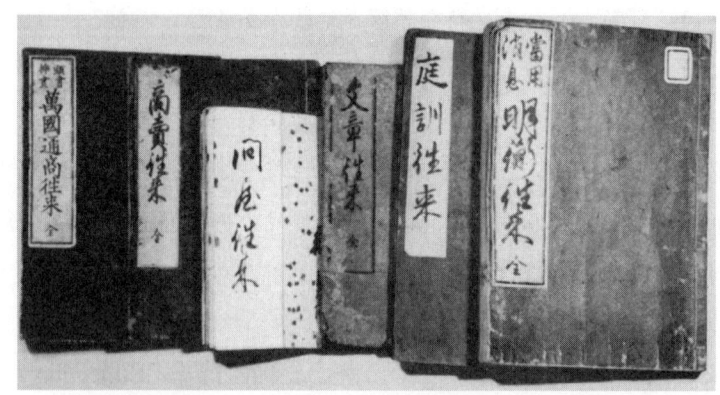

各種の往来物：文部省『目で見る教育のあゆみ』より

　「往来物」とは、今日でいえば「Q＆A手引き書」のようなものである。当時、様々なことについて質問をしたり、その質問に応えて手紙を書いたという。その回答により知識を学んでいたということから、手紙を"往来"させて次第にできあがった"教材"という意味である。

　「往来物」は写真にみるように多様であった。『萬国通商往来』や『問屋往来』などは商売物である。『庭訓往来』とは家庭教育・躾について述べたものである。また、農業物や職人物もあった。農業に関するものでは『百姓往来』、『農業往来』、『養蚕往来』などがあった。職人に関しては『諸職往来』、『左官職往来』、『大工往来』などがあった。特に女子のために『呉服往来』や『衣服往来』もあった。その他、今日でいえば旅行ガイドブックのような『諸国往来』、『江戸往来』、『大阪往来』などがあった。寺子屋ではこのような往来物が教材として使用されていたのである。江戸末期にはこのような往来物が7,000種類もあったという。

特に、職業に関する往来物が少なくないことが分かる。このことは、寺子屋は単なる読み書き算の基礎学習だけではなく、庶民の生活にとって、否、職業にとって極めて関係する学習施設であったことが分かる。商売往来にしても商人になるために必要な基礎知識だったといえよう。

例えば『柱立往来』は文字通り建築大工に関する指導書である。最初に、建築関係の用語が漢字で列挙され、平仮名のルビが付されている。そして聖徳太子像を載せ、大使と職人との関係が解説されている。これは今日にも続く各地での「太子講」と関係することが分かる。最後には職人は手を抜かず忠実に作業を守ることを戒めているという。このように、『柱立往来』は今日の職業訓練の教材に類似した内容であることが分かる。

つまり寺子屋とは、学校のような施設であったというだけでなく、職業的学習も行っていた職業訓練施設であった、ともいえるのである。

(2) 寺子屋の学習の意味

さて、寺子屋での子供達は、寺子屋で教育を受けている、というように今日の学校と同じように考えていたのであろうか。このことの理解に極めて参考になる江戸末期の寺子屋の様子を歌川派の絵師花里（一寸子）が「文学萬代の寶」と題して浮世絵に描いている（写真）。この絵は、「男女6歳にして席を同じうせず」の諺が守られていたことを示しているように男女別に2枚の絵としている。それぞれ助教らしき者がおり、師匠の後ろに各種の教材が並べられている。

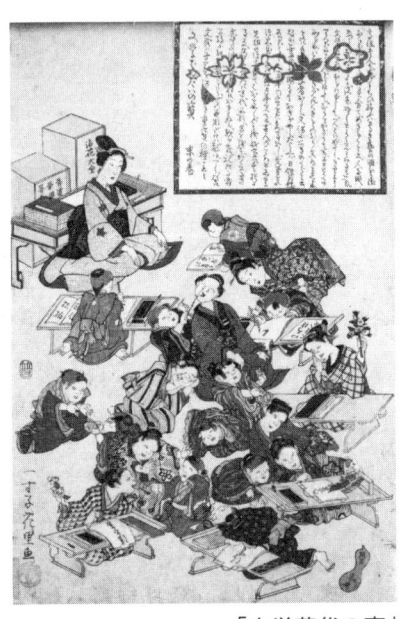

「文学萬代の寶」　東京都立中央図書館蔵

この絵には「文學萬代の寶」という文がコーナーに記されている。その最後の部分には次のような記述がある（傍点引用者）。

　　金銭財宝は尽(ことごとく)朽る事有。文学筆道は末代不朽名を残す。かく尊き文学の師恩を夫程におもわぬも歎ヶ敷親たる者子孫に能々教さとし、世の通用だけは教ゆべし。故に文武は国家を治る尊き重宝の種と云々。

このように、文学の必要性を「教え」るというように使用している。そして、「文学」が国のためになり、当然ながら武術と対等であると考えられていた。「文武」の「文」とはこのような学習する「文学」のことであったことが分かる。

この解説のように、寺子屋での学習が「文学」であることが分かる。江戸時代には「文学」は学習の意味であったのである。このことは4.（3）で紹介するヘボンの『和英語林集成』で「文學」を "Learning to read, pursuing literary studies" としていたことなどからも納得できるのである。

寺子屋での学習は当然ながら「教育」を受けることではなく、「文学」であったことは次の明治初期の学校を考える上でも重要な意味をもっている。

（3）　徒弟制度について

徒弟制度はどこの国にもある職人の養成制度である。わが国でも様々な職種で実施され、受け継がれた技術により、名品、名作を今日にも残している。また、特に伝統産業の分野では今日でも継承されている。

徒弟制度は職業訓練制度の制度化された最も古い制度である、といえる。この意味で、伝統を軽んじる近代化思想によって、徒弟制度は忌避され、因習を守る古い制度として排斥される場合もある。

さて、徒弟制度には雇用関係と師弟関係があることを見定めなければならない。上の批判は徒弟制度の一面だけをみた批判である。つまり、雇用関係が古い因習によって行われていることをみて、それは封建的であり、改めねばならない、とする論である。

視点を変えれば徒弟制度において親方は弟子に今日の意味のような「教育」を実施していたわけではない。その指導は、批判される「学ぶより慣れろ」、「技は盗むもの」などといわれてきた方法である。換言すれば「教えない指導」であった。それは子弟の関係が学校のように期間が決まっていないから可能な、仕事の経験を積む過程での修得であった。

その師弟関係はどうだっだのだろうか。

（4）　「徒弟」の言葉について

「徒弟」という言葉にも古いイメージがつきまとい、今日ではわが国では忌避されてい

る。しかし、第9章で紹介するように、欧米では今も徒弟制度は生きており、新たに様々な制度が現代社会に合うように工夫されているのである。わが国で「徒弟」が忌避される理由には、「教育」への幻想があるためなのではなかろうか。

さて、「徒弟」という言葉はもとは仏教語のようであり、「門徒徒弟」という言葉がある。また、「徒弟僧」というように、僧侶の弟子という言葉があった。これから子弟関係を意味するようになり、職人の世界で「徒弟制度」や「親方制度」とも呼ばれ普及したようだ。この徒弟制度は「見習工制度」ともいわれたりしている。

このように、古くから使用されているが、「徒弟制度」に対する古いイメージは先に述べたように、近代化が民主的、革新的とする一面的な日本的考えに根ざしているのではなかろうか。残念ながら、このような日本的な観念が、今日の職業訓練への軽視観に連なっているといえる。

2.「教育」用語の成立と普及

（1）「教育」の定義

「教育」は主として文部科学省が担ってきた。しかし、「日本国憲法」もそうだが教育関係法では「教育」の定義をしていない。法令では確定できないので、『広辞苑』（第5版）を見ると次のように定義している。

> きょう・いく【教育】①教え育てること。人を教えて知能をつけること。人間に他から意図をもって働きかけ、望ましい姿に変化させ、価値を実現する活動。「新人を─する」「学校─」「社会─」「家庭─」②─を受けた実績。「─のない人」

上のような定義が今日のわが国民が認める「教育」の考え方なのであろうか。「教育」の定義として①の最初と二番目までは多くの人が思いつくと思われるが、三番目の「人間に他から意図をもって働きかけ、望ましい姿に変化させ、価値を実現する活動。」という定義を国民は納得するだろうか。この「教育」のとらえ方は何かがおかしくはないだろうか。

（2）「教育」の創造

その問題の根元は、「教育」という言葉の成り立ちにある。「教育」という言葉は孟子が最初に「教」と「育」を結びつけて合成したのである。それは

　　孟子曰く、君子に三つの楽あり、而して天下に王たるは与り存せず。父母倶に存

> し、兄弟故なきは一つの楽なり。仰いで天に愧じず、俯して人に怍ざるは、二の楽なり。天下の英才を得て之を**教育するは**、三の楽なり。君子に三つの楽あり、而して天下に王たるは与り存せず。

のように君子の三楽の一つとしたのであった。

　この第三の意味は「天下の秀才を門人として教育し、これを立派な人物に育てあげることが、第三の楽しみである。」ということになる。

　しかし、この解説にある「門人」とは家来の意味である。つまり、このときの「教育」とは、君子（国の王）が国を強大にするためには、どうすべきかと議論する文脈であり、君子の役割を提案したものである。すなわち、ここでの教育は「育才」の意であり、近代的意味での「教育」ではないのである。

（3）「教育」の普及

　そのため、中国では長らく一般社会では「教育」という言葉を使用していなかったという。中国で使用している「教育」は、日清戦争（1894～1895［明治27～28］年）後に日本から逆移入した言葉だという。その経過は以下の通りである。

　中国は日本に敗れ、欧米の科学・技術を学ぶべきと痛感した。そのためには洋書を直接学ぶよりも、既に日本で大量に翻訳が進んでいた日本の文献から学ぶ方が早いとして日本で発行されている訳本を学ぶことが奨励された。この結果、日本の出版物を学ぶ過程で日本からの「移入語」として入ったという。

　ではわが国ではどうであろうか。孟子の教えは儒教としてわが国にも入ってきたのであり、古くから使用されていたようだ。ただ、「教育する」という場合は今日では"他動詞"として使用するが、江戸時代の「教育」は、学者などが人徳を積むために自分自身のための「教育」として"自動詞"として使用されていたという。

　自動詞としての「教育」であれば、寺子屋での「文学」と同義語ということになる。また、「文学」は「学文」とも同義語であったのであり、「教育」は「学文」と同義であったことになる。

　この「学文」は"がくもん"と読んでいたのである。そして、"がくもん"としての「学文」は次第に「学問」という用語に変わられるようになったようだ。

　つまり、江戸末期から明治初期までは、「文学」と「学文（がくもん）」と「学問」はほぼ同義語として使用されていた。そして、福沢諭吉の『学問ノスヽメ』は一世を風靡し、庶民も学問を学ぶことが当然のような世の中になった。『学問ノスヽメ』の初版は1872（明治5）年であった。明治期になっても、一般的に「教育」は理解されていなかったこ

とが分かる。

やがて、明治中期になって、「教育」が次第に使用されるようになるが、文部省の設立や、学校の開始と連動していたわけではなかったのである。

3. 近代的学校制度の成立と変質

（1）文部省設立の目的

文部省は誰もが知っているが、「文部」とは辞書にない。ただし、「文部」を「ぶんぶ」と読む用語はある。「文部省：ぶんぶしょう」は奈良時代の官庁で、今日の人事院のような業務を司っていた。

今日の文部科学省に連なる文部省は、他の省庁に遅れて明治4年に設立されたが、それは廃藩置県との関係であった。寺子屋と私塾は私営といえる。藩校と郷学は藩の運営、つまり公営である。したがって明治4年に廃藩置県が実施されると、必然的に藩校の運営が問題となる。この問題と文部省の設立には大きな関係があるようだ。文部省の設置は既存の藩校の処遇の問題でもあったのである。その一端を窺える資料として、次のような明治4年9月の文部省設置に関する布達がある。

　　……今般廃藩被仰出候ニ付為引取候モ有之哉ニ相聞甚不都合ノ至ニ候元来学問之儀ハ人民一日モ缺ク可ラサル事ニ付角勉励罷在候生徒空敷為引拂候而ハ進歩之妨ニモ可相成……

この文部省設立の布達から、廃藩により藩費で学んでいた生徒と藩校が問題になることを危惧していることが読み取れる。そこでは「元来学問之儀ハ人民一日モ缺ク可ラサル事」として、人民に学問の必要性を述べ、そのために文部省を設立したとしている。

また、本論との関係で注目したいのはこの布達には「教育」の文字が使用されていないことである。つまり、文部省設立の当初の政策目的に「教育」の実施はなかったのであり、文部省が人民に与えるべき役割は「学問」だという認識であったことが分かる。

（2）学校設立の目的

明治政府は当初、教育制度が未整備であったので、地方の藩に教育問題を付託していた。文部省が設立されると、全国的な教育を管理することになる。それは明治5年の「学制」として交付される。

「学制」は、図序―1のように全国を8区域に分けて、大学区とし、それぞれを32学区に分けて中学区とし、これを210に分けて小学区とした。この結果、都合8大学校、256中

学校、53,760の小学校を設立する構想であった。

　平成15年の国公私立の学校は、大学が702校、高等学校が5,450校、中学校が11,134校、小学校が23,633校であり、当時の計画と比較すると、今日では中学校以上の学校は飛躍的な拡大をみていることが分かる。しかし、少子化とはいえ当時よりも人口は増えているのに、なぜか小学校については今日でもその構想が実現していない。それだけではなく、近年の学校の統廃合により地域に密着した小学校という「学制」の目標からはますます遠のいている。

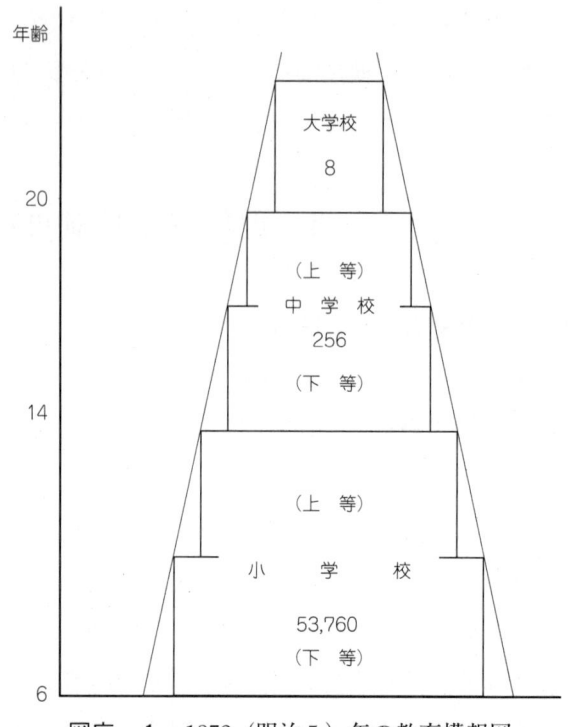

図序―1　1872（明治5）年の教育構想図

　明治初期の小学校が今日よりも多く構想されていたことの理由は、寺子屋からの連続性であろう。例えば、明治8年段階での小学校は、新築も18％あったが、寺院40％、民家33％、その他の借用9％であり、最も多くは寺院だった。この寺子屋は江戸末期には全国に3万、あるいは5万が設置されていたと推計されている。明治初期の小学校が、それまでの寺子屋を引き継ぐように考えられていたことが、「学制」における小学校構想の数に表れていたのではなかろうか。

　さて、「学制」は上のような学校制度を実施するために、第21条に「小学校ハ教育ノ初級ニシテ人民一般必ス学ハスンハアルヘカラサルモノトス」と教育の義務制を宣言したのである。

　「人民一般」とは後に紹介するように「華士族農工商及婦女子」を意味する「四民平等」の意味である。この四民平等の義務教育制度は、当時の先進国ではアメリカでしか試みられていなかった。ヨーロッパ諸国では未だ貴族のための学校が主であり、いわゆる庶民の義務教育制度がようやく貴族の学校とは別途に設立され始めたに過ぎなかったのである。「学制」で、四民平等に小学校への入学が求められたこの構想は極めて日本的な制度を確立することになった。このような、四民平等の進んだ学校制度を確立しようとした背

景には、人材の登用があった。

　「学制」第12章では例外として私塾、家塾も認めているが、寺子屋や藩校や郷学を廃止して、まず学校を政府が設立する意図を人民に説明しなければならない。このために人民へのPRも兼ね、「学制」を解説した「学事奨励に関する被仰出書」（以下「学制序文」という）を同時に公布した。

　「学制序文」の全文は900字ほどの短い文章である。用いられている漢字には読み方のルビを右側に、意味のルビを左側に振っているものもある。「学問」は4回用い、読みを1回「がくもん」と附している。特に「学制」に「がくもんのしかた」、「学校」に「がくもんじょ」、また「不学」に「がくもんせぬ」と意味のルビを振っていることは注目される。学校で学ぶという意味は学問をすることだったのである。そして「学」にルビを「がくもん」と附しているのが3回ある。ルビは附していないが名詞としての「学」が2回ある。この他、動詞として使用している「学ぶ」が5回ある。このように「学制」、つまり学校の設立は「学問」のためと解説したのである。このことは文部省の設立目的と同じ立場であったことが分かる。

　その主眼は「学問は身を立るの財本」という文に表れている。つまり、立身の為だから「父兄たるもの……子弟をして必ず学に従事せしめざるべからざるもの」であるとした。しかし、学費は「官に依頼」する「弊を改め」るべきであるとした。「学問」とは人民の立身のためであり、そのために必要な経費は自分で支払うべきである、としていたのである。この学費の人民負担が"学校焼き討ち"事件へ発展するのである。

　この「学制序文」の中にも「教育」は使われていない。むしろ、「学問」とは「智を開き才芸を長ずる」ことだったのである。これは4節で述べるように"Education"の概念に近いことが分かる。この「学制序文」の最後には地方官あてに学校の普及のための指示が記されていた。この指示文も本文と変わらず、人民に学問を実施することであったのである。

（3）「学問」の当時の考え

　寺子屋での学習を「文学」としていたことは先にみた。この「文学」は「学文」とも同義であった。しかし、寺子屋での学習は読み・書き・算の基礎知識だけに終わらず、「往来物」として様々な職業に関する学習も提供されていたことをみた。この「学文」は徐々に「学問」と同じように使用されるようになってきた。「学問」は学ぶことであるので、職業に関することを学んでも矛盾ではないのである。

　そして、明治になり文部省が設立されたがその目的は「学問」の普及のためとしてい

た。学校の設立も同様に「学問」の実施であった。「学制序文」は「学問」の目標を「身を立るの財本」とし、そのために「農商百工技芸及び法律政治天文医療等にいたる迄凡人の営むところ学(がくもん)あらざるはなし」として、実学を奨励していたのである。このことは福沢の『学問ノスヽメ』と同じような方針であった。つまり、「学問」は実学を学ぶことでもある、という考えであった。学校で学ぶ「学問」では職業に関することを排除することも、軽視することもなかった。

　以上のように、明治初期までの学校の目的では職業教育をあえて除外する必要はなかったのである。しかし、実体的には学校における職業教育は簡単ではなく、制度化は困難であった。その理由は、職業教育には膨大な財源が必要だからである。江戸幕府よりも財政的に窮迫していたといわれている明治政府は職業教育をするゆとりはなかった。そこで最も簡単な教科書と黒板だけで指導できる読み・書き・算の基礎教育が整備されたのである。

（4）「教育」の強調

　明治政府という近代国家体制が次第に強化されてくる。学校制度も整備されてくると、「学制」の不備も露呈してくる。すると、そのような流れに沿って文部省の業務も「教育」が明記される。

　文部省の業務が教育であることを国内に布達したのは設立4年後の明治8年末の太政官布達によってである。その中で、「文部省ハ全國教育ノ事務ヲ管理スル所」とし、文部卿の職務を「本省ノ官員ヲ統率シ省中ノ事務ヲ総理シ全國教育ノ事ヲ掌ル」こととして、初めて教育の業務を司ることを明確にしたのである。このように「教育」の用語が文部省の業務と関連づけられたのは明治8年末になってからである。文部省の業務をその設立当初から「教育」の実施だとするとらえ方は重要な誤解であることが分かる。

　一方、「学制」に代わり「教育令」が1879（明治12）年に制定された。一般社会でも次第に「教育」という言葉が使用され始めたであろう。しかし、「学問」と「教育」との混用が同時に生じていたことが推測される。

　やがて、「教育」と「学問」の区別を明確に打ち出したのは、初代文部大臣の森有礼であり、「第三次」の「教育令」（1885［明治18］年）を公布したときである。そのとき、それまでの「学問」と「教育」の使い分けのあいまいさを戒めたのである。つまり、国家が国民に要求する教育と学問の種類と程度のあり方と同時に、逆に国民が自分のためにする学問に対して国が行う補助の程度のあり方について検討が始まったのである。

　しかしながら、当時の一般庶民の理解は「学問」の語が一般的だったのである。それ

は、近代文学の草分けである二葉亭四迷の『浮雲』に明快に記されている。同書で、教育を受けていないお勢さんの母親の「ふむ、学問、学問とおいだけどね、立身出世すればこそ学問だ」とお勢さんの恋人である文三さんをなじったときの言葉に表れている。その初版は1887（明治20）年であった。このように、政府は「学問」に代わり、次第に「教育」を用いることを強化してきたが、社会では「学問」の言葉の使用が一般化していたといえよう。

4．"Education"の概念と「教育」との同定

（1）"Education"の概念

例えば、"THE RANNDOM HOUSE DICTIONARY of the ENGLISH LANGUAGE" 1967の"educate"の訳を示せば次のようになる。

> 1．教育、指導、教室の授業などによって（人の）心身の諸能力を引き出すこと to develop。2．指導または訓練によって特定の天職 calling ないし業務に携わる資格を賦与すること；養成すること。例：誰かを法律家に educate する。3．…のため education を与えること。学校へやること。4．（聴覚、味覚などを）引き出し、あるいは熟達させること。例えば、上品な食物の味がわかるように人の味覚をきたえること to develop。

他の英英辞典においても"Education"または"educate"の概念に"develop"、"development"の語が必ずある。この"develop"の意味は「①だんだんとまたは詳しく明らかにする：しだいに公にする。②映像を現わすために（フィルムなどの）露光された写真材料に化学薬品を作用させる（現像する）。③〜の可能性を引き出す。」とあるが、③の説明があることを考えると、"education"はキョウイクの望ましい過程を表している語といえよう。

"education"は能力を開発することであり、ランダムハウス辞典は「天職の資格を取らせること」であるとしている。他の辞書でも「能力」として"skill"や"job"や"business"などの職業に関する言葉が必ず入っている。先に紹介した『広辞苑』の「教育」の定義とは根本的に異なるといえる。

このように、"Education"と「教育」との大きな違いは、"Education"は「開発すること」であり、その対象は職業に関する能力が入っていることである。

つまり、"Education"と「教育」の概念は全く異なるといえる。

(2) 福沢諭吉は「発育」であるべきと主張した

　上のような"Education"の意味からであろう、福沢諭吉は1889（明治22）年に「学校は人に物を教うる所にあらず、ただその天資の発達を妨げずしてよくこれを発育するための具なり。教育の文字はなはだ穏当ならず、よろしくこれを発育と称すべきなり。かくの如く学校の本旨はいわゆる教育にあらずして、能力の発育にあり……。我が国教育の仕組はまったくこの旨に違えりといわざるをえず。」と主張した。この論旨は福沢の欧米の知識に基づくことは明らかである。しかし、この福沢の論は採用されず、「教育」の言葉の使用はさらに強化されてきたのであった。

(3) "Education"と「教育」との対比

　先に紹介したように、「教育」と"Education"の意味は全く異なる言葉であった。それでは一般社会ではどのようにして「教育」と"Education"が同じ概念の言葉として理解されるようになったのであろうか。このことを確かめるため、「教育」と"Education"との両者の出会い後の社会的状況をHepburn（ヘボン）がまとめた『和英語林集成』の変遷からみてみよう。ヘボンは周知のようにわが国の言葉と西洋の言葉の橋渡しをするためにローマ字を開発した人である。その過程でまとめたのが『和英語林集成』である。この辞書の編纂に当たり、「大部分は書物でなく生きた人間の先生に依存」しながらまとめた

表序—1　ヘボン編『和英語林集成』の変化

	「教育」の対訳	"Education"の対訳
初版	（「教育」はない）	（"Education"はない）
再版	教育（*oshiye sodateru*），Instruction, education	EDUCATION, Kiyōju, Kyōkun, shi-tate.
3版	教育（*oshiye sodateru*），Instruction, education.	EDUCATION, Kyōju, Kyōkun, shitate, kyō-iku

	「学問」・「文学」の対訳	"Instruction", "learning"の対訳
初版 1867年	學問，Learning, literature, science 文學，Learning to read, pursuing literary studies, especially the Chinese classics.	INSTRUCTION, Oshiye; kiyōkun; ītszke, shi-nan; denju. LEARNING, Gakumon.
再版 1872年	學問（同上） 文學（同上）	INSTRUCTION, Oshiye, kiyōkun, i-tsuke, shi-nan, denju, kiyō-iku, kiyō-yu. LEARNING, Gakumon.
3版 1886年	學問（同上） 文學，Literature; literary studies; especially the Chinese classics.	INSTRUCTION（同上） LEARNING, Gakumon.

としているので、『和英語林集成』は当時の世相を反映していると思われる。

ヘボンの辞書から「教育」と"Education"に関する言葉の訳語の変化を整理してみると表序―1の通りである。ヘボンは表のように、"Education"と「教育」を初版（慶応3年）に取り上げなかった。再版（明治5年）でも同一概念ではなかった。第3版（明治19年）になっても、今日のようにお互いに第一番目の訳語ではなかった。しかも他の日本語とは異なり「教育」については漢字だけではなく、意味として「oshiye sodateru」も附していたことは、「教育」の言葉が一般的に理解されていなかったことを推測させる。

一方、「学問」は初版からあり、"Learning"で変化がないこと、「文学」は初版と再版では「学問」と同義であり、3版で"Learning"がなくなっている変化のみである。

また、"Learning"は三版とも「Gakumon」のみであり、"Instruction"は再版後に「kiyō-iku」が当てられていることも注目される。このように明治の半ば以降に「教育」が採用されたといえる。

ヘボンの辞書からも分かるが、既に何度も述べたように、一般庶民の間では明治になっても「教育」の言葉は必要でなかった。それでは、どのような経過で庶民に「教育」の用語が普及したのであろうか。「教育」と"Education"が同じとする今日の理解はどのようにして生じたのであろうか。辞書を編集したり啓蒙的な論文などを書く日本の知識人は、福沢を除いて"education"が「教育」であるという観念をどのようにして持つようになったのであろうか。

（4）"Education"の意味と「教育」との同定

当時の英和辞典、和英辞典を見ると、明治直後から次第に年度が進むにつれ、相互に同じ概念の言葉として定義されるようになる。しかし、明治30年代になっても「教育」を語句として採用していない辞書もあったのである。このことは『浮雲』に表れていたように、当時の社会において「教育」の言葉を使用しなくとも不都合がなかったことを示している。

「教育」の訳語として"Education"が定着するのは明治30年代からである。このことが最終的に決定的になるのは明治40年代になってからである。

「教育」と"Education"に関するメモ

筆者も日本的な教育観の中で育ってきた。したがって、筆者の教育観も日本人としての常識であっただろう。そのため研究生活に入った当初に購入した「教育基本法」を論じた書籍の扉裏に「教育の立場より職業訓練を常に見直そう！！」と記していたのである。このような立場

から抜け出たことにより本書を書くことができた。

「教育」と"Education"のように概念の異なる単語を日本では明治半ば以降に同定された、といえる。このことに決定的な役割を演じたのは明治40年の「教育勅語」の"官定英訳"の交付だったのである。

官定英訳では、「教育勅語」を"THE IMPERIAL RESCRIPT ON EDUCATION."としていた。この官定英訳の交付により、わが国において「教育」と"Education"の概念が同定されることになったといえよう。

（5）　モデルにならない日本の学校と教育

以上のようなことを考えると、職業訓練の問題を考えるときのいくつかの考慮すべき視点が明らかとなる。それは、翻訳本を読むときの心得として、「教育」と書いてあるところは「発育」、「能開」、あるいは「職業能力開発」と読み替えるべきであるということである。そのように読み替えると欧米の文書は極めて理解しやすくなる。

例えばユネスコが1976（昭和51）年に採択した「成人教育の発展に関する勧告」がある。この「成人教育」という言葉がまず変である。誰が何の目的で教育するというのであろうか。しかし、「成人職業能力開発」なら分かる。その勧告における「定義」は次のように訳されている。下線を引いた②の部分のみを先に読んでいただきたい。これは日本的な「教育」を説明していることであろうか。

①「成人教育」という用語は，内容段階および方法がいかなるものであろうとも，正規なものあるいはその他のものであろうとも，学校，大学ならびに見習い期間における当初の教育を延長するにしろ代替させるにしろ，組織された教育過程の全体を意味する。②この過程は，自己の所属する社会によって成人とみなされる人々が，その能力を発達させ，知識を豊かにし，技術的もしくは専門的な資格を向上させ，あるいはそれらを新しい方向に転換させ，さらに全面的な人格の発達および均衡がとれかつ独立した社会的，経済的，文化的発展への参加という二重の展望において彼らの態度ないし行動についての変化を生じさせるものである。

成人教育は，しかしながら，それ自体で完全なものとみなされてはならない。成人教育は，生涯教育・生涯学習の全体的な体系の一区分であり，不可欠な部分である。

「生涯教育・生涯学習」という用語は，現行教育制度の再構成と教育制度の外にある教育的可能性全体の発展とを目的とする包括的な体系を意味する。

そのような体系の中では，男性と女性は，自己の思想と行動との間の継続的な相互作用を通して，自己教育の主体となる。
　教育と学習は，就学期間に限定されることなく，全生涯にわたり，あらゆる技術と知識の分野を含み，可能なあらゆる手段を活用し，人格の全面的な発達のための機会をあらゆる人々に与えるべきである。
　子供，青年およびあらゆる年代の成人がその生活の中でかかわる教育上および学習上の過程は，その形態はどうであれ，全体として考慮されるべきである。

　上の第1パラグラフ後半の②の部分は「成人教育」の過程を説明している。この含意は先に紹介した『ランダムハウス辞典』の"Education"の概念と極めて類似しているといえる。しかし，②の後半部分は日本的「教育」観では理解困難な定義ではなかろうか。このような営みを「教育」とはわが国ではいわないのではなかろうか。
　そこで，文中にある「教育」を「能力開発」、または「職業能力開発」と置き換えて読み直していただきたい。②の部分も至極当然な「成人職業能力開発」の内容として理解することができる。ユネスコの「成人教育」の中核が職業能力開発に関係する概念であることが分かる。このように、欧米の"Education"を「教育」と訳して読んだのでは原文の意味をとらえきれない。つまり、日本人の「教育」というのは世界の"Education"ではないと考えるべきである。
　以上のように、わが国では日本的教育観が成立している。その教育観により日本的な形式的学校の様々なシステムが確立している。そのため、個々の教師の努力を除けば、日本の学校の方式をモデルとして職業訓練に応用しても上手くいくことはあまりないといえる。むしろ、職業訓練の特徴、実習が上手くいく制度・方法を創意工夫して実施すべきである。
　例えば、わが国の学校教育における普通教育重視思想であり、4月入学制度、単位制度、時間割制度などがある。これらの問題についてはそれぞれ以下の関係する章で述べることにする。

（6）「教育」への幻想からの解脱を
　職業訓練が知られていないために、職業訓練という言葉自体も理解されていないが、それは職業訓練関係者が「教育」への幻想を払拭できなかったからでもある。つまり、「教育」を"Education"と誤解してきたこととあいまって、"Education"と深い関わりがある"Vocational Training"の訳である「職業訓練」が今日まで理解しずらくなっているの

である。「職業能力開発」と「教育」とは異なるように考えられているが、これは「教育」の概念が問題であり、"Education"であれば両者は同一である、といえる。

このような「教育」は"Education"であるとする呪縛からまず自分の観念を解き放たなければ、真の「職業訓練」の意味を理解することが困難だといえよう。

なお、「職業訓練」は「職業能力開発」に含まれているが、以下本書では、この前提で問題を考え、新たな可能性を考究していきたいと考える。

"Education"と"Vocational Training"に関するメモ

企業に勤める私のある友人が、FENラジオ放送のEducationの番組を聞いていて、「educationの意味が全く分からなかった」といっていたことがある。そこで、「欧米ではeducationはこのように理解されている」と説明すると「ああ、それで分かった」と言っていたことがあった。

ちなみに、英英辞典ではvocational trainingの項目は無いものが多い。日本の辞書が「職業訓練」を必須項目としていることと対照的である。

序論問題

「職業訓練は教育ではない」という言葉には「教育」に対する誤解と職業訓練に対する偏見が内包されている場合が多いが、職業訓練の立場からいえば「今日の日本では」と限定すべきであるが、「職業訓練は教育ではない」と考えるべきである。これはなぜか。

第1章　職業訓練指導員の役割
――何が期待されているか――

　かつて求人難の時代に"でもしか教員"という言葉があった。企業の募集に落とされた求職者が、教員の募集はコンスタントにあったので、「教員にでもなるか」という自虐であり、「教員にしかなれない」という揶揄であった。職業訓練指導員は職業訓練を第一線で担う重要な役目があることは明らかである。職業訓練指導員に就いた人で「でもしか指導員」になろうと思った人はいないであろうが、それではどのような指導員像が求められるのであろうか。あるべき指導員像の要点を本章では述べる。

1. 職業訓練指導員の業務と拡大

　1962（昭和37）年に規定された「職業訓練指導員業務指針」では、「訓練計画」の作成、「指導の準備」、学科・実習の「指導」、「教材の活用」、「試験」の実施、「安全衛生」の点検、「訓練生の把握」、「生活指導」が職業訓練指導員の業務とされていた。当時は、第5章で紹介するように、中学校卒業者を対象とした訓練が中心であった。したがって、その訓練内容は、ほぼ、工業高校と大差がないものであった。もちろん、実習を重視し、現実の職業を目指した訓練であった。この時代は職業訓練は工業高校的であり、職業訓練以外の人々にも分かりやすかった。

　しかし、今日の職業訓練の実態は第3章に紹介するように、様々な受講者を対象に、多様な訓練を展開している。業務の内容の幅は1960年代とは比べものにならないほど広がっている。職業訓練指導員の今日の役割は毎日の訓練を展開するために必要な業務のすべてをこなすことは当然として、訓練生募集の段階から、修了後のケアまでの業務が求められている。さらに対象者も多様である。対象者が異なれば当然訓練方法と訓練の質も異なる。

　例えば今日の業務は、上の「業務指針」の業務のほかに、受講者の募集活動、職業訓練のニーズ把握、新たな訓練コースの開発、指導方法の研究、訓練生の就職斡旋、企業での定着状況の把握など枚挙にいとまがない。

　さらに、職業訓練の指導は障害者や高齢者の場合は若年者とは異なる困難さもある。それも問題なくこなさねばならない。ときには外国人の訓練も担当しなければならない。そ

して、様々な訓練の報告が求められ、経理的、事務的な業務も欠かせない。「職業訓練法」から「職業能力開発促進法」になり、職業訓練だけでなく、職業能力開発としての多様な業務が次々に増加している。

　「キャリア形成支援」のための業務も新たに加わりそうである。しかし、カタカナ言葉で聞くと何か目新しいことのように思うが、よく考えると初心者に職業訓練をして職業能力を形成することがキャリアの形成である。その様々な支援をすることはこれまでも実施してきたのであり、それに付随する仕事が文書化されて新たな業務になった、と考えた方がよいのではなかろうか。

　さて、職業訓練指導員の学習すべき課題の第一は、専門とする技術・技能についてである。特に体験としての技術・技能で終わっては十分でない。すべて現実の職業と関連する技術・技能でなければならない。そして、その技術・技能の進歩の動向をも理解し、受講者が職に就いたときにどのように仕事に変化が生じるかも予測して解説する必要がある。

　また、技術・技能の指導のためにはその課題に適した教材の開発・工夫が必要となる。教材は指導の際の技術・技能を伝承するときの媒介物として極めて重要であるからである。もちろん、一定の技術・技能を習得した受講者に対しては可能な限りの現物の設備・装置での訓練が望ましい。現物の機械・設備がそのまま教材となる場合もある。しかし、現物の機械・設備は高価である。そのため、それらのシミュレータとしての教材、あるいは実験装置としての教材の開発・工夫が必要になるのである。この教材開発のためにも技術・技能の本質を理解しておかねばならないことは当然である。

　教材を用いて、技術・技能を指導することが、職業訓練指導員にとっての第一義の業務である。そのために指導法の研究も重要だが、指導法については『職業訓練における指導の理論と実際』（職業訓練教材研究会刊行）に委ねたい。

　なお、「技術・技能の指導・訓練」が第一義の業務であるからといって、その他のことを業務以外とすることは短絡的である。職業の伝授は「全人格」的に行われなければならないからである。そのためには『柱立往来』にあったように、職業人としての心構えに始まり、仕事に対する態度の形成も重要な課題となる。その中でも大切なことは、職業への誇りと自信を与えることである。もちろん、技術・技能が十分でなければ自信と誇りが育つはずがない。そのためにも技術・技能の指導は重要である。

2. 自信と誇りを与える指導員

　わが国の職業訓練は社会からの評価が低いため、受講者は肩身の狭い思いをしていることが少なくない。このような思いが特に強いのは新卒者であり、近年は減ったが中卒者に最も強く表れるようだ。また、失業者の受講者も社会から救済されているような思いを持たないとはいえないようだ。さらに、在職者の場合も、会社の指示で受講している場合は、能力がないから受けさせられている、というような引け目を感じている人もいないとは限らない。

　上のように、職業訓練の受講者によっては職業訓練の受講にネガティブな意識を持っている人もいるのである。しかし、職業訓練は生きるため、働くための営みであり、受講者には自信と誇りを持ってもらわなければならない。

　ところで、受講者は一人ひとりが異なり、ネガティブな意識を持つといっても千差万別である。つまり、受講者に自信と誇りを持ってもらう方法も千差万別でなければならないことになる。

　そのなかでも共通の自信付与、誇り付与の論理があるはずである。その論理とは、受講者一人ひとりに対する「職業訓練の意義」を理解してもらうことであろう。

　職業訓練はまず、人間の尊厳を保障する営みであること、そして、職業訓練は人間が生きること、働くことを保障する学習であることを理解してもらうことが肝要である。このようなことは、社会を経験している失業者や在職者の場合困難ではない。

　特に気をつけなければならないのは、新卒者の場合である。わが国において、若者に学歴を意識するな、ということは酷である。つまり、新卒者が職業訓練の受講を引け目に感じてしまうのは、わが国における誤った学校観、教育観が根強いからである。それは本来は社会に出て仕事をするための準備段階であった学校が、進学のための学校と思われるようになったことから派生した誤った観念である。例えば、学校を出てもきちんと就職もせず、フリーターになり、あげくはニートになるよりも、職業訓練を受けて就職することが本来の人としての道であることを理解させる必要がある。このようなことをわが国の学校では指導してこなかったこと、指導できなかったことを職業訓練が実施しているというように我々は考えなければならない。

　若い受講者に自信と誇りを持たせることは、仕事への自信を与えることである。その最も確かな道は実習によって自信を持たせることである。自信を持つと訓練生は必ず変わる

ものである。2年間で工業高校と比べてほぼ同等の教育訓練を受けており、働く素養としては職業訓練の方が遙かに高いことを説明することが重要である。

　近年の学校での問題の一つは、義務教育段階での不登校者が10万人を超え、義務教育の機能の根本が揺らいでいることである。特に不登校者は小学1年生から学年を進行するにつれ二次関数的に増え、中学3年生では4万人を超えている（平成15年度）。特に中学校卒業生の不登校者は不幸な状況に追いやられている。

　事実の話であるが、K君はその一人である。K君は心機一転、高校進学を希望したが、進学願書を中学校の教師が作成してくれなかったという。そこでK君はある職業能力開発校の門をたたいた。K君は優秀で、K君のノートはすばらしく整理されている。また、訓練が遅れた子の手伝いもしたり、指導員の助手の役目もしてくれた。そしてK君は皆勤賞を取ったのである。その後は就職した会社で無くてはならない人材になっているという。さらに、指導した先生が持っていない職業資格の取得を目指して頑張っている。このような話は各地の施設から出てくる。中学校で不登校の子が職業訓練校で皆勤賞をとるK君は例外ではないのである。

　"学歴"社会の中で、上級学校へ進学できない子供達に長い職業生活のための真の希望の光を指し示すことは、今後の職業訓練の一つの大きな使命である。つまり、職業訓練は学校で見捨てられた子供達に社会で生き抜くための身を守る職業を修得させることが十分可能であり、このことにより"真の教育"を施しているのである。

　このように、職業訓練は学校教育で見捨てられた子も生き返り、蘇生して社会へ巣立って行くことを可能にする営みなのである。しかし、不登校児が皆勤賞を取るためには訓練カリキュラムがすばらしいだけではなく、その裏には指導員の口には語れぬ努力と配慮も必要なはずである。自信と誇りを与えるための努力と配慮が指導員には必要なのである。

　また、そのような子には修得しておくべき基礎学力がついていない場合がある。基礎学力無くして職業訓練の受講は困難である。したがって、職業訓練指導員による基礎学力の補充も同時に必要になるが、そこに実習を組み込んだ指導があれば自信と誇りを与えることは困難ではないのである。

　K君のように職業能力開発施設での努力を決意する者は道が開ける可能性がある。あるいは、高校で「不良」として退学させられた中退者や、高校生活になじめず"やむを得ず"中退してしまった子供達が、職業能力開発施設でまじめに訓練を受講し、立派に社会で活躍している話も少なくない。問題は、不登校のまま中学校を「卒業」し、高校にも進学できず、社会に放出される若者達であるが、その員数が、公共職業訓練の定員よりも大

きいという皮肉な現実となっている。

　高卒者訓練の場合、短大、あるいは大学と比較する場合があるが、時間数でははるかに一般の大学を超え、内容も充実している。なお、文部科学省の「大学設置基準」は平成3年に改正され、いわゆる「大綱化」されたことによりその実施する教育内容は自由にできるようになった。その後、折からの不況により、大学はキャリア形成や就職の可能性を学生募集の目玉としてPRしているが、我々の職業訓練は彼らよりも先の道を開き様々な実践を試みてきたのである。職業訓練の独自性こそが重要であることを説明すべきである。

　以上のようなことは、学校教育が掲げている人格の完成をむしろ職業訓練が実践してきた事実として、自負すべきことである。つまり、職業訓練こそが本来の偉大な人材開発の制度であるという自負である。職業訓練は訓練生のため、受講者のためであり、このことは日本人の大半を占め、日本を支えている労働者のための営みなのである。そして、同時に職業訓練は産業界のためにもなり、ひいては日本のためということになる。

　しかし、その業務は広範で困難に満ちており、楽な仕事ではない。職業訓練指導員の仕事が大変だ、と思ったときは障害者の職業訓練指導員の仕事を見習うべきである。そこではより困難な状況で障害者のための職業訓練を担当しておられる姿に感銘するはずだからである。

　さて、受講者に自信と誇りを与えるための視点は多様にあるが、特に若年者、中でも新卒者に対してのヒントを別著の『仕事を学ぶ』の内容を参考にして指導していただければ幸いである。そこには「これからやるべきことを考えよう！」から始まり、「いずれ指導的立場になる時がくる！」までの26章にわたり就職するときまでに身につけておくべきことや、仕事を担当するときの注意点について解説している。

　受講者に自信と誇りを与える方法に公式はない。それは指導員の心構えにより伝わるか否かの問題である。このことを理解して受講者の前に立ってもらいたいと願っている。

「指導員」についてのメモ

　H自動車では入社して数年すると「指導員」という職位に就くという。一般の工場でいう班長ぐらいであろうか。この呼称は、入社後数年もすると部下を教育訓練しなければならないということを暗黙に表明しているといえよう。そのような立場になることも理解させ、自覚させなければならないのである。

3. 親方としての指導員

　「親方」とは徒弟制度における師匠の意味である。徒弟制度には旧弊の部分もあるため、わが国では徒弟制度は古い制度のように思われているが、第9章でみるように欧米では今日でも重視されている人材育成の制度であり、また、その見直しも進んでいる。徒弟制度は人材育成の方法的原点であると述べる所以である。

　徒弟制度の方法的原点とは、親方と弟子が一対一で手取り足取り仕事を指導するという姿にある。職業訓練では実習が欠かせないが、その実習は直接指導しなければ伝わらないことがある。一対一で、手取り足取り指導する関係に、憎悪が生まれるはずはない。黒板とチョークだけで、知識を指導している教師に対して浮かばない感情が、指導員に対しては生まれるのである。まさに、真の意味での子弟関係である。

　実技だけでなく、本来は学科であっても個別に指導すべきである。しかし、近代化の下、合理的教育制度の要求が今日的な学校を成立させたのである。そして、学校では全員共通の教育がなされ、個性が無視されていることを棚上げにして、徒弟制度が封建的で、前近代的だと烙印を押したのである。

　親方と弟子との一対一の指導関係が優れていることは、教育心理学の原理が常に実践されるという意味でもある。それは「即時反応の原理」と呼ばれるが、学習者の言動に対してすぐさま何らかの反応をすることが、学習効果を高める、という意味である。このような反応は集団に対して行えるはずはなく、個別指導の場合しか可能にならない。つまり、職業訓練の方法はおのずとこの優れた点を実践できる、ということになる。実習は特に個別指導的にしなければならないというのは、この原理の実践が必要だからである。

　また、親方とは親でもある。つまり自分の子を扱うように受講生に対応することが望まれるところである。徒弟制度において生活を共にし、食事を共に摂るという共同生活は、家族関係と同様である。職業能力開発施設ではそこまで求めることは困難であるが、少なくとも実習場での関係、意識の上では、このような関係であって欲しいものである。

　そして、親方は親方自身が仕事ができなければならない。その仕事を通して指導しているのが弟子としての受講者になるのである。

　なお、欧米の徒弟制度では親方はマイスターと呼ばれている。ドイツの場合はマイスターになるためにはマイスターの資格試験に合格しなければならない。マイスター試験は厳しく、一人前の熟練工になった者が試験準備のために様々な方法で受験準備をするので

ある。マイスター試験には技術・技能のほかに、経営学や教育学も含まれる。この試験に合格してはじめて職業訓練の指導者になれる。工場長や伝統的職業の店長になるためにはマイスター試験に合格しなければならない。なぜなら、親方として弟子を採り、仕事を教えるということは指導者であるからである。そのようなマイスターがドイツでは一定の社会的地位として認められているのは頷けることである。

わが国の指導員に対してはドイツのマイスターのようには厳格な要望が規定されていないが、親方として、マイスターとしての意識で指導に当たってもらいたいものである。

徒弟制度を今日に引き継いで弟子を養成している鵤工舎の小川三夫氏とその親方であった故西岡常一氏は「教えないこと」が最も良い指導だ、と合意している。教えなくてなぜ技術・技能を指導できるのであろうか。それは、「技は盗むものだ」という古来の方法を意味しているようだ。このことを指して教育関係者の「徒弟制度はきちんと指導をしていない」という批判につながっている。

しかし、鵤工舎が建造した全国各地の寺院がどのような出来栄えであるかをみれば、技術・技能の伝承が出来ていないとはいえない。指導の方法には様々な方法がある、というだけである。教育訓練の目的と制度、内容に最も適した方法を選べばよい、ということを示しているに過ぎない。

孟子は2000年も前に「大工等の親方は弟子に規矩や定規の使い方を教えることはできるが、弟子の腕前を上達させることはできない」と述べていた。この孟子の言葉は、親方が受講者にできることは知識の紹介に過ぎず、仕事の能力は本人の努力によってしか修得できない、という意味であろう。つまり受講者はいかに目標を持って物事を学ぶかが大事であり、このことは真の職業能力は自分で自己啓発的に修得するほかには無いということであろう。

受講者にこのことを最終的に理解してもらわなければ職業訓練を修了したとはいえない。このことは、職業訓練の方法として「体が自然に動くように」なるまで練習させる、という方法が実施されてきたことを意味しているともいえる。

先の孟子の言葉を再考すれば、開発法が技術・技能の修得には重要だということになる。古来からのすばらしい技術・技能が今日にも伝承され、今日の科学と技術をもってしてもいまだ困難な伝統的もの作り術は、常に親方の技術・技能を乗り越えてきたからこそ可能になったはずである。

その意味で、法隆寺最後の棟梁であった西岡常一氏が孫弟子に送った次の言葉はその核心をついている。

鵤工舎の若者につぐ　親方に授けられるべからず。一意専心親方を乗りこす工風を切さたくますべし。之れ匠道文化の心髄なり。心して悟るべし。

親方は弟子に仕事を伝授するだけではだめなのである。親方をしのぐように努力する意識を弟子に授けなければならない、ということになるのである。

4.「専門職」としての指導員

今日の職業訓練指導員が担当している業務は1節に述べたように、入校募集活動から就職斡旋、ニーズの把握からカリキュラムの編成、教材開発から指導・評価までの広範な内容となっている。まさに入校前から修了後までである。これほど広範囲な仕事を担っている人が他にいるだろうか。プロセス管理でいうP・D・C・A（Plan. Do. Check. Act）のすべてを担っている。職業訓練に関するすべての領域をカバーして仕事を進めているのが職業訓練指導員といえよう。

このような広範囲な業務を簡単に覚えられ、全うできるはずがない。当初は先輩指導員や上司からの助言・指導を受けながらの担当となる。しかし、何時までも他力本願では厳しい今日の環境下では許してもらえない。一日も早くこれらの業務をマスターしなければならない。ただ、すべての業務を同時に学ぶことは困難であり、指導員の経験にしたがって順次学んでいくことが望ましい。その順序は施設により、管理者により判断があるだろうから、その意見に従うのがよかろう。

さて、わが国で一般に「専門職」と呼ばれている職業は、医者や弁護士のような人たちである。これらの人々の仕事の特徴である「専門職」とは何を意味し、他のそうではない職業とどのように異なるのであろうか。

例えば、医者は病院の方針で医療活動を行っているのではなく、自分自身の診察の判断によって責任を持って治療を行っている。つまり、管理者や組織の指示で動いているのではなく、あくまでも患者の症状の診断にしたがって責任をもって治療し、患者に接している、ということである。このような一連の仕事を実施している人を称して「専門職」といっている。

この意味で、職業訓練指導員も就職のその日からは困難とはしても、何年か後には専門職としての指導員になってもらわなければならない。

専門職としての指導員の意味で最も重要な役割が、カリキュラムの改善である。第6章で述べるように、まずは職業訓練は社会（企業）のニーズと受講者のニーズを満たすこと

が求められていることは論を待たない。しかし、その両者のニーズが一致しているとは限らない。すると、定められた期間と与えられた設備で両者に満足してもらえる教育訓練を実施することは困難となる。このことは、両者のニーズを調整し、両者に納得してもらえるカリキュラムの編成が求められることになる。そして、訓練を終えると両者に教育訓練の成果を理解してもらわなければならない。つまり、求人としての企業主と求職としての受講者に対する説明責任を指導員は負っているのである。

　職業訓練指導員の専門職性は、最終的には一人ひとりの受講者に対しての説明責任を担っている、ということになる。そのような意識で、常に受講者の一人ひとりに合った訓練を配慮することが求められているのである。

> **説明責任についてのメモ**
>
> 　「説明責任」の観念が日本人には弱い、ということを述べたのはオランダ人ジャーナリストのウォルフレンである。氏の「責任」論の根底には「相手の自由を制限している者の責任」という観念が潜んでいるように思われる。指導員は訓練生、受講者の自由を制限して訓練していることに対する責任となるのであろう。
>
> 　見方を変えれば「職業倫理」観を持つ、ということであろう。

5. 職業訓練を説明できる指導員

　先に、職業訓練指導員は受講者に自信と誇りを与えなければならない、と述べたが、そのためには、指導する立場にある職業訓練を担う者が職業訓練に自信と誇りを持たなければならないことはいうまでもない。自信と誇りの無い人が、相手にそれを与えることなどできるはずがないのである。そのためには、まずは職業訓練とその意義を正しく知らなければならない。

　職業訓練とは最低本書に記しているようなことである。しかし、本書に記したことは既に明らかになっていることを整理したに過ぎず、現実は日々に変化するのであり、現場の実情が一番の事実である。ただ、個々の事実だけでは分かりづらいことがあるので、全体としての理解のために本書が役立つことを願っている。

　職業訓練だけでなく、社会は常に変化している。近年では生涯教育・生涯学習の時代といわれている。我々の言葉でいえば生涯職業能力開発であり、第5章で述べるように、わが国では「生涯訓練」が最も早く政策用語として使用された。その業務を担う指導員も当

然ながら生涯学習を実践しなければ社会の変化に取り残されることになる。職業訓練に関する生涯学習によって、本書を超える職業訓練原理を読者各位が確立してもらいたいと願っている。

その指導員の生涯学習の件で考えなければならないことは、技術の応用場面の学習である。つまり、職業訓練は働く人に就職してもらうことが目的なので、就職先の職場と職業能力開発施設で修得した技術・技能との乖離が大きくては職業訓練の目的からそれることになる。技術・技能の学習はもちろんであるが、その実践の場である企業現場での研修を受けることによってこの問題を解消すべきである。毎年わずかな日数でも企業現場での実習ができれば、指導員にとっての生涯学習の大半はカバーできるといえる。そのような指導員の研修制度は既にあるので、具体的な実現が求められる。

さて、職業訓練を知っているということは、技術・技能の動向のみでは十分ではない。受講者に職業訓練論、特に意義について語ることが求められる。この他人に職業訓練を語るという行為は、職業訓練を理解してもらうためである。このとき、語っている内容をどのような意識で語るのかも相手に感動を与えることができるか否かの重要な要素となるので、その意識と立場がいかにあるべきかを職業訓練を担当する間に考えてもらいたい。

6. 指導員論を考える指導員

職業訓練界において、最も検討・研究が遅れている分野は指導員についてである。本章のはじめに紹介したように、「職業訓練指導員業務指針」以降今日までの間に職業訓練の世界は劇的な変化が生じているが、職業訓練指導員の役割と課題についての本格的な論議がなされないままできている。

受講者の身になって考えると、すべての指導員がどのような内容でも指導できるのか、という懐疑が生じてもおかしくない。つまり、1962（昭和37）年段階での職業訓練指導員とは、中学校卒業者の訓練でよかったが、今日では、若年者のための学校形式と在職者のための非学校形式のように職業訓練は多様に展開されている。その担当者の資格要件は当然ながら異なっているべき、と第三者から思われるのではなかろうか。

ちなみに、「職業能力開発促進法」では職業訓練指導員資格の特例として、高度職業訓練を担当する者を厚生労働省令で定める、としているに過ぎない。つまり、法令では、専門課程、応用課程を担当する指導員だけは別途の資格としているが、これでは今日の職業訓練の多様性に応えることにはなっていない。上のとらえ方には、ただ、学歴制度を職業

訓練指導員制度に反映させたに過ぎない。中学校卒業者訓練も、高等学校卒業者訓練も、在職者訓練も、障害者訓練も、外国人訓練もその業務は変わらない、としていることになる。これでは、これからの職業訓練の発展を築けないといえよう。

　このように職業訓練が多様化している中で「職業訓練指導員とはいかにあるべきか」との問があるべきである。それは、本章の内容そのものへの検討を意味する。職業訓練の関係者はそのような立場で、研鑽をしていただきたい。

　特に今日の指導員論で欠落しているのは、専門職性を発揮するための条件であり、今日の制度の欠落としては免許制度が挙げられる。つまり、自分自身の免許制度を検討してもらいたい、ということである。

　現在の職業訓練指導員資格の種類は一種のみであるが、現実には担当する業務の内容に質的な差異が実質的に生じているのである。幅広い業務をすべて同時には学習できないので、経験により重点分野を決めて順次マスターすべきことを第4節で述べたが、すべてをマスターすることが困難なため、特定の分野の業務に特化してしまう場合がある。そのような指導員の専門性の差異を認めるべきであると思うのである。

　第一には、歴史的にも1962（昭和37）年の「職業訓練指導員業務指針」に謳われた範囲を意味している。それはほぼ工業高校教員と類似した中学校卒業者を対象とした業務であり、「学習指導要領」に相当する「教科編成指導要領」とそれに基づく学科、実習のテキストが完備していた下での技術・技能の訓練であった。この内容の指導が指導員の免許に相当する業務であろう。

　その後、今日のように職業訓練は拡大しているが、例えば、対象者別に考えればその内容の違いは明らかである。在職者訓練、障害者訓練、外国人への訓練では本質的に要望される最も重要な業務の質が異なっているのは明らかだ。

　つまり、新卒者訓練では技術・技能の注入的指導でよい。これと同等なのは高卒者の職業訓練であろう。ただ、受講者が義務教育修了者か高校卒業者かの違いがあるが、この差はわが国では今日あまり大きな差ではないといえる。

　これに対し、在職者訓練の場合は開発的指導が望まれ、かつ、ニーズ調査に基づくコース開発が必要になる。評価の方法も異なる。

> 「開発法」に関するメモ
>
> 　職業訓練の分野における「開発法」に関するカリキュラム論として、戸田勝也氏などの研究グループにより確立した「技能クリニック方式」がある。
> 　「診断」によって在職者が経験では修得し得ていない技術・技能を明確化し、その不足している技術・技能を「自主研修」により学ぶシステムである。

　そして障害者訓練の場合は障害者の特殊性を理解しなければならないし、その対人関係の専門性が求められる。特に知的障害者の場合、開発的な方法によらなければ能力開発は困難である。その方法が注入的方法に比べて困難なことは明らかである。

　さらに、外国人への訓練も外国人の育った文化を理解しなければならない。

　これらは質の異なる職業訓練の業務であり、「業務指針」時代にはこれらの職業訓練は想定されていなかったのであった。また、企業内教育の職業訓練指導員も異なった能力を要望されているといえる。

　これまで指導員の免許制度の改革をしなかった結果、一種の職業訓練指導員資格で今日のような幅広い職業訓練の業務を担わなければならないという本質的に矛盾した状況になっている。今日の実態は、職業訓練指導員があたかも万能のように考えているといえる。今日の指導員の免許制度は、むしろ職業訓練の複雑さをきちんと整理していない制度の問題であり、職業訓練指導員に犠牲を強いていることになる。

　以上のように、少なくとも対象者別の職業訓練指導員免許の区別をつけ、それぞれの専門性の内容を具体的に指定することが重要である。「専門職」としての職業訓練指導員のためには上のような業務に合わせた免許の種類をつけなければ職業訓練指導員も専門性を発揮できないといえよう。

7．「職業訓練学」を追究する指導員

　職業訓練指導員への期待は、最後に「職業訓練学」を形成する立て役者になっていただきたいことである。「学」といえば研究者の役割だと考える人が多いが、職業訓練学は既存の学問のようには簡単ではない。

　「職業訓練学」とは何か、については補論にて論じることにするが、指導員となった人に常に意識していただきたいことである。

　ここで、「職業訓練学」を確立し、または構築すべきとする論に疑問が起きる。つま

り、「職業訓練学」は確立せずとも既に存在しているのではないか、ということである。職業訓練の実践の中にその学はあるのではないか。その存在を我々自身が気がついていないだけなのではないか、ということである。あらゆる学問がそうであるように、現実の中に事実があり、その事実を体系化したものが学問になる。あえて、構築するものではないはずである。80年を越える職業訓練の歴史のなかに「職業訓練学」は存在している。その歴史の中で実践されてきた営みを整理すればよいのである。

　ただここで注意しておかなければならないことがある。それはあらゆる学問がそうであるように、職業訓練学は研究者の専有物ではないということである。職業訓練学の体系化には職業訓練に携わっている者は誰もが貢献できる。特に実践の体系化無くして職業訓練学の体系化は不可能であるということを認識していただきたい。

「学問」に関するメモ

　序論で紹介したように、明治初期の「学問」は「勉学のための学問」であった。これが今日的な「研究」と関わる概念を持つようになったのは、学校での「学問」から「教育」に変わった後であり、「教育行政」が確立した後である。それは1886（明治19）年であり、「教育」と併置して「学問」を用いるようになったのである。

第1章問題

　今日は「生涯学習」の時代である、といわれる。我々の言葉では「生涯職業能力開発」である。そのような時代で、職業訓練指導員としてはどのような"能力開発"を目指すべきだろうか。

第2章 「職業訓練」の用語
——何を意味しているか——

はじめに

　わが国の封建社会では「士農工商」の制度の上で「跡継ぎ」としての「職業」の能力を修得することが一般的であったため、職業概念が未発達であったと思われる。このことと同時に、特にわが国の教育体系が学校教育一辺倒であるため、学校制度の常識からみると職業訓練の実態が分かりにくい。職業訓練が分かりにくいということは、モノづくり学習、実習の意味も理解しにくいということになる。

　例えば1958（昭和33）年に成立した「職業訓練法」は「技能」を極めて強調し、学校教育との異質性を主張しているにもかかわらず、「職業訓練法」のコメンタールでは「職業訓練法は、憲法の規定する……能力に応じてひとしく教育を受ける権利……の基本的人権の実質的な内容の実現に寄与するものである。」と述べている。つまり、職業訓練は教育の補完としている。これでは職業訓練の意義は出てこない。

　ILOやユネスコの勧告では、学校における職業教育、技術教育を職業訓練の一領域と位置づけている。職業訓練を学校とは別のもの、あるいは学校教育よりも一段低いものとする日本人の認識は、国際的な理解からかけ離れているというべきであろう。

　職業訓練が分かりにくいということは、職業訓練は法令や施設、訓練対象者（新規学校卒業者、在職労働者、離転職者）および経営主体（公共＜国・都道府県＞か企業内か）が複雑に変遷してきたことによる。その制度理念と実態の間にも重要な齟齬が生じていることもあった。したがってどの部分に視点を置くかによりその問題点は大きく異なる。職業訓練の核心でもあるモノづくりの訓練が一般には分かりにくい営みとなっている。

　「職業訓練」の営みを表す言葉を理解することは極めて重要である。その意味を第2章では考察していこう。

　さて、人類が繁栄してきた経過を考えてみると、その過程の核心は、創意工夫して修得した仕事を子供や次代を担う若者達に伝授することであったはずである。最初は生きることに直接的にかかわる事項であったであろう。そして、次第に得手、不得手によって役割が分担され、今日的にいえば技術・技能の差異としての専門的な職業に分化してきたので

はなかろうか。そのような仕事の伝授を職業訓練の始まりと呼ぶことができる。

つまり、職業訓練は人類の繁栄と共に発展してきたといえるのである。

> 「しょくぎょうくんれん」についてのメモ
>
> 　ワープロが出始めの頃、私は佐々木輝雄先生の指導を受けながら、「戦後職業訓練政策史」の年表作りを進めていた。その年表作成の利便性から私はワープロを覚えようとした。高価なワープロを学科では購入できず、図書館に入ったワープロを借りての練習であった。そして勇んで「しょくぎょうくんれん」とタイプし、文字を変換したところ、最初に出てきた漢字は「諸苦行訓練」であった。なるほど「しょくぎょうくんれん」とはこのように一般に理解されているのかと思い、職業訓練の営みを言い得て妙である、と感心して苦笑したのであった。

1.「職業」関連用語

「職業訓練」を解明する前に「職業」の言葉について明らかにしておく必要がある。

まず、「職」の意味は「耳に聞いて知り覚える。」という意味で、これは幟（し）に通じ、「し」は「司」であり、つかさ、役目、官職、営み、仕事、位、の意味になる。

「業」は「わざ」であり、「学びのわざ」である。また、「鐘を掛ける台」、その「飾り板」の意もあるという。

以上から、「職業」だけでも「仕事を学ぶ」という意味がありそうである。

さて、わが国では「職業」に類する古くからの言葉は「生業（なりわい）」ぐらいではないだろうか。この生業は生活のためにする仕事という意味である。その他、「苦役（くえき）」もあるが、これは義務的な労働の提供であり、生活の足しになる労賃はもらえない仕事を意味している。

確かに、「業」の文字を付けた複合語として、「家業」、「正業」などがある。「家業」は封建制度の下での家の職業であり、自分の意志として就く職業ではない。「正業」は単に"かたぎ"の仕事という意味であり、当たり前の職業のことである。

また、「実業」とそれに対する「虚業」がある。「虚業」は金の運用だけで利益を得る仕事を指した。「実業」は今日では「職業」に変っているが、「虚業」といわれた金融業も「職業」に今日では含まれるため、「職業」の概念は「実業」とは異なるといえる。

このようなわが国の職業に関する用語の状況に対して、英語の多様性には驚かされる。主要な単語を挙げてみれば calling, vocation, profession, career, work, business, job, occupation, trade, employment, などである。それぞれの単語で微妙に意味が違っていて、使い分けられている。

　calling は「天職」である。vocation は「職業」の意味を表すときに最も使用されているが、やはり天職の意味を持っている。profession はプロであり、「専門職」の意味であろう。career はある経験（例えば学歴）を経なければ就けないような職業の見方であり、work はどちらかというと肉体的労働を表す職業であり、business は営利目的を主眼とした職業の意味であり、job は賃金を得るための職業であり、occupation は与えられた職業であり、trade は熟練を要する職業であり、employment は雇われて働く職業である。もちろん、上に紹介した意味は相対的であり、厳密ではないが、職業のとらえ方に多様性があることは理解できる。

　たしかに、職業に関する英語の単語に合わせた日本語は上のようにある。しかし、どちらかというと翻訳語として当てられた言葉ではなかろうか。「貴方のご仕事は？」と聞かれて、職業を具体的に言わず、「会社員です。」と応えるように、個人の職業意識がわが国ではこれまで稀薄であったことを示している。

　上のような「職業」に関する言葉の違いは、わが国では職業問題があまり重視されてこなかった文化的土壌にあったのではないか、と思われる。このこともわが国の職業訓練があまり尊重されていないことにつながっているのではなかろうか。

　ここで注目すべきは、「職業訓練」の英語としては"Vocational Training"が用いられていることである。「職業訓練とは天職の訓練である」といえるのである。

2.「職業」の意味

　職業訓練を受けることは職業に就くことが目的である。あるいは、就いている職業をよりよくこなすためである。人と動物との差異の一つは、人が仕事をすることである。つまり、働くことだ。単に動くことではなく、人として働くことである。つまり、人（ニンベン）を「動」に付けて、人が動くことを働く意味としたのである。これは中国には無く、日本でつくられたということは、日本的な働くことの意味が表されたといえる。その働く意味は社会とつながることである。社会的に有用な働くことを「職業」という。それではその「職業」の役割にはどのようなことがあるのだろうか。

（1）「職業」の3要素
　「職業」とは何か、について明快に整理したのは社会学者の尾高邦雄氏である。尾高邦

雄氏は、職業には「個性の発揮」、「役割の実現」そして「生計の維持」の3つの役割があるとする。

「個性の発揮」とは、人間としての一人ひとりの個性を発揮することの一つが職業だ、という考えである。例えば好きな洋服を着ることと同じように好きな職業に就く、ということである。職業を目的としない教育訓練は個性を発揮できないことを意味している。

しかし、好きなこと、夢がそのまま実現できるわけではない。その困難に立ち向かって、夢を実現するために人は努力するのである。夢を目指して努力することで人は成長する。夢に向かって努力することの一つが職業訓練を受けることであろう。

次に、「役割の実現」とは分かりにくい言葉だが、人間としての役割を誰でもが持っているのであり、その役割を実行するのが職業だ、という意味である。この役割の実現とは、反社会的でない普通の職業に就いていれば結果的に社会に貢献しているのだ、という意味である。つまり、働いていれば役割を実現している、ということだ。しかし、フリーターやニートではこの役割を十分に果たしていない、ともいえるのである。

3つ目の「生計の維持」は分かりやすい。自分の生活、そして家族を守るためには衣食住に関するお金が必要である。極端にいうと、生きるためにはお金が要る。そのお金を稼ぐのが職業だ、という意味である。生きるための職業である。

ところで、これらの3つの職業の役割は、相互に密接に関係していて、それぞれ別々に区別して取り上げることは困難なことである。人により、様々な条件により、上の3つの役割の位置と働きが異なってくるのである。どれか一つの役割だけでは職業を論じられない、ということになる。プロのスポーツ選手が、「好きなことをやっていて、給料がもらえる、こんな素晴らしい仕事はない」という意味のことをいうが、これは最も恵まれた、夢が実現したときのことばであろう。

人の就職を考えるときに、「役割の実現」は特に意識しなくても問題にはならないであろう。また、「個性の発揮」も人が職業訓練で学んでいる専門性を発揮できるような職場に勤めることで、実現される。つまり、職業を学んでいる人にとっては就職の問題は大きくない、ということが分かる。

残るのは「生計の維持」であるが、これは現実的な問題としては給料の高低であろう。給料の高低で悩むだろうが、他の2つの要素で悩んでいる者に比べれば幸せな悩みだ、といえる。

> 「フツー」の職業の重要性について
>
> 　学校での職業進路指導が不十分な中で、フリーターの増加を背景として高校生の職業指導のための本格的な職業指導書として『フツーを生きぬく進路術―17才編―』(青木書店)が発行された。同書では、学校と社会と職業訓練の関係が解説され、ようやく高校生にも職業訓練を理解できる本が出版されたことを喜びたい。

(2)「職業」と「仕事」の意味

「仕事」の"仕"は「官職に従事する者」を表す「士」に人を加えて士と区別し、「仕える」というように動詞的に用いるようになった言葉である。つまり「職に仕えること」ということになる。

ところで、「職業」と「仕事」とは同じではない。職業は先の「役割の実現」があったように、社会との関係である一定の制約の中で行っている営みである。それに対し「仕事」は社会的な制約が緩やかであったり、なくても可能な営みの場合もある。例えば、プロ野球のコーチは職業だが、地域の子供会の野球のコーチは職業と考えなくてもできる。

また、「仕事」は「遊びの心」に連なることもあるが、「職業」は決して「遊び」とは無縁なプロ意識が求められる。

(3)「就社」は「就職」ではない

「サラリーマンという仕事はありません」と言ったのはコピーライターの糸井重里氏だそうだが、それは「会社員という仕事はない」と同じである。つまり、サラリーマン、会社員になることは就職したということではなく、"就社"をしているという意味を表している。就職と就社の違いは、職業能力を身につけて雇われているか、身につけずに雇われているかの違いである。就職とは職に就くことだから、その結果としてある企業や工場で働くことになる、という意味である。職業を学んでいない人は就職できるわけがない。

"会社員"は仕事でも職業でもない。自らのことを「会社員」という人は、就職したのではなく就「社」した人であることを意味している。日本の入国審査カードに記入する職業欄の見本に「会社員」があるが、おかしな例示だといえる。

(4) 学校で「働くこと」を学ばせているか

ところで、「学校教育法」の規定はどのようになっているのであろうか。

中学校の「目標」について第36条に、

　2　社会に必要な職業についての基礎的な知識と技能、勤労を重んずる態度及び個性に応じて将来の進路を選択する能力を養うこと。

とあり、高等学校の「目標」について第42条に、

> 2　社会において果たさなければならない使命の自覚に基き、個性に応じて将来の進路を決定させ、一般的な教養を高め、専門的な技能に習熟させること。

とある。

　上のように、中学校では職業に関して、高等学校においては専門に関して将来のための能力を養うことが規定されている。しかし、上の法で明確でないのは、「働くこと」の目的が規定されていないことである。この様なことが、学校は職業や働くことを目的とした学習ではない、という理解になっているのだと思われる。

　それでは大学での教育目的をみてみよう。「学校教育法」第52条に、

> 大学は、学術の中心として、広く知識を授けるとともに、深く専門の学芸を教授研究し、知的、道徳的及び応用的能力を展開させることを目的とする。

としている。

　このように、大学は何も学術の教授だけでなく、「応用的能力を展開させることを目的」にしているのである。しかし、近年まで、工学部においてでさえ職業に直結する教育は大学の役割ではないことを公言した教員がいた。このようなことが、日本人の職業訓練への評価が低迷している大きな要因だといえよう。

　「職業に貴賤なし」というが、そのためには学校での職業に関する教育訓練が徹底されなければいけないだろう。労働は神聖なり、という考え方の指導が具体的ではないといえる。学校でも職業に関する教育をなぜ大事にすべきかというと、職業によって人間は成長するからである。

　ところで、「働く」「はたらく」を「端楽」と書き「端（他人）を楽にすることだ」と述べる人がいる。これは俗説のようだが、否定もできないようだ。例えば、「働く」には「他人のために奔走する」という意味もあるからである。

　この、「働くこと」を「労働」とすれば、その「労」の旧字は「勞」であり、これは「蛍火の下で力を出す、絶えずつとめる」という意味である。このように、他人のために貢献することが、先に尾高氏が指摘した「役割の実現」であることが分かる。

（5）　仕事で人は成長する

　職業に就き、仕事を遂行することにより人は成長する。フリーターでは人間としての成長が十分にできないことになる。このことについては第8章で紹介するように、徒弟制度（見習工制度）の役割についてルソーが述べていた。

（6）「訓練」の用語

それでは、「訓練」はどうであろうか。

まず、「訓」は「言葉で従わせる」、「教え導く」という意味であり、「訓育」の意味になる。この「訓育」は「教える」、「説いて聞かせる」、「諭す」意味となる。

そして「練」は「煮て柔らかくする」、「引いて練る」、「鍛える」、「磨く」、「慣れる」、「習熟する」という意味である。

そして『広辞苑』（第5版）では、

> くん・れん【訓練】①実際にある事を行なって習熟させること。「実地－」②一定の目標に到達させるための実践的教育活動。訓育・徳育と同義にも用い、また技術的・身体的な場合にも用いる。③動物にある学習を行わせるための組織的な手続。褒賞または罰を用いるのが普通。

としている。

このように、「訓練」は重要な教育活動であることが分かる。例えば、ドリルもそうであり、九九や英単語を覚えるのも訓練の方法である。ただ、③のように動物にも用いることが、わが国では「教育」に比して敬遠される所以かもしれない。しかし、訓練のない教育などあり得ないのである。

「訓練」の英語は"training"であるが、それでは英語のこの意味はどうであろうか。ウェブスターの"New World College Dictionary"は

　　1 the action or method of one that trains　2 the process or experience of being trained.

としている。

あえて動物は記していないし、応用がきく定義である。例えば、Academic Training のような使い方もされていることは周知の通りである。このようなことから"training"の概念はわが国の「訓練」のように狭い意味ではないことが分かる。

ここで注意すべきことは、「訓練」の動詞である「訓練する」や"train"の特色は、自動詞と他動詞の両面を持っていることである。このことに比べ「教育する」は他動詞にしか使用しない点が特色である。

したがって、「職業」の語と合体した「職業訓練」とは仕事をする人、労働者または労働者になる人、なろうとしている人に対する仕事の伝授であり、「仕事の仕方を伝える」ことであるといえる。同時に、そのような人が自分自身の「能力向上のために努力すること」であるといえる。

> **「学問」に関するメモ**
>
> 　日本の大学での教育が「学問」に偏重していることは「日本国憲法」において、第23条に「学問の自由はこれを保障する」と規定されていることが大きい。しかし、GHQ の憲法草案では「学問の自由と職業の選択は保障されるべきである」となっていた。職業の選択は第22条に分離独立したが、このことから「学問」が「職業」とは関係ない、という認識が大学関係者に芽生えたのではなかろうか。

3. わが国の職業訓練観

　この「職業訓練」の言葉は、第5章で紹介するように、1958（昭和33）年の「職業訓練法」の制定以降に一般的に用いられるようになった比較的新しい言葉である。つまり、「職業訓練」の言葉が無かった時代でも別な言葉によって職業訓練は営まれていたのである。

　既に周知のように、職業訓練は人類の歴史とともに発展してきた。つまり、いつの時代にもあった職業訓練であるが、その言葉が新しいということは、職業訓練の営みを表す言葉が様々に変化して使われて来たことを示している。

　「職業訓練」は先に述べた "vocation" の意味からすれば "天職の訓練" という意味であった。にもかかわらず、日本人にとって「職業訓練」が耳障りが良くないということは、その言葉が新しく、英語からの直訳として用いられてきたことにある。またそれは古来からあった "大和言葉" ではない、ということである。もとは「職業補導」や「職業再教育」や「見習工養成」や「技能者養成」であったのである。

　さらに職業訓練が理解されていないのは、それが複雑であり理解しにくいことに原因がある。つまり、似たような「教授＝学習」制度である学校に比べた場合、対象者や教育訓練内容、その方法などが複雑に組み合わされているために、学校のようにすべて同一集団に対して展開されている制度が教育訓練であると理解している人には、簡単には理解できないことがある。人は理解できないことは "うさんくさく" 感じるものである。そして無理解は「職業訓練」への誤解も生むことになる。誤解は偏見を助長する。

　悪いことには意図的に、あるいは無意図的に職業訓練の言葉と紛らわしい言葉が使われてきたこともある。英語に訳せば "Vocational Training" となる日本語が氾濫しているのである。よく使われる「研修」も "Training" なのである。さらに、文部省は「専門学

校」の英語名を"Special Training School"としている。「教育」の言葉は労働省では公的には避けてきたが、英語にすると垣根はないといえるのである。「職業能力開発」関係の資料では序論で述べたように「職業能力開発」を"Education"と記してもよいのである。

それでは「職業訓練」に関する一般的な理解をみてみよう。

まず『広辞苑（第5版）』では、

　　　　技能労働者の職業に必要な能力の開発・向上を目的とする訓練・再訓練。

としている。この「技能労働者の」という定義は1958（昭和33）年の「職業訓練法」の定義である。それ以前もまた、1969（昭和44）年の新「職業訓練法」以降でもそのような規定ではなく、極めて古い定義である。『広辞苑』は日本語の定義の紹介によく用いられ、日本の常識を代表するように考えられているが、「職業訓練」に関しては十分な研究の上で編集されているとはいえない。わが国では『広辞苑』的な説明が一般には多い。

次に『日本国語大辞典（第2版）』（小学館）では、

　　　　労働者または労働者になろうとする者に職業上必要な知識、技能を身につけさせる
　　　こと。国および地方公共団体が行う公共職業訓練と事業主や労働組合などが行う認定
　　　職業訓練があり、広義には学校教育までこれに含まれる。職業補導。

としている。本辞典は日本語に関しては極めて権威のある辞典であるが、第2文で学校教育が職業訓練に含まれるとしていることは、職業訓練の意義を考える上で重要である。

最も権威ある『日本国語大辞典』が、学校教育を職業訓練に含めているということも極めて意義深いといえよう。このような学校教育をも職業訓練の定義に含めるということはいかなる背景があるのだろうか。この理論枠組みを考えるためにも論点の整理が必要となってくる。

そのための試みの概念図が次の図である。ここで、「公的職業訓練」とは「職業能力開発促進法」などの法令や都道府県の条例などによって公的資金を利用して行われている職業訓練を意味し、「私的職業訓練」は「公的職業訓練」の対置概念として、企業などが公的援助を受けずに独自の判断と運営で行っている職業訓練である。

また、O.J.Tとは"On the Job Training"の略語であり、「仕事をやりながらの訓練」の意味となる。したがって、O.J.Tは、工場や職場の仕事の場面で上司の指導を受けながらの訓練であり、公共の職業訓練施設では行い得ないことになる。最も近いのが、受託訓練であろう。このため、O.J.Tは主として企業内訓練の課題となり、公共職業訓練ではO.J.Tとしての企業実習の意味が重要になる。

Off J. T. は"Off the Job Training"の略語であり、「仕事を離れての訓練」となる。したがって、やはり企業内訓練として、社員を仕事から離して教育訓練する場合である。やや拡大して考えれば、公共職業訓練はすべてが Off J. T. といえよう。

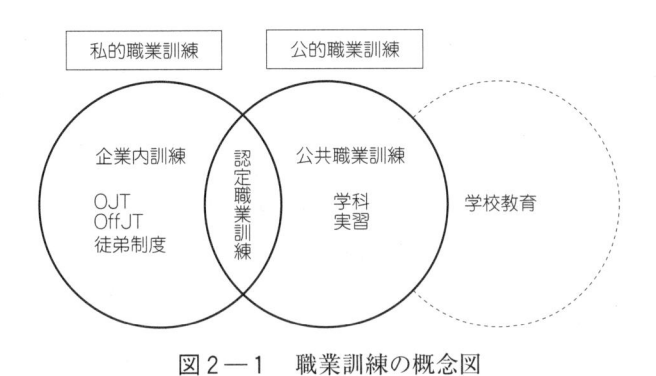

図2−1　職業訓練の概念図

上のように整理すると、「公的職業訓練」には公共職業訓練と、企業内訓練の中で法令の認定を受けている「認定職業訓練」が含まれることになる。

また、最も概念を広く考えれば、『日本国語大辞典』のように学校教育を含むことになる。

このように整理することによって職業訓練の課題をより明確にできると考える。また、徒弟制度は現在でも営まれているが、公的職業訓練には含まれていないというわが国の特徴がある。このことは、わが国の法令では徒弟制度を認めていないということになる。そのため、徒弟制度は「私的職業訓練」に含めざるを得ない。しかし、欧米では日本と異なることを第9章で紹介する。

以上のように、わが国における職業訓練の概念は複雑である。職業訓練の意味を上の概念のどの分野で考えるのかということを明確にしなければ、議論において意見がお互いにかみ合わないことになるので、注意が必要である。

そして、わが国の「職業訓練」は国際的に通用する概念とは異なることにも注意が必要である。このことは第9章で考えていただきたい。

よく"職業訓練は教育ではない"と聞くが、職業訓練といっても様々であり、その「職業訓練」とは上の図のどれを指しているのか、という問いが必要になる。

日本と欧米との概念の違いに関するメモ

例えば「哲学」の英語は"philosophy"であるが、英語の本来の意味は、"love of, or the

search for, wisdom or knowlege" ("Webster's New World College Dictionary") である。つまり、直訳すれば「知識や知恵を愛したり、調べること」であり、「愛知」となる。これを「哲学」としたのは西周であることは有名であるが、「哲学」は「愛知」であると知られて研究され、利用されていれば良しとしなければならない。しかし、"Education" は「教育」として理解され、利用されていることは問題であろう。

4.「教育訓練」と「教育・訓練」

ところで、「職業訓練」に類似した用語に「教育訓練」がある。この「教育訓練」の用語は、昭和35（1960）年の「国民所得倍増計画」に初めて登場した。昭和33年以前には職業訓練が一般的ではなかったため、人の教育訓練の分野で「訓練」の用語は戦後には使用されなかったはずである。

　その「国民所得倍増計画」は、経済審議会が総理大臣に提出した答申であり、以後、国の立場からは人材の養成を現す言葉として「教育訓練」が使用されることになる。この答申の「人的能力の向上と科学技術の振興」の章において、「教育訓練は人間能力の開発向上、近代生活にふさわしい人間の形成という両面から重要」と位置づけられた。もちろん、この章は学校教育と職業訓練との両者の拡充を説いた章であり、「教育訓練」は「職業訓練」と「学校教育」とを包摂する概念として用いられている。ただ、この「教育訓練」は明らかに組織（国）の立場からの人材育成論であった。

　そして、この「国民所得倍増計画」の中の「人材養成論」のみを体系化したものが昭和38（1963）年の「人的能力政策に関する経済審議会の答申」であった。この人的能力答申は、明治以降のわが国の人材養成を総括し、その後の日本の人材養成の指針を示した答申であった。そこでの「教育訓練」は国の経済政策の立場から学校教育と職業訓練を含む概念として用いられていたことは無論である。このように、大局的な人材育成論としては「教育訓練」が用いられ、一般化するようになった。しかし、「教育訓練」の用語は『広辞苑』には説明されていない。

　ところが、それでは終わらなかった。やがて、「教育・訓練」という用語が使われるようになった。国立教育政策研究所に寄贈されている教育関係文献の『文献目録』で調べてみると、論文のタイトルに「教育・訓練」の用語を最初に使用したのは『愛知教育』に掲載された「勤労青少年の教育・訓練施設」であった。1966（昭和41）年11月である。この

調査では国立教育政策研究所の『文献目録』がわが国のすべての論文を網羅していないばかりでなく、タイトルだけしか分からない、という限界がある。ほかにも「教育・訓練」を使用した論文はあるかもしれない。またタイトルには使わずとも本文中に使用しているものもあるかもしれない。

「教育訓練」と「教育・訓練」の差異は、前者が「教育」と「職業訓練」を一体的にとらえようとしているのに対し、後者は別な役割として分離しようとしている。その「教育・訓練」をよく用いているのはどちらかというと教育関係者に多いことに気づく。

これには、「教育」と「訓練」とは似ているが異なる営みである、という意味が込められているといえよう。似ているから同等に扱うこととした「国民所得倍増計画」はやはり問題があるのだろうか。「教育訓練」は経済用語なのであろうか。

この「教育・訓練」の根底には「教育」と「職業訓練」とは異なるとする思想がある。「教育・訓練」の用語は職業訓練への差別意識のない人であっても使用されることが少なくないが、この用語には職業訓練と教育とは異なるとする区別を前提とした観点であるのではなかろうか。あるいは善意に両者を区別して用いている人もいるので見極める必要がある。

また、労働法学の立場の人も労働者には「職業訓練を受ける権利」があるとする。そして「職業訓練を受ける権利」は教育権としてあるのか、労働権としてあるのかの論争に発展した。両者に共通する点は、企業内教育訓練を全廃し、公共職業訓練に委ねるべきだとする点である。しかし、実体的にも理論的にもこの論では「職業訓練」は成立しない。つまり、先の概念図にも示したように、企業内訓練は職業訓練にとって極めて重要な、かつ、大きな分野であるからである。

仮に企業内訓練を全廃できるとして、そのための条件を考えると、第一に学校教育が普通教育一辺倒を撤廃すべきことである。つまり、普通教育を終えた卒業生が企業に就職できるはずはなく、それは「就社」でしかないからである。企業は普通教育で修了してきた卒業生を採用し、働いてもらうためにはなんらかの職業教育・職業訓練を施さなければならない。このことが企業内訓練を日本では隆盛にした背景になっている。企業内訓練の全廃論者は学校教育の改善を一体的に論じなければならない。そして、採用された労働者（新入社員）の位置づけによって教育訓練の内容と方法には差異が出ることになる。

ところで、労働関係法では「教育」の言葉は使用されてこなかった。しかし、上のように「教育訓練」が国の経済政策として用いられるようになると、労働関係法でも「教育」の言葉の使用の自制が取り除かれることになる。

第5章で詳述するが、「失業保険法」に変わり、1974（昭和49）年に「雇用保険法」を制定した。この「雇用保険法」に労働関係法で初めて「教育訓練」が用いられたのであった。それは「雇用保険法」に新たに規定された「能力開発事業」の中の「有給教育訓練休暇」に規定された。それまでの「職業訓練」から「教育訓練」に概念を拡大したことは、「有給教育訓練休暇」のための対象施設として職業訓練施設だけではなく、各種の学校施設も含めるためであった。

　「雇用保険法」の制定とオイルショックの発生には微妙な関係があるが、これらの課題を受けて「職業訓練法」を改正したのは1978（昭和53）年であった。その法第9条第2項に新たに次のように規定した。

　2　国及び都道府県が職業訓練を行う場合には、その設置した職業訓練施設内において行うほか、職業を転換しようとする労働者等に対し、必要があるときは、職業に必要な能力の開発及び向上について適切と認められる他の施設により行われる教育訓練を当該職業訓練施設の行う職業訓練とみなし、当該教育訓練を受けさせることによって行うことができる。

　この規定は、戦後当初に失業者が氾濫していたとき、各種学校で行う教育も職業訓練とみなし、経費を補助していたことの復活であった。つまり、オイルショックの影響のために、公共訓練だけでは対応できない対策であった。

　ここで重要なことは、「職業訓練法」の条文の中に、「教育訓練」の用語を初めて用いたことである。これは本来の職業訓練の方法ではないが、「他の施設」で行う「教育訓練」を規定したという意味は大きい。

　その後、「雇用保険法」の「能力開発事業」の理念で「職業訓練法」は「職業能力開発促進法」に改正されたが、「職業能力開発」を行う場合の方法として「教育訓練」を受けさせる、となった。このように、「教育訓練」が用いられ、「教育」の言葉は職業訓練界でタブーではなくなった。

　なお、近年は主に技術者が、自身の技術を様々な人に伝授することを"技術移転"といっているが、従来の学校教育における「技術教育」との区別を意識した言葉であろう。しかし、この「技術移転」も実質的には「職業訓練」と変わりはない。

　以上のように実体的に変わらないが、「職業訓練」の言葉のイメージを払拭するために、職業訓練の内容を表す言葉としてわが国では意図的に様々な言葉が用いられてきたことがこれらの多様な言葉を次々に創出させた背景であるといえる。

　よく言われる職業訓練とは「技能を訓練すること」であるというのは1958（昭和33）年

の「職業訓練法」が定着させた誤った理解である。ここでいう「技能」が、第6章で紹介する勝田守一氏のような広義の概念であれば間違いではないが、一般的にはそれを狭義に使うことが多い。

ところで、「教育」と「職業訓練」との両者の大きな違いは、「教育」が他動詞の「教育する」しかできないのに対し、職業訓練では他動詞と自動詞としての両者があることである。つまり、能力を自分で開発することもできるし、人の援助を得て開発もできる。それが職業訓練である。我々の仕事は他動詞としての援助を行うことになる。そしてその仕事は職業に関する能力の開発だ、ということである。

> 「教育訓練」に関するメモ
>
> 　第5章で紹介する「国家総動員法」の第3条第5項に「教育訓練」が用いられていたが、同法は戦後に廃止されたため、この言葉は忘れられていたといえる。

5. 職業訓練を見る視座

職業訓練を見る視座とその観点には、まず職業訓練関係者のものがあるが、その他に教育関係者のもの、経済学関係者のもの、そして労働法関係者のものなど多様にある。また、それぞれの観点にも職業訓練を肯定的にみるもの、否定的にみるものがある。このことが示していることは、職業訓練は既存の一つの学問ですべてを説明することは困難であるということである。これまでも、失業者対策として労働政策により、進学しない者のための教育政策に、技術革新に対応するための経済政策などに位置づけられてきた。このように職業訓練の課題は単独ではなく、より複雑に絡み合っていたので、一つの学問からの見極めが困難であった。このことが職業訓練を理解しにくくしているが、今日でも職業訓練は様々な問題と切り離せなくなっている。

例えば職業訓練研究センター初代所長宗像元介氏は『職業訓練研究』第1巻の「発刊の辞」で、「職業訓練にかゝわる問題は、その性格上、技術、教育、心理、経済あるいは社会の各分野にまたがっていることが多い。」と述べている。また職業能力開発大学校前校長早川宗八郎氏は「職業訓練は、臨教審答申の中では生涯職業能力開発という言葉で生涯学習に位置づけられ、学校教育のみならず社会構造や産業形態とも深く係わっていることが示されています。これが職業訓練学の体系作りを困難にしている要因でしょう。」と述べている。このように職業訓練は分かりにくい。だからこそ明確に整理した「職業訓練

学」が必要となる。

　「職業訓練法」が制定された当時、コメンタールでは「職業訓練」を「わが国では、職業訓練の語は、通常学校教育における職業教育を含まない狭い意味に使われ、労働者に対してその職業に必要な技能及びこれに関連する知識を組織的に教習することをさす。」と述べていた。今日ではこの文章に疑問が生じないが、この解説には誤謬がある。つまり、「職業訓練の語は、……使われ」とあるが、先にも紹介したように「職業訓練」の用語は「職業訓練法」制定以後に一般化したのであり、当時「通常……使われ」ていた訳ではないからである。

　また、その「狭い意味」に対し「広い意味」とは第9章で紹介するILOの定義であるが、「職業訓練法」が制定される以前は労働省もその広い意味で職業訓練を解説していたのである。例えば、昭和28年10月の『職業安定広報（臨時増刊号）』では「職業訓練行政の体系」の中に、「学校における職業教育」を含めて解説していたのである。このときの「職業訓練」の概念には明らかに学校教育を含めていることが分かる。にもかかわらず、「職業訓練法」制定時のコメンタールに前記のような解説をしていたということは、職業訓練関係者であっても、職業訓練を正しく理解していないことを示している。

　また、「職業訓練法」制定時の通達では、「職業訓練行政は、就職の促進、失業の予防及び労働者の地位の向上を図る労働政策としての任務にあわせて、技能水準の向上を通じて産業の振興を図る産業政策としての任務を有するものである……。また、職業訓練も究極においては、技能労働者の人格の完成を目標とするものであり、広義の教育の一環である」としていた。この観点は、職業訓練は労働政策、産業政策および教育の任務として成立したというだけで、職業訓練そのものの存在意義はそこからは生まれてこない。この観点は次の1969（昭和44）年の（新）「職業訓練法」のコメンタールに発展する。

　すなわち、「職業訓練法は、日本国憲法の規定する職業選択の自由、健康で文化的な最低限度の生活を営む権利、能力に応じてひとしく教育を受ける権利、勤労の権利等の基本的人権の実質的な内容の実現に寄与するものである」としている。この解説は今日の「職業能力開発促進法」の解説まで引き継がれている。この諸権利は憲法第22条職業選択の自由、第25条生存権、第26条教育権および第27条勤労権の規定を意味している。これらの国民の権利一つをとっても、簡単なことではないことは誰の目にも明らかである。それらの諸権利に貢献するのであるから、職業訓練は重要である、という論は分からないことではない。しかし、その第22条および第27条は、戦後当初に成立した「職業安定法」と「労働基準法」における「職業補導」と「技能者養成」の意義を援用したに過ぎない。それに第

25条の生存権と第26条の教育権の紹介を加えているが論理は明らかでない。したがって、このような網羅的な立場からは「職業訓練学」は生まれない。

こうした日本の職業訓練観がなぜ生まれるのであろうか。それは職業訓練に関する法律がP. D. アンソニーが言うように「直接労働に従った者ではない、法律家、行政官、知識人のもの」という側面が否めないからではなかろうか。

ここで、先に紹介したように、企業内訓練を全廃してすべて公共化するという論を検討しよう。このことは、仕事に関する直接的な訓練を企業の外で行うということになる。O. J. Tの実施率に関する調査はどんな調査をさがしてもない。それは100％になることが分かっているからである。つまり、どのような中小零細企業であってもO. J. Tは実施している。このような企業内のO. J. Tについてまでも同一の公的訓練施設を設けてそこで訓練を受けた者しか企業で働くことができない、としたらその公的訓練施設の運営は可能であるのだろうか。

一方Off J. T. であっても、業務を全く同じに統一できれば公共化も可能であるが、企業による内容の差がある高度な分野、先端の部分については大学よりも進んでいる場合が多く、そのような内容を公共化できるわけがない。公共化が可能なのは、基礎的、基本的分野になるはずである。このことは、その企業と全く同じ生産組織あるいは業務組織で経験を積んでからその企業で働くということにならざるを得ない。つまり、実態的に全く同じ工場を2つ造り、1つは公共の職業訓練施設として運営すべきだということになる。

この論は日本の教育は崇高な制度であるとする立場から企業内訓練の全廃論となっている。このような論が他の国、先進資本主義国に理解されるのであろうか。そのような再編をしている国を知らない。例えばドイツに代表される企業内訓練を学校教育と連動している国や、香港の「現行学校制度図」にみるようにアジアの諸国でもヨーロッパ文化の影響を受けている国では日本とは異なった学校制度により、職業訓練、企業内訓練を意味づけているのである。最も、他の国になくても優れた理論であればよいが、上のような理由から根拠は弱いように思われる。

このように、企業内訓練の全廃論を実現することは不可能である。後に紹介するようにILOでも在職労働者の向上訓練は企業の任務だという見方である。問題は企業内訓練をいかに公共化するかではなく、公的な訓練としてどのように制度を確立し、認めるか、ということである。職業訓練は公共化では片づかないといえよう。職業訓練や教育は原理・原則の点では世界に共通的に理解され、支持されなければならないはずである。

以上のように、職業訓練に関する見方は複雑である。職業訓練を教育とは認めない観点

は論外として、わが国に共通する多くの観点は、「職業訓練は教育に含まれる」である。これは「教育基本法」第7条第1項の「勤労の場所における教育」の規定と同じ観点である。しかし、一般的国民が「教育基本法」のこの規定を知っているわけではなく、わが国の歴史観・文明観・教育観の中から醸成され、国民に理解されているといえよう。

　この「教育」に「職業訓練」を含んでいるとする観点が「民主的な観点である」としている点もこれまでに共通した立場であった。その立場の論である「教育を受ける権利」というとらえ方は本来人権としての論としてはおかしいが、その立場の人々は「教育を受ける権利」があるから「職業訓練を受ける権利」があるとしているのである。

　これらの問題を克服する職業訓練を担当する者の立場、観点を確立しなければならないことを示している。

「教育を受ける権利」に関するメモ

　5ページに紹介した『広辞苑』の「教育」の定義に「教育を受ける権利」を当てはめると、「他から意図をもって働きかけられ、望ましい姿に変化させられ、価値を実現される活動」、となる。このようなことを国民が望むのであろうか。

第2章問題

　職業訓練の概念は様々であるが、わが国の「職業訓練」は国際的な位置づけに比べると極めて曖昧になっている。特に徒弟制度を全く対象にしていない。このようになった背景には何があるのだろうか。

第3章　職業訓練の制度
―― どのような実態か ――

1. 日本的特色

　職業訓練の制度は国によって大きく異なり、また同じ国でも時代によって変化する。わが国の特徴を述べれば、第一には学校教育と完全に分離していることであり、第二には徒弟制度が含まれない、ことである。このような職業訓練の特徴は一方ではわが国の学校が単純な制度になっている、ということを意味しており、その単純な立場から他国の学校制度をみると極めて複雑である、ということになる。

　以上のことは「職業訓練」の概念が国によって異なる、ともいえるし、「教育」の概念が異なる、ともいえる。

　本章では法令などにより実施されている公的な制度を主に整理し、法令によらない企業内における私的な教育訓練を除いて述べたい。法令などとは「職業能力開発促進法」とその関連法令、または都道府県条例である。「法」による職業能力開発には職業訓練と職業能力検定（国家検定＋社内検定）が含まれている。ただ、職業能力検定については第6章の「評価」のところで簡単に触れることとする。

　ところで、わが国の職業訓練の特徴の第三として、公的な職業訓練よりもはるかに私的な職業訓練が多く実施されていることである。見方を変えれば、公的な職業訓練はもっと拡大できる土壌がある、ことを意味している。新たに指導員になられた方は、このことを忘れずに奮闘していただきたい。

　さて、「職業能力開発促進法」では第1条（目的）で、「労働者が自ら職業に関する教育訓練又は職業能力検定を受ける機会を確保するための施策等を総合的かつ計画的に講ずることにより、職業に必要な労働者の能力を開発し、及び向上させる」としている。また、第3条（職業能力開発促進の基本理念）では「労働者がその職業生活の全期間を通じてその有する能力を有効に発揮できるようにすることが、職業の安定及び労働者の地位の向上のために不可欠であるとともに、経済及び社会の発展の基礎をなすものであることにかんがみ、この法律の規定による職業能力の開発及び向上の促進は、産業構造の変化、技術の進歩その他の経済的環境の変化による業務の内容に対する労働者の適応性を増大させ、及

び転職に当たっての円滑な再就職に資するよう、労働者の職業生活設計に配慮しつつ、その職業生活の全期間を通じて段階的かつ体系的に行われることを基本理念とする。」としている。このような目的と理念を実現するために職業訓練の制度と体系を整備している、といえる。

2.「職業能力開発促進法」における制度構造

それでは、「職業能力開発促進法」では職業訓練の制度をどのように体系化しているのであろうか。それは次のような法第3章の目次で明らかである。

第3章　職業能力開発の促進
　第1節　事業主等の行う職業能力開発促進の措置
　　　　　（第8条―第14条）
　第2節　国及び都道府県による職業能力開発促進の措置
　　　　　（第15条―第15条の5）
　第3節　国及び都道府県等による職業訓練の実施等
　　　　　（第15条の6―第23条）
　第4節　事業主等の行う職業訓練の認定等
　　　　　（第24条―第26条の2）
　第5節　職業能力開発総合大学校
　　　　　（第27条）
　第6節　職業訓練指導員等
　　　　　（第27条の2―第30条の2）

まず、第1節、第2節は「職業能力開発」についての規定であるが、大事なことは第1節に事業主のことが記され、第2節に公共の職業能力開発について記されていることである。法令は同一法の中では先に規定された事項が優先され、後で規定されている事項は先の事項の補足、ないしは従属する内容となる。このことは、公共の職業能力開発である第15条の2に「事業主その他の関係者に対する援助」が、15条の3に「事業主等に対する助成等」が規定されていることからも明確である。

このように、事業主の職業訓練が優先されている経過は1985（昭和60）年に「職業訓練

法」を改正した「職業能力開発促進法」からであり、その背景は第5章で述べる財源としての「雇用保険法」の制定に起因している。ちなみに、「職業能力開発促進法」以前の1969（昭和44）年の「職業訓練法」第3章「職業訓練」では、

　　第1節　職業訓練の体系
　　第2節　公共職業訓練施設等
　　第3節　職業訓練の認定等
　　第4節　職業訓練指導員

であった。上のように第2節に公共職業訓練が、第3節に認定、すなわち事業内の職業訓練が規定されていたのである。このときは、「職業に必要な能力の開発」の語は第1条の「目的」に規定されただけであり、具体的には展開されていなかった。つまり、職業訓練が主たる業務であった。

　さて、今日では職業訓練は職業能力開発の一部の業務であるが、第19条に「職業訓練の基準」が規定され、「厚生労働省令で定める」としている。そして、第24条に「都道府県知事による職業訓練の認定」を定め、「事業主の申請に基づき……第19条第1項の厚生労働省令で定める基準に適合するものであることの認定」をすることになる。ここで、基準の認定では公共職業訓練の基準を前提にしているように規定されているが、今日の基準は第5章で述べるように「B型訓練」であるため、事業主が職業訓練を実施することに大きな困難は無いといえる。

　以上のように、今日の職業訓練は、事業主の行う職業訓練が優先されていることが特徴といえる。

3. 社会の中での位置づけ

　まず、日本の職業訓練の制度を概念的に示すと、次の図3－1のようになる。なお、図は職業訓練全体を示しており、「新卒者訓練」、「在職者訓練」および「離職者訓練」という用語は今日の制度用語ではなく、本書のために用いる実体的な対象者別の用語である。

　わが国における職業訓練は企業内の訓練と公共の職業訓練の2つに大別される。企業内の訓練はさらに法令の認定を受けて運営されている公的な職業訓練と認定を受けない私的な職業訓練に分かれる。わが国の実情は、後者の私的職業訓練が圧倒的に多いことである。

　企業内における教育訓練はほとんどの企業でまずはO.J.Tを実施している。そして、近

年の不況下であっても60％の企業がOff J. T. を実施している。好景気の時には87％の年もあったことをみると、企業内教育訓練は景気に左右されるようだ。この中の一部が「職業能力開発促進法」の認定を受けている公的な職業訓練となっているのである。また、Off J. T. を実施している企業で66％が社外の様々な教育訓練施設に従業員を派遣している。その中の約8％が公共職業訓練へ「在職者訓練」として派遣していることになっている。

なお、「職業能力開発促進法」第9条で「職業訓練を行う場合には、その労働者の業務の遂行の過程内において……行う」としているように、O.J.Tに関しても規定している。しかし、この法文に関する基準は整備されていない。ただ、第7章で紹介する近年施行されている日本版デュアルシステムにおいては企業での実習を奨励しているが、これはやや趣旨が異なるといえる。

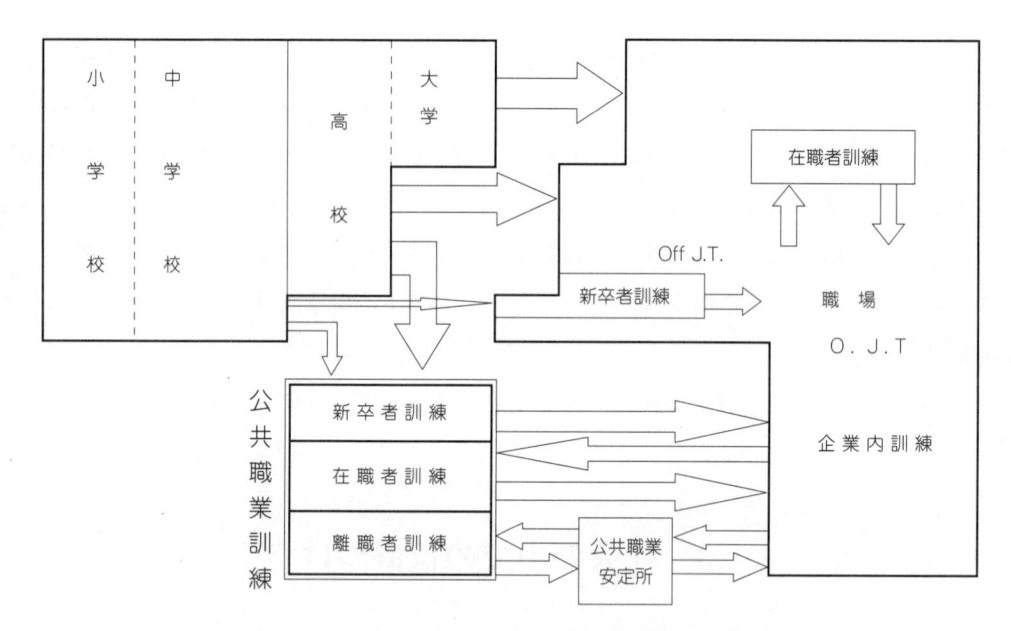

図3―1　日本における学校教育と職業訓練との関連図

また、図3―1は職業訓練を学ぶ基礎としての学習が学校教育であることを示している。学校の卒業生は経済の発展により次第に高学歴化している。そのため、近年は職業訓練へ入る者は中学校卒業者が極めて少なく、主として高等学校卒業生である。また、図では大学から公共職業訓練への入校は対象になっていない。しかし、大新卒業者も実質的には職業訓練を受講している者が少なくない。東京では「普通課程」の1/4を超えている。特に、地域に密着している伝統的・工芸的な職種では開設校へ全国から集中している

特色がある。

　図のように、職業訓練は学校教育と隔絶しているが、例外がある。それは、「技能連携制度」と呼ぶ制度で、1961（昭和36）年の「学校教育法」改正の中で位置づけられた。この技能連携制度は、中学校卒業の訓練生に対する訓練であり、修業年限3年以上で、年間800時間以上の訓練を実施している施設に対して認められた。この制度で1966（昭和41）年時点では45の事業所にて7千人余が高卒資格を授与された。しかし、今日では全国で4社ほど企業内の施設でこの制度にて教育訓練を実施しているに過ぎない。

　技能連携制度は企業内訓練に限るわけではなく、僅かな例であるが、公共の職業能力開発施設においても結んでいる。この場合、公共職業訓練の訓練期間が短いため訓練期間修了と同時に高校を卒業できないので、修了生は就職後に定時制高校等に通わなければならない。神奈川県ではこの制度を利用して「技術高校」制度により7校を設置したが、「普通教育」への傾斜が強まると同時に廃校においやられた。とはいえ、近年でも技能連携制度を結んでいる公共職業能力開発施設はあるようだ。技能連携制度の手配はさらに綿密にしなければならない。この制度により、不十分ながらも、中学校卒業の訓練生に高校卒業資格を授与できるというメリットがあるからである。

> **連携についてのメモ**
>
> 　戦後の職業訓練と学校教育との連携の始まりは、「日本国憲法」や「教育基本法」における「教育の機会均等」の精神から、教育刷新委員会が「技能者養成所、見習工養成所にも……大学へ進みうるための単位制クレジットを与える措置を講ずること。」と政府に建議したことである。この建議を受け、労働省は35時間制による教科目の「教習事項」を告示した。しかし、文部省による反対により、刷新委員会の建議はホゴとなり、今日までに至っている。
>
> 　【教育刷新委員会とは、戦前の教育を刷新するために政府に具体策を建議する委員会であった。大臣の諮問を受けて審議し答申する今日の審議会とはやや異なり（より強く）政府に改革を建議していた。】

4. 経営主体別の分類

　ここで、日本の公的職業訓練の行政機構を図示すると53ページの図3―2のようになる。図のように、職業訓練は厚生労働省の管轄となっており、文部科学省が管轄する学校とは完全に隔絶されている。そして、国の職業訓練事業を担当しているのが雇用・能力開

発機構である。したがって、機構の職業訓練は国の政策に直接に左右されることになる。その運営費は主として「雇用保険法」の資金でまかなわれている。都道府県立の職業能力開発施設の運営費はおよそ半額が「雇用保険法」より助成され、残りは都道府県の税金である。そのため、都道府県立の施設ではその地域の実情に合わせた職業訓練を展開することが機構よりも容易である。

職業能力開発総合大学校は高卒者対象の4年制の職業訓練指導員養成の大学であり、目的は雇用者の養成施設ではないので以下の説明からは除外する。機構の11校の職業能力開発大学校は専門課程2年と応用課程2年を継続して訓練するため、結果的に学生達は4年の大学レベルの訓練を受ける。この職業訓練を受けた修了生に対し、人事院は大学卒業と同等と認めた。現実に、その修了生が、国立の大学院に入学を許可された者は少なくない。なお、この応用課程には、他の職業能力開発短期大学校の専門課程からの編入が可能になっている。

都道府県立の施設は、主として一般の職業能力開発施設と、職業能力開発短期大学校および障害者職業能力開発校を設置している。

障害者を対象とした施設は3種ある。国が設置し都道府県に委託している施設、都道府県立の施設、そして日本障害者雇用促進協会が設立している施設である。障害者雇用促進協会が設立している障害者職業能力開発施設も公共職業訓練といえる。

コンピュータカレッジなどの第3セクターの施設は設立費用や設備費を国が支出していることによる公的な側面と、独立採算方式にて運営しているための私的な側面を持っている。したがって、コンピュータカレッジは実態的には公共の新卒者訓練といえる。しかし、法令的には認定職業訓練校である。ただ、この施設はカレッジとは呼称しているが、短期大学校の専門課程ではなく高卒者対象の普通訓練課程の2年制で運営している。高卒者対象の普通訓練課程の2年制は都道府県の一般の施設においても多く運営されている。

なお、図には描けないが、公共施設において、近年の不況下の失業者に対する職業訓練を公共の施設だけではまかなえないため、委託訓練として各種の教育訓練施設（民間・専門学校など）に委託している。

それでは、次に企業内訓練の実情をみてみよう。不況下でも60％以上の企業がOff J. T.を実施していることを考えると、その受講者は膨大な人数になることが推測される。その企業内教育訓練の中で、公的な職業訓練は都道府県と都道府県に設置されている能力開発協会の管轄によっている。全国の事業所の中で、図3－2のように認定を受けている施設が二千にも満たないということは、この拡大の余地があるということでもあり、私的教育

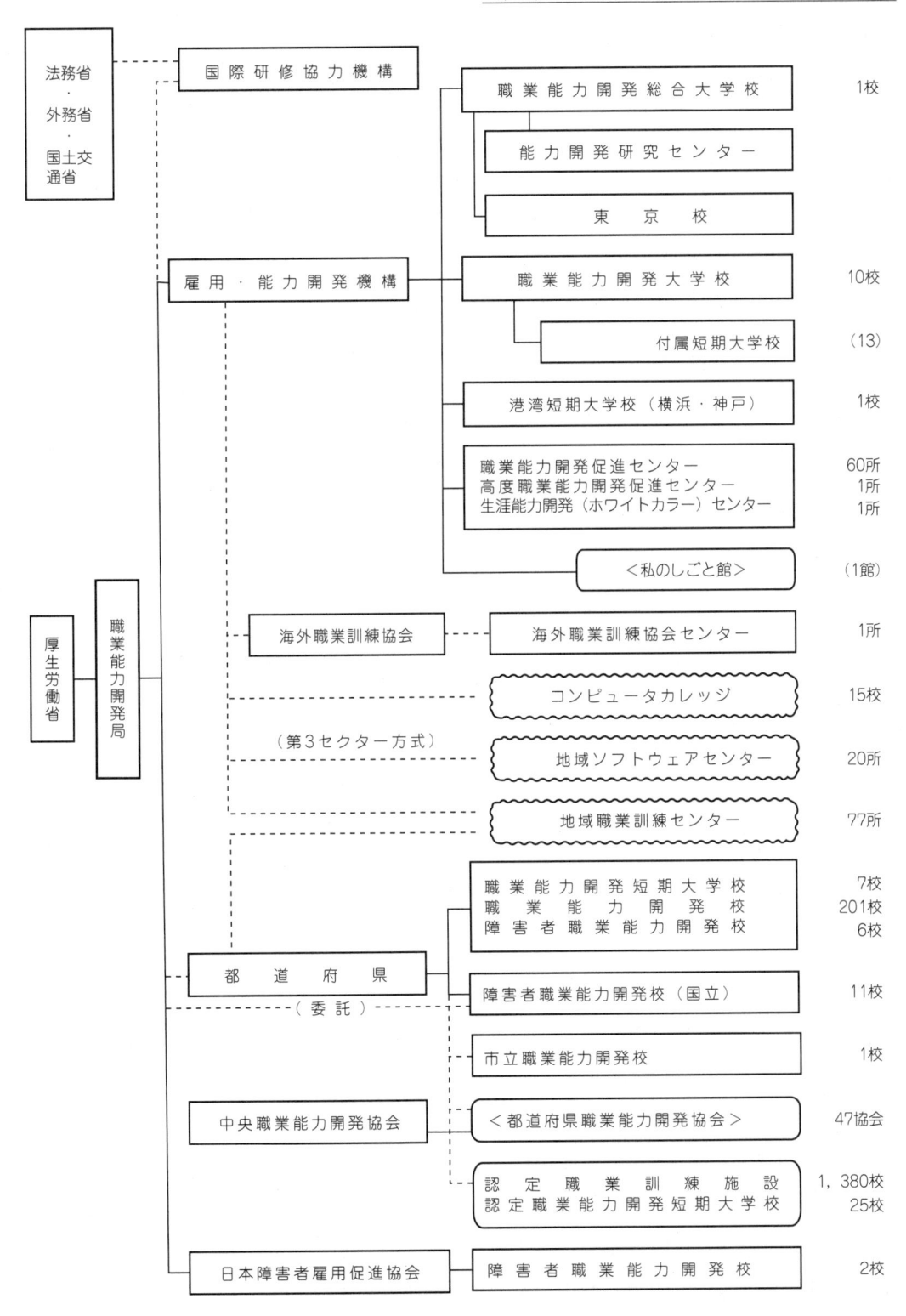

第3章 職業訓練の制度——どのような実態か—— 53

```
┌─────────┐   ┌──────────────┐   ┌──────────────────┐
│ 法務省・  │---│ 国際研修協力機構 │   │ 職業能力開発総合大学校 │ 1校
│ 外務省・  │   └──────────────┘   ├──────────────────┤
│ 国土交通省 │                      │ 能力開発研究センター │
└─────────┘                      ├──────────────────┤
                                 │ 東京校           │
          ┌──────────────┐   ├──────────────────┤
          │ 雇用・能力開発機構 ├───┤ 職業能力開発大学校 │ 10校
          └──────────────┘   │  └付属短期大学校  │ (13)
                              ├──────────────────┤
                              │ 港湾短期大学校(横浜・神戸) │ 1校
                              ├──────────────────┤
                              │ 職業能力開発促進センター    │ 60所
                              │ 高度職業能力開発促進センター │ 1所
                              │ 生涯能力開発(ホワイトカラー)センター │ 1所
                              ├──────────────────┤
                              │ ＜私のしごと館＞    │ (1館)

厚生労働省─職業能力開発局
          ├──────────────┐   ┌──────────────────┐
          │ 海外職業訓練協会 ├---│ 海外職業訓練協会センター │ 1所
          └──────────────┘

          (第3セクター方式)    ┌──────────────────┐
          ┌----------------┤ コンピュータカレッジ │ 15校
          │                 ├──────────────────┤
          ├----------------┤ 地域ソフトウェアセンター │ 20所
          │                 ├──────────────────┤
          └----------------┤ 地域職業訓練センター │ 77所

          ┌──────────────┐   ┌──────────────────┐
          │ 都道府県       ├───┤ 職業能力開発短期大学校 │ 7校
          │                │   │ 職業能力開発校       │ 201校
          │                │   │ 障害者職業能力開発校  │ 6校
          │   (委託)       ├---┤ 障害者職業能力開発校(国立) │ 11校
          └──────────────┘   ├──────────────────┤
                              │ 市立職業能力開発校 │ 1校

          ┌──────────────┐   ┌──────────────────┐
          │ 中央職業能力開発協会 ├─┤ ＜都道府県職業能力開発協会＞ │ 47協会
          └──────────────┘   ├──────────────────┤
                              │ 認定職業訓練施設       │ 1,380校
                              │ 認定職業能力開発短期大学校 │ 25校

          ┌──────────────┐   ┌──────────────────┐
          │ 日本障害者雇用促進協会 ├─┤ 障害者職業能力開発校 │ 2校
          └──────────────┘
```

『厚生労働白書（平成16年版）』等より作成

図3−2 職業能力開発行政機構図

訓練が極めて多い、ということでもある。

その認定職業訓練施設の中で、企業内の職業訓練短期大学校も増えつつあり、これらのことは、わが国の高学歴化の進行に伴い、労働者の職業訓練も高学歴化しつつあることを示しているといえよう。

ちなみに、近年の公共職業訓練施設は表3─1のようになっている。表から、近年では全体的に施設数が減少気味であること、その中で高度職業訓練を担当する職業能力開発大学校が増設されていることが分かる。今日の不況と行政改革がその背景にあるといえよう。

表3─1 訓練施設数の変遷

	施設種類	1975年	1988年	2003年
県立	職業能力開発校*	331	256	214
	職業能力開発短期大学校	─	─	7
機構立	職業能力開発促進センター	85	76	62
	職業能力開発短期大学校**	1	15	14
	職業能力開発大学校	─	─	10

*市立を1校含む。　　**「附属短大」を含む。

5. 訓練体系による分類

それでは、職業訓練の制度を表すともいえる訓練体系をみてみよう。

今日の公的職業訓練の課程は、1992（平成4）年の改正で確立した。表3─2の左のように、従来は学校卒業者を対象とした養成訓練、在職者を対象とした向上訓練、離転職者を対象とした能力再開発訓練の3種類の職業訓練とし、それぞれにいくつかの訓練課程を設けていた。どこの国でも重要な訓練の対象者は新卒者訓練、在職者訓練と離転職者あるいは失業者の訓練の3分類だといえる。そして、それぞれの職業訓練の意義を最大限に発揮するように訓練制度が整備されている。このような対象者別の区分をやめ、表3─2のように4区分とした。

表の各課程のカリキュラム等に関する訓練基準は、厚生労働省令の「職業能力開発促進法施行規則」に定められている。しかし、「普通」と「高度」との種類についての規定はない。今日の「長期間の訓練課程」が主として新卒者対象の課程となっている。また「短期間の訓練課程」には1年以下の訓練が入り、この中には従来の向上訓練と能力再開発訓

表3—2　職業訓練の種類と課程の転換

訓練区分	対象者	訓練課程
養成訓練	新規学校卒業者	普通課程
		専門課程
		短期課程
向上訓練	在職者	技能士課程（1級、2級、単一等級）
		管理監督者課程
		技能向上課程
能力再開発訓練	離転職者	職業転換課程
		短期課程

種類＼期間	長期間の訓練課程	短期間の訓練課程
普通職業訓練	普通課程	短期課程
高度職業訓練	専門課程	専門短期課程
	（応用課程）	（応用短期課程）

（　）内は1997（平成9）年に追加

練が入る。つまり、「短期課程」は在職者のみでなく、離転職者、パート労働者なども対象にした課程である。その結果、在職者訓練は普通と高度とに二分されることになるが、その区別が分かりにくい。

表3—3のように、訓練の課程の名称だけではその訓練がどのような内容かを推測することが困難になっている。その理由としては、対象者を明確に定めていないことがある。

職業訓練が国民から身近に感じられないとよく指摘を受けるが、新たな課程は逆に理解しにくくしたのではないだろうか。しかし、このことで、あらゆる就業希望者を訓練の対象者にすることが可能である、というメリットもある。これは"生涯学習"のための対策といえるだろう。

つまり、あえて、上の改正のメリットを挙げれば、表3—3の「主たる訓練の対象者」で分かるように、従来職業訓練の対象になっていなかったパートタイマーの志望者なども短期課程の訓練が受講可能になったことである。

そのような訓練体系を一般国民に分かりやすく「若年者」,「離転職希望者」,「高年齢者」,「女性」,「夜間」および「障害者」などの講座に分類して募集のパンフレットを作成することも検討すべきであろう。

ここで、最も複雑な「短期課程」についてみてみよう。この基準は「職業能力開発促進法施行規則」第11条にある。別冊付録に紹介しているが、その枠組みは次のようになっている。

表3―3　訓練体系の概要

訓練の種類	訓練課程	訓練の主な内容 ①受講資格	②訓練の内容	③期間及び時間	主たる訓練の対象者
普通職業訓練	長期間の訓練課程 / 普通課程	高卒者、中卒者又はこれらと同等以上の学力を有すると認められる者	将来多様な技能・知識を有する労働者となるために必要な技能・知識を習得させるための長期間の課程	原則1年中卒者は2年）1年につき1400時間以上	・新規学卒者（高卒者又は中卒者）等
普通職業訓練	短期間の訓練課程 / 短期課程	職業に必要な技能（高度の技能を除く。）・知識を習得しようとする者	職業に必要な技能（高度の技能を除く。）・知識を習得させるための短期間の課程	原則6月以下（12時間以上）	・在職労働者 ・高齢者 ・パートタイム労働希望者 ・離転職者 ・技能検定受検等
高度職業訓練	長期間の訓練課程 / 専門課程	高卒者又はこれと同等以上の学力を有すると認められる者	将来職業に必要な高度の技能・知識を有する労働者となるために必要な技能・知識を習得させるための長期間の課程	原則2年総訓練時間2800時間以上	・新規学卒者（高卒者）等
高度職業訓練	長期間の訓練課程 / 応用課程	専門課程の修了者又はこれと同等以上の技能及び知識を有すると認められる者	製品の高付加価値化や事業の新展開を図るため、専門的かつ応用的な職業能力を付与するための長期間の課程	原則2年総訓練時間2800時間以上	・専門課程の修了者等
高度職業訓練	短期間の訓練課程 / 専門短期課程	職業に必要な高度の技能・知識を習得しようとする者	職業に必要な高度の技能・知識を習得させるための短期間の課程	原則6月以下（12時間以上）	高度の技能・知識の習得を目的としている在職労働者等
高度職業訓練	短期間の訓練課程 / 応用短期課程	研究開発や製品の高付加価値化、新事業の展開等の技能・知識を習得しようとする者	製品の高付加価値化や事業の新展開を図るため、問題解決力や分析力等を付与するための短期間の課程	原則1年以下（60時間以上）	研究開発や製品の高付加価値化、新事業の展開等を担っている在職労働者

　一　訓練の対象者

　二　教科

　三　訓練の実施方法

　四　訓練期間

　五　訓練時間

　六　設備

　上は第11条の第1項を表しており、尊重事項を明記している事項は訓練期間と訓練時間だけということになる。つまり12時間以上で1年間以下であればよいことになる。より詳しく知るためには、次の第2項をみなければならない。

2　別表第3の訓練科の欄に掲げる訓練科又は別表第4の訓練科の欄に掲げる訓練科に係る訓練については、前項各号に定めるところによるほか、別表第3又は第4に定めるところにより行われるものを標準とする。

つまり、別表第3と別表第4とが関係する。別表第3は「管理監督者コース」であり、6科の教科と訓練時間が記されている。訓練時間は10〜40時間である。

別表第4には林業機械運転科を筆頭に、建築物衛生管理科までの25職種が並べられている。これらの訓練科の訓練期間は6ヶ月が主であり、したがって訓練時間は700時間である。つまり、この別表第4は従来の離転職者を対象とした「職業転換課程」の流れを受けるものである。しかし、訓練科について1項で規定されていないということは、訓練科を訓練実施者の必要により設定できることになる。これを「B型訓練」というが、第7章で詳述する。

また、第3項は別表第5を解説しているが、それは「1級技能士コース」、「2級技能士コース」および「単一等級技能士コース」を指している。これらのコースで特徴なのは「教科」である。別表第2と別表第4には「教科」の中に「実技」があるが、別表第5ではない。つまり、その中身は「学科」のみが指定されていることになる。学科のみで技能士をどのように訓練するのであろうか。

そこで注目されるのが「訓練の実施方法」である。規則第11条第1項第3号で「通信の方法によっても行うことができること。この場合には、適切と認められる方法により添削指導を行うほか、必要に応じて面接指導を行うこと。」とあり、別表第5の1級、2級の技能士コースにも同様な規定がある。この規定は規則第10条の「普通課程」にもあるが、その別表第2にはない。このことは、1級および2級の技能士コースについては「通信制」で行っていることを示している。

この技能士コースの通信制度は大変好評で、特に地方の職場で身近に職業訓練施設が無い場合、現場の経験により腕や体を使う技術・技能の腕前はあっても、その理論的背景の勉強に困難を来している人たちの機会として、高く評価されている。

そして、この技能士資格を取得して、職業訓練指導員免許を取る道も開ける。特に、中小の企業が共同で運営している共同訓練施設では、この資格を取った後に指導員免許を取る人が多く、技術・技能の伝承のためにも重要な制度となっている。

6. 受講者による分類

(1) 主要三対象者の職業能力開発

　それでは、これらの職業訓練の種類別の受講者数をみてみよう。表3—4のように、「雇用保険法」制定時の1975（昭和50）年と近年を比較すると、対象受講者が変動していることが分かる。特に「在職者訓練」の受講者が増大していることが認められる。"生涯学習"にとって最も重要な訓練はこの「在職者訓練」であることは当然である。1975（昭和50）年はオイルショク直後であるが、それまでの高度経済成長期の職業訓練の実情を反映していたときであった。

表3—4　対象者別公共職業訓練計画人数の変遷 [注1]

（人）

年度	学校卒業者訓練		在職者訓練		離職者訓練	
	都道府県立	機構立	都道府県立	機構立	都道府県立	機構立
1975年	32,205	24,555	44,160	22,940	38,116	23,390
	56,760		67,100		61,506	
2002年	27,480	6,540	90,030	313,610	42,622	89,150
	34,020		403,640		131,772 [注2]	

（注1）1975年は「障害者訓練」の人数が入っているかは不明。ただし、2002年は入ってない。
（注2）他に、専修学校などへの委託訓練が330,000人ある。

　表の変化を数値的にみてみよう。表のように、1975〜2002年の間の大きな変化として、新卒者訓練が半数近くに減少したことが分かる。一方、新卒者訓練の減少以上に離転職者訓練と在職者訓練が拡大している。在職者訓練が制度化された1969年当初は公共全体で2万人を切っていたが、今日では20倍を超えていることが分かる。それらの訓練期間が異なるため、訓練の総実施時間数は訓練定員の増大の比率とは一致しないが、職業訓練の業務が多様化になっていることが予想される。

　上のような訓練体系の再編成は国の職業訓練を代行している機構で著しく、1985年に開設されていた全552科のうち1988年までの廃止科が133、新設科が103となっている。当時、職業訓練短期大学校に転換した職業訓練校もあり、この間に訓練を継続して開設していた科は全体の1割弱の訓練科に過ぎなかった。これを職種分類でみると、金属加工職種で62科の廃止、サービス職種で51科の新設となっている。このように、それまでの中心的な職種であった重工業の訓練から第三次産業職種への転換したことが分かる。短期間に実

施職種を転換するという、極めてドラスティックな再編成が進んだことを示している。

第5章で詳述するが、元々、公共職業訓練は失業者訓練のために制度化された。そして、高度経済成長期の労働力不足を背景に新卒者訓練が、さらに技術革新が進展する中で在職者訓練が制度化され今日に至っている。そして、今日では、それらの対象者すべてに対して職業訓練を実施している。このように対象者は失業者に新卒者が加わり、新卒者は中卒者から高卒者へ移行しつつ、さらに在職者が加わるというように対象者が拡大してきた。

なお、企業内の認定職業訓練は、元々中学校卒業者を対象とした訓練として発展してきた。それが、技術革新が進展する中で公共訓練と同様に高卒者へシフトし、そして在職者訓練にも拡大している。

(2) 障害者に対する職業能力開発

対象者別に考えると障害者の職業訓練が重要になる。障害者に対する職業訓練の歴史は、公共職業訓練と極めて深い関係を持っている。すなわち、公共職業訓練が社会的不運者(弱者)のための教育訓練であるとすれば、その社会的弱者の中でも最も弱者としてしいたげられてきた障害者の訓練にその特色が強く出るはずだからである。

なお、近年の障害者に対する職業能力開発の状況を示せば、表3-5の通りである。経営主体別の項でみたように、3種の設立母体別にまとめた数値である。なお、障害者訓練の受講者は新規学校卒業者を主とした若者が多くを占めている。

表3-5 障害者職業能力開発校における訓練実施状況(平成7年度)

区分	国立		府県立府県営	合計
	都道府県営	日障協会営		
訓練校数	11	2	6	19
訓練科〔系〕数	109	〔12〕	29	138
定員	2,090	280	380	2,750

今日では身体障害者のみだけではなく、精神障害者に対する職業訓練も展開している。また近年は、重度障害者の構成比も高まり、40%前後となっている。障害者の重度化と多様化は訓練の実施にも困難を来している。これは障害者対象の職業訓練のあり方にまだ解決すべき課題が山積していることを示している。

ところで、障害者の職業訓練のカリキュラムの在り方は、訓練生一人ひとりの障害に対応した個別カリキュラムを前提としなければならない。個別カリキュラムを展開するためには、まずその基準の弾力的運用が必要である。この場合の弾力的運用とは訓練時間に関

することである。

　各訓練校の実践を支援するために、1983（昭和58）年2月に当時の職業訓練局長は、「身体障害者職業訓練校における普通訓練課程の養成訓練の実施について」（訓発第35号）通達を発し、3カ月以内の導入訓練の実施、2年以内の訓練期間の延長などを勧奨した。

　戦前の訓練期間の場合も、また戦後の「職業安定法」下の場合も、障害者対象の訓練期間は一般の失業者対象の訓練期間に比べ大幅に延長されていたが、これを受け継ぐべく、施行規則第20条で一般の基準の「一部を変更することができる」となっている。

　現行の障害者職業訓練のカリキュラム基準は、一般の基準を適用することになっており、今日でも一般基準では中卒者は2年で行うことが認められている。これに対し障害者に対する職業訓練は表3―6注記のように全国で開設されている訓練科のうち、特殊な7

表3―6　障害者職業訓練の開設訓練科の種類

分類	科名	開設科数	分類	科名	開設科数	分類	科名	開設科数
1	園芸	2	22	木工*	1	45	一般事務	2
3	加工組立*	1	22	木工	2	45	経理事務	4
5	CAD設計	1	22	木工実務*	1	45	経理事務◎	2
5	トレース*	1	23	クラフト実務*	1	45	電話交換	1
5	機械*	1	23	紙器製造*	2	46	ショップマネジメント	2
5	機械加工	4	24	製版	11	50	サービス実務*	1
5	機械加工◎	1	24	製版◎	2	52	臨床検査	1
5	機械製図◎	1	24	印刷	1	54	メカトロニクス	2
5	機械製図	7	24	製本紙工*	1	54	メカトロニクス◎	2
5	機械組立*	1	28	陶磁器*	1	55	OAシステム◎	1
5	機械操作*	1	28	陶磁器製造	1	55	OAシステム	3
5	精密加工	2	31	建築設計	3	55	ソフトウェア	1
6	コンピュータ制御	2	33	表具	1	55	ソフトウェア管理	1
6	電気機器◎	1	40	貴金属・宝石	1	56	システム設計	3
6	電子機器◎	2	40	彫型工芸	1	56	システム設計◎	2
6	電子機器	6	41	金属塗装	1	56	データベース	1
19	アパレル	1	42	グラフィックデザイン	1	56	プログラム設計	3
19	アパレルソーイン	1	42	広告美術	1	60	作業実務*	1
19	被服縫製*	1	42	商業デザイン	2	60	実務作業*	1
19	縫製*	2	42	工業デザイン◎	1	60	実務作業	1
19	縫製加工*	1	43	義肢・装具	4	60	生産実務*	2
19	縫製実務*	2	45	OA事務	11	60	総合実務*	3
19	洋裁	7	45	OA事務◎	2	60	職域開発	2
						60	職業実務*	2

注：訓練期間は、臨床検査科は3年。機械製図、プログラム設計、建築設計、コンピュータ制御、システム設計、メカトロニクスとOAシステム、機械加工、義肢・装具科は2年。それ以外は1年である。
　＊印は訓練基準を弾力化した訓練科目（B型訓練）である。
　◎印は障害者協会立の施設で「随時入校制」の訓練科である。

訓練科を除いて、大半の訓練科で、一般の基準以下の1年になっている。このことは、身体障害者職業訓練校における"訓練基準の弾力化"とは何なのかを問い直すべきであることを示している。いずれにせよ、今日の訓練基準は、健常者を前提として設定されているが、障害者のためのカリキュラムの編成が可能となる基準が必要であろう。

　障害者のための訓練の基準は、以上のような「職業訓練法」の基準とは別に、事業主向けの基準も定められている。それは1980（昭和55）年12月に、「身体障害者雇用促進法」が改正され、「労働大臣が定める教育訓練の基準」として告示された（告第93号）。この基準は、身体障害者を雇用する事業主に対し、「身体障害者である労働者の教育訓練の受講を容易にするための措置に要する費用に充てるための助成金を支給する」基準として定められたものである。その基準は訓練期間を「6月以上2年以内」、訓練時間を「6月間について800時間」と規定したが、この大枠の基準の枠組みは第7章でみるように「職業訓練法」下のB型訓練と同一の枠組みであり、B型訓練の先鞭をつけていた基準といえる。

　また、訓練職種は「身体障害者の職業に必要な能力を開発し、および向上することが必要なもの」としている。これも「職業能力開発促進法」の目的と同じである。事業主はこの基準により障害者を訓練することによって、訓練に必要な経費の助成を受けることが可能になった。このことは、職業訓練法下の基準が障害者を雇用しようとする事業所などにも拡大されたという意味で、障害者訓練の発展ということができよう。

　以上のように、障害者に対する職業訓練は変遷してきた。このような障害者に対する職業訓練のあり方は、翻って、一般の職業訓練にも当てはまることは始めに述べた通りである。

（3）　女性に対する職業能力開発

　女性対象の訓練は、当然、職業訓練の成立とともに始まる。すなわち、公共職業訓練は何も男性を対象として始まった訳ではなく、"社会的不運者"としての国民を対象に成立したため、その中に当然ながら女性が含まれていたからである。

　職業訓練の「成立期」と呼んでいる1938（昭和13）年以前では、女性向きといえる"裁縫"などの職種が全体の4割近くを占めていた。しかも、その他の種目でも女性を除外するという既定はないので、女性の受講者の割合はかなり高かったことが想像できる。

　このような状況が、1931（昭和6）年の満州事変を経て次第に重工業関連の技能者養成の要請が高まる中で、当然ながら主に男性を対象とした「機械工補導所」（3ヶ月）の訓練となってきた。女性対象の制度は、太平洋戦争に入ると「女子補導所」として再編されることになった。

やがて第二次世界大戦も終わり、新憲法に基づく職業訓練が再発足することとなった。公共職業訓練に関しては、失業者の勤労権の保障のための職業補導であったが、国土が焼け野原と化した当時は、まずは国民の衣食住の確保のために重要となる訓練職種が推奨された。したがって、戦前の機械工中心の訓練から、国民の衣食住の確保のための建築・木工・木船工・裁縫・食料品などの職種に"転換"しての再発足であった。すなわち、新憲法は、「男女平等」を唱えており、女性のための訓練を取り立てて強調することはなかったが、これらのなかで、女性を対象とした職種は少なくなかった。

表3—7 公共職業訓練施設に占める女性訓練生の比率

区分		S.50	S.51	S.53	S.54	S.55	S.56	S.57	S.58	S.59	S.60	S.61	S.62
能力再開発訓練		—	25.4	25.7	25.8	28.9	28.7	38.9	37.9	35.9	29.4	36.3	29.7
養成訓練	都道府県立	8.5	8.8	12.7	13.2	14.7	15.8						
	事業団立	0.9	0.7	0.5	0.7	0.7	1.4						
	計	8.4	9.0	9.2	9.7	11.0	12.2	13.4	12.5	13.3	14.0	14.1	13.7
合計		14.5	18.4	18.0	18.8	21.4	22.1	27.7	27.3	26.9	23.7	28.5	

ところで、公共職業訓練では従来も女性を対象とした訓練は実施してきた。その入校状況は表3—7のように全国的には旧基準の養成訓練で1割強、能力再開発訓練で3割弱といまだ男性に比べると少ないものの、近年少しずつ増加の傾向にある。これを設立母体別にみれば、雇用促進事業団立（現：雇用・能力開発機構）より都道府県立が多くなっている。しかし、この設立母体による女性受講者の格差の差異は、最近の訓練科の再編成により雇用促進事業団立の施設においても女性が受講しやすい第三次産業関連の訓練科が飛躍的に拡大して縮まってきている。

ここで、表3—7を再検討すると、1975（昭和50）年の「国際婦人年」の時期を境にして女性の受講者が特に拡大したとは認められない。むしろ、「職業訓練法」制定の1958（昭和33）年以前の時代が女性の受講者率が高かったのである。つまり、先に指摘したように、公共職業訓練は女性を区別して戦後再発足したのではなかったが、「職業訓練法」が、職業補導時代に比べ重化学工業の技能者養成という性格を強調したことにより、女性の入所率が相対的に低下したと考えられる。この傾向は、特に雇用促進事業団立の総合職業補導所に顕著に認められる。また、この間の女性に対する職業訓練の方針や施策が具体的に出ていなかったこととも関係あるかもしれない。

当然ながら、訓練を展開している施設では、戦後初期の女性を対象とした訓練の経験の伝承が途絶えたと思われるが、今日の労働問題の変化に合わせた女性の訓練が再度重視されているとも解釈できる。

その流れに乗って、女性などを冠した施設がいわゆる6大都市に設立された。しかし今日では職業能力開発施設名称に女性などの言葉は削除されている。このことは、1985（昭和60）年の「男女雇用機会均等法」の施行に伴い、男女に差別をつけないことが社会的な合意になったためだと窺われる。

先に女性に対する職業訓練が重視されている、と述べたが、今日の「職業能力開発基本計画」をみると、「女性」などの言葉は皆無になっている。このことも「男女雇用機会均等法」の影響だと思われるが、現実には女性をターゲットにした職業訓練を計画しないわけにはいかない。女性は強くなったとはいえ、やはり社会的に恵まれているとはいえないので、女性を意識した職業訓練を忘れてはならないだろう。

（4） ホワイトカラーに対する職業能力開発

ホワイトカラーを『広辞苑（第四版）』は、「サラリーマン。事務労働者。」と定義している。これが一般の常識的なホワイトカラーに対するイメージのようであるが、専門的にはより幅広く、技術者なども含まれている。

ホワイトカラーを『広辞苑』の定義のように事務労働者や販売労働者などに限定すると、これらの第三次産業分野の労働者を目指した職業訓練の展開は何も新しいものではない。戦前からも職業補導として「事務補導」が1939（昭和14）年に開設されていたし、戦後1949（昭和24）年現在、公共職業補導（公共職業訓練）の開設種目数の割合で6.9%、定員人数割合で7.1%を占めていたのである。

1958（昭和33）年に制定された「職業訓練法」に対しては折りからの経済成長を保障するために主として第二次産業分野の技能者養成が要請されたため、同法制定以降は第三次産業分野の比率が相対的に低下することとなった。また、1969（昭和44）年に制定された（新）「職業訓練法」は、第二次産業の技能者養成に限定しないことにしたが、訓練の実態に大きな転機を起こすことにはならなかった。

このような状況下で、1985（昭和60）年には「職業訓練法」から「職業能力開発促進法」への名称変更が行われたが、このことはわが国における職業訓練に対する偏見の除去を企図していたといえる。また、その目的において「職業に必要な労働者の能力を開発し、及び向上させる」へとさらに内容の幅の拡大を図ったばかりでなく、技能労働者に限定されない"労働者"というすべての雇用者を対象にするようになった。

このような経緯もあり、1991（平成3）年度の公共職業訓練施設における第三次産業関連の開設訓練科数割合は12.3%を占めている。このような変化は、近年の産業構造の転換を反映したものでもあり、第三次産業分野の訓練領域が拡大されつつあるといえよう。

ところで、近年のホワイトカラーの能力開発の問題とは、上に述べたような販売・事務部門の直接的労働者の養成ではなく、より専門的な（あるいは管理的な）ホワイトカラー層の問題であるということになる。"大卒労働者"という言葉はその問題の表現である。

　ホワイトカラーと職業訓練の問題が近年の課題となってきた背景には、雇用者に占めるホワイトカラーの拡大と、その高齢化、そして離転職の困難性が問題となっているからである。ホワイトカラーの"余剰感"がブルーカラーよりも高いため、より緊急的対策が必要な理由となっている。

　ところで、これまで第二次産業部門の職業資格は各種あったが、ホワイトカラーについては適切なものがなかった。このような事態を受け、ホワイトカラーにも社会に共通的に通用する資格が必要であるとして、ビジネス・キャリア制度が整備された。

　ビジネスキャリア制度は①技術革新、経済のサービス化、ソフト化および国際化の進展などに伴う産業構造の転換、②ホワイトカラーの増加、③高齢化の進展および職業生涯の長期化、④ホワイトカラーの職業能力開発に従来のO. J. Tに加えOff J. T.のシステムが必要、⑤ブルーカラーに比べ、職業能力開発の明確な指針が乏しい、といった背景から、平成5年に労働省告示「職業に必要な専門的知識の習得に資する教育訓練の認定に関する規定」に基づいてスタートした。

　ビジネス・キャリア制度は、「ホワイトカラー層を中心とする労働者が、その担当する職務を適切に遂行するため必要な専門的知識を段階的・体系的に習得していくことを支援する教育訓練システムである。」と説明されている。具体的な制度は、運営団体である中央職業能力開発協会により運営されている。制度が実施される流れは、図3―3のように①専門的知識・能力の体系を設定してこれを公表し、②この体系を基準にした教育訓練コースを認定して公表し、これを受講したなら、③コースの修了を認定する試験を実施する、ことによって体系化されている。

　専門的知識・能力の体系を設定することで学ぶべき内容として次の10分野について初級レベルと中級レベルが設定された。

　　学習内容は人事・労務・能力開発／経理・財務／営業・マーケティング／生産管理／
　　法務・総務／広報・広告／物流管理／情報・事務管理／経営企画／国際業務

　認定講座は、民間や公共の教育訓練機関が実施する教育訓練のうち、申請に基づいてビジネス・キャリア制度に基づく認定基準（能力開発の基準）に適合する講座を、厚生労働大臣が認定する。新たに認定された講座は毎年官報で告示され、中央職業能力開発協会のウェブページなどを通して、広く情報提供を行っている。

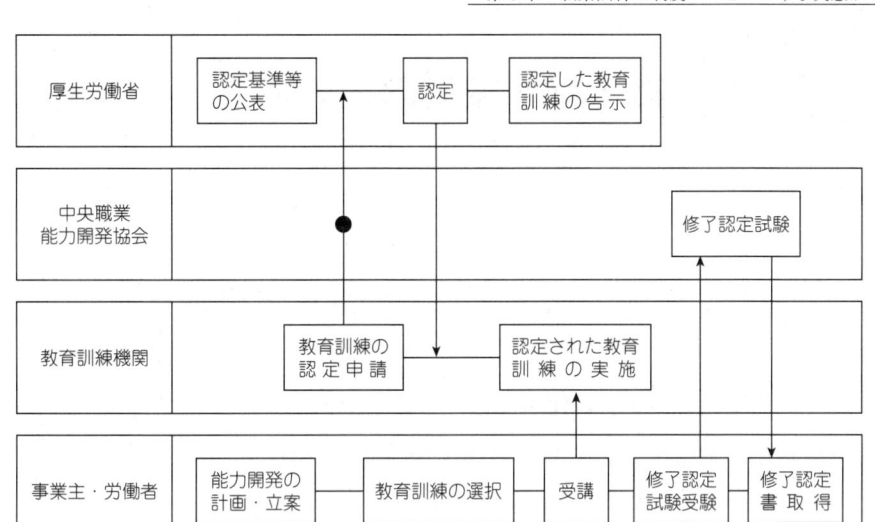

図3—3　ビジネス・キャリア制度の概要

　ビジネス・キャリア制度で認定された教育訓練コースの修了生を対象として、必要とされる専門的知識・能力の修得程度を評価するためビジネス・キャリア試験が設定されている。ビジネス・キャリア試験では、ユニット試験を初級、中級レベル、マスター試験を上級レベルと位置づけて実施している。

　ユニット試験受験者数は、平成16年度までに195,306人である。ホワイトカラーの資格としてのビジネス・キャリア制度との連動による職業訓練の今後の拡大が期待されるところである。

第3章問題

問1　労働省は教育刷新委員会の建議を受け、昭和23年の「教習事項」の基準において、教科目の時間を35時間の単位で告示した。なぜ、科目の時間を35時間単位で告示したのであろう。

　　（ただ、教育刷新委員会の建議に文部省が反対したため、労働省の告示は無意味となり、「職業訓練法」下の基準では労働時間単位（当時は1,800時間）となり、今日に至っている。）

問2　見慣れた階段型（ピラミッド型）の学校制度図を簡単に記し、その図に今日の職業訓練を図示して学校教育との関係を示すとどのようになるか。

問3　障害者に対する職業訓練が「職業安定法」時代よりも、「職業訓練法」時代の方が様々な面での配慮が欠けることになった理由はなぜだろうか。

第4章 職業訓練の成立
―― なぜ成立したのか ――

1. 労働の伝承としての分化と合理化

　人間にとって"モノづくり"の仕事は欠かすことができない。その仕事の伝承のために人間社会が確立した制度を教育や職業訓練という言葉で表してきた。「動詞に『手』の字を添えて、人の働きを示します」と柳宗悦が述べているように、仕事を担当する者ごとに専門職化してきた。そして、その職業、仕事の伝承が制度化される。

　人間にとって学ぶことは環境の中で非意図的に身につけることもあるが、人間社会の継続のために意図的に学ばされることがある。そこで職業が専門的に分担されることになった。わが国では、「士農工商」の制度の下で「跡継ぎ」としての「職業」の分担が封建社会において確立したといえる。

　職業が分担されるとその内容の伝承が意図的に検討されるようになる。その仕事の伝承は、仕事の手伝いに始まり、親方から弟子達への見よう見まねの伝承であり、徒弟制度として確立された。今日的な言葉でいえば、O.J.Tであったともいえる。

　職業を伝承することは人類の発展にとって必須である。このことは労働・職業によって人間形成が行われてきたことを意味する。それは、「手の労働からの人間の発達」という言葉に代表されており、洋の東西を問わず同じはずである。ルソーの『エミール』においても、ペスタロッチの様々な作品においても、そしてデューイの作品においてもこのことが中心的テーマであった。

　やがて、O.J.T.からOff J.T.が独立分化した。Off J.T.には様々な方式があるが、最も整備しやすい分野から学校が独立分化した。換言すれば職業訓練から学校が独立したといえる。しかし、日本の学校は特殊に"発展"してきた。序論でみたように学校は極めて政策的に明治期に制度化されたのであった。このことが、労働者の教育訓練を軽視、無視してきた大きな要因である。

　学校は社会に出る前の児童、未成人が通う所であり、本来は社会生活に必要なことを学ぶ準備期間のはずである。しかし、カリキュラムの内容は社会で必要なすべてを指導できるわけではない。共通的なこと、基礎的なことが分離、単元化される。それらは初等教育

では必修として整備される。具体的には読み、書き、算のいわゆる3Rsであろう。これらをわが国では「普通教育」といってきたが、国際的には日本のようには考えていないようだ。

　日本の学校教育のカリキュラムは「普通教育」が分離され、整備された。残された内容は「職業」に関する内容である。また、テキストで学べる理論学習と実際に機材を用いて学ばなければならない実習を分離せざるを得ない。職業のカリキュラムも本来は統合して一体的に学ぶべきであるが、職業教育には財源がかかる。このことはカリキュラム論の未発達という時代でもあり、やむを得なかった。このように学科と実習に二分されて教育訓練が実施されることになる。

　さて、学校が次第に整備され、教育が普及したとはいえ、卒業者は必ず社会に出ることになる。つまり、学校と社会とは連続しているのである。自立とは、精神的にも経済的にも自立することであろう。日本の学校では職業をきちんと学んでいないため、社会に出て自立するまでの事前の学習をしていないことになる。

　進学準備が重要と考えられる風潮の下で職業への蔑視感とあいまって、実習の教育訓練は学校においては軽視されてきた。しかし、人間として生きるためには労働（仕事）を学ぶことは必須であり、無視することの出来ない教育訓練内容であることは疑いない。したがって、社会での生き、働くための職業を学ぶ制度が必要になる。それがわが国における職業訓練なのである。

　それではわが国の職業訓練はどのような過程で成立したのであろうか。企業内における訓練制度と、公共機関における制度の成立を次に概観してみよう。

2. 見習工養成制度としての企業内訓練の成立

2－1　近代化と技術・技能の伝承

　庶民の学校であった寺子屋では「往来物」によって、子供達が必要とする仕事に関する学習が行われていた。一方、徒弟制度は親方が弟子に仕事を教える、という教育制度でもあった。しかし、この教育制度は長年の期間を要する。また、親方が指導できる弟子は多くはない。しかも、企業の社長は親方ではない。これでは近代的企業は、あらたな生産体制を確立できない。したがって、それまでの徒弟制度によらない新たな生産体制を確立しなければならないことになった。しかし、明治の小学校ではほとんど職業に役立つ教科は準備されなかった。

明治5年の「学制」は「凡人の営むところの事学あらさるはなし」としていたが、現実の小学校で、庶民が必要とする職業教育が実施されることはなかった。それは第一には職業教育には施設、設備、指導者等の予算が必要なためである。

　学校での職業教育が注目されるのは日清戦争に勝った後、明治も30年代になってからである。「実業補修学校」は1893（明治26）年に、「徒弟学校」は1894（明治27）年に設立された。これらは小学校修了者のための学校である。

　しかしながら実業補修学校の学科は大半は農業であり工業に関しては3％の開設で、施設も小学校に附設する等貧弱で、近代的な職業教育とはいえなかった。実業補修学校は陸軍省が設立していた青年訓練所と統合され1935（昭和10）年に青年学校となり、社会人のための唯一の学校となった。しかし、青年学校となってもそれまでの体制としては青年訓練所の性格が強まっただけであり、職業教育が強化されることはなかった。

　また、徒弟学校の6割は女子向きであり、裁縫等の家政的内容であった。男子向きの場合も近代的な職業教育ではなく、伝統的産業の育成を目的としていた。徒弟学校は1918（大正7）年に134校をピークにしてその後衰退し、やがて制度も廃止される。この背景には設備の貧弱と、日本人の学校上昇志向により、上級の学校に進学できない低度の職業教育を忌避したことによると考えられる。

　つまり、ようやく設立された職業教育に関する学校は、近代的な職業教育としては十分ではなかった。これらの学校については先行研究も豊富であり、本書では詳述を避けたい。

　このような実情から、近代的な工場、中でも近代技術を駆使して産業を興そうとしている企業にとっては学校での職業教育に期待が持てないのは当然である。企業において学校外「学校」としての企業が設立する企業内教育訓練施設が必要になる理由である。以下ではそれらの明治期の企業内教育制度の成立について紹介する。これらは、いわゆる企業内教育制度として今日に続いているのである。

　ところで、日本の技術は職人が開発し、伝承してきた。シーボルトやペリーが日本を訪れたとき、日本の技術に驚嘆したことは有名である。和時計が洋時計よりも優れた機構を持っていたことはその代表である。

　欧米の近代的技術をわが国に移入し、普及したのももちろん、それまでの職人の創意工夫であった。鉄砲を見て刀鍛冶が模倣品を作ったが、特にバレル（銃身）の底をふさいでいたネジはわが国にはなく、初期には苦労をしていたが、やがて欧米の鉄砲より優れたものを作るようになったのである。また、カラクリ人形師の田中儀衛門達はロシアが持ち込

んだ蒸気機関車を見ただけで、1年後には動く蒸気機関車を造った話は有名である。

近代的な工場における熟練工の養成は、徒弟制度のような旧来の方法では雇用関係上からも、新技術・技能の伝承という側面からも適切ではなかったのである。

> **明治初期の工場における「職人」**
>
> 徒弟制度によらない近代的な製品の生産に携わる労働者が最初からいたわけではない。企業は親方に仕事を請け負わせて、親方の指揮の下職人や徒弟を使って作業をしていた「職人徒弟制」と現代で呼んでいる制度であった。いわばアウトソーシングであった。この改革のために養成工の養成が始まるのである。

2－2　三菱工業予備学校の成立

近代的工場の設立にとって、熟練工を養成する企業内教育訓練の整備は必然であった。そのような企業内教育訓練の最も整備されたのが、「養成工制度」であった。

養成工制度は明治の初期から始まったのではなく、今日の「委託業務」のように、当初は徒弟制度の親方と弟子をそのまま雇いあげていた。しかし、これでは工場の運営が経営的に好ましくないことが生じる。

そこで、三菱造船は近代的生産を確立するために、養成工制度をわが国で初めて制度化した。その設立の趣旨は次の通りである。

> **「三菱工業予備学校設立ノ要旨」**
>
> 現今吾邦造船事業ノ盛衰ハ独リ当業者自家ノ損益ニ関スルノミナラズ直ニ国勢ノ消長ニ影響スヘキハ今更言ヲ費スヲ須ヒザルベシ特ニ吾造船所ノ如ク本邦斯業ノ率先者トシテ夙ニ中外ノ認識ヲ負フモノニ在リテハ深ク茲ニ鑑ミル所ナカルベカラズ爰ニ於テカ吾造船所ハ事業ノ拡張ヲ計リ多年ノ経営ニ属スル一般ノ設備亦将ニ成ヲ告ゲントスルニ当リ益々其基礎ヲ鞏固ニシ前途斯業ノ発達ヲ企図セザルベカラザルベシ
>
> 抑斯業ノ発達ニ付企画スヘキモノ固ヨリ一ニシテ足ラズト雖モ就中其最モ急要ナルモノハ熟練ノ手腕ヲ有シ学術ノ素養ニ富メル技士技工ノ養成ニ在リ爰ニ於テ吾造船所ハ明治三十二年十月三菱工業予備学校ヲ設立シ工場附近ニ仮校舎ヲ設ケ吾造船所諸職ノ子弟ヲ収容シ併セテ一般少年ノ就学ヲ許シ爾来本校舎ノ建造ニ着手今ヤ成工ヲ告ゲ一般ノ設備亦稍全キヲ得タリ要スルニ本校ハ工学応用ノ智識ヲ開発シ将来斯業修熟ノ根柢ヲ培養シ以テ本業発達ニ資シ国家公益ノ一助タラシメントスルモノナリ

三菱は政府から1887（明治20）年に払い下げを受けた僅か12年後に工業予備学校を設立したのである。その近代的生産の重視策がいかに強かったかが予想される。そして、正に民間活力で「国勢ノ消長」をかけて造船に邁進しようとしていた。そのとき、最も緊急に必要なことが「熟練ノ手腕ヲ有シ学術ノ素養ニ富メル技士技工ノ養成」であるとの認識に至ったのである。特に興味があることはその教育訓練は「工学応用ノ智識ヲ開発」することであり、「修熟ノ根柢ヲ培養」することであったことである。

　当初は仮校舎であったが、やがて次の写真のような校舎を建設し、養成工の教育訓練を実施した。また、学校の要綱と１年後に成立した規則は次のようであった。

三菱工業予備学校

三菱重工業長崎造船所史料館所蔵

「工業予備学校」「要綱」

第１条　本校ハ主トシテ三菱造船所役員及諸職ノ子弟ヲ教育スル為メニ設立スト雖モ併セテ一般志願者ノ入学ヲ許ス

第２条　年齢満十歳以上ニシテ尋常小学校卒業若クハ其以上ノ学力アルモノヲ試験ノ上入学ヲ許ス

第３条　本校ハ造船造機ノ業ニ従事スル技士技工ヲ養成スルノ目的ヲ以テ之ニ必要ノ学科ヲ備フ

第４条　本校卒業生ニシテ三菱造船所職工修業生トナルモノニハ別ニ夜間ノ教科ヲ設ク

第５条　本校ノ課程ヲ履修セザル職工修業生ニハ特ニ一科若クハ二、三科ヲ選ンデ就学シ又夜間ノ教科ヲ受クルコトヲ許ス

第7条　本校修業年限ハ五ケ年トス
第8条　本校ハ入学試験料及授業料ヲ徴収セズ

見習職工規則（明治33年6月）

第1条　見習職工ハ将来工業ニ堪ヘ得ベキ見込アルモノヨリ採用ス其ノ年限ハ満五ケ年ニシテ欠勤日数ハ毎年期后之ヲ補充セシメ見習修了ノ上ハ三ケ年間奉職ノ義務ヲ有スルモノトス而シテ見習中ノ日給ハ六銭以上五十銭以下トシ各年期ノ給額ハ職工修業生ノ規定ニ依ルモ特ニ技能上達ノモノハ此規定ニ依ラズ進級若クハ卒業セシムルコトアルヘシ

　　但公暇日又ハ昼夜通シニテ就業セシメタルトキハ特ニ通常勤務日数ニ一日ヲ加ヘ見習年期ヲ短縮ス

第2条　見習職工ハ保証金トシテ其年限中与フル処ノ賃金ノ内職工救護法ニ従テ醸出スヘキ金額ヲ引去リ其ノ残額ノ二割ヲ納メシメ其額参拾円ニ達スルトキハ之ヲ止メ以後ハ年六朱以上ノ利子ヲ付シ無事義務年限ヲ卒ヘタルモノニハ之ヲ還付ス

第3条　左ノ各項ニ該ルモノハ解傭ス
　　1　見習及義務年限中他ノ工場ニ従事スルモノ
　　1　諸役員ノ命ニ従ハザルモノ
　　1　工場ノ内外ヲ問ハズ賭博其他之ニ類似ノ行為ヲ為スモノ
　　1　卅日以上欠勤ノ場合医証若クハ事故ノ手続ヲナササルモノ但事故ノ証明ハ保証人又ハ家長ニ限ル
　　1　屢々欠勤ヲナシ在職ノ見込ナキモノト認ムルモノ
　　1　技術上達ノ見込ナキモノト認ムルモノ但本項ノ場合ニ於テハ保証金ヲ還付ス

第4条　前条解傭ノ原因ヲ定ムルハ主任技士ノ申告ニ基キ造船所長ノ裁決ニ依ル
　　何人モ之ニ対シテ異議ノ申立ヲ許サス

第5条　勤怠係ヨリ交付スル勤惰通知表ハ大切ニ之ヲ取扱ヒ毎月之ヲ交付シタル日ヨリ一週間内ニ保証人ノ認印ヲ受ケ勤怠係ニ差出スヘシ此手続ヲ怠ルトキハ次回ノ賃料ヲ差押エルコトアルヘシ

第6条　此規則ニ示サザルモノハ総テ工場規則ニ依リ処分ス

「要綱」によれば、今日の在職者のための教育訓練も規定していたことは注目に値する。企業内訓練ではあるが、近年の「生涯教育」の一環であろう。

当時の資料を見ると、1899（明治32）年から1904（明治37）年までの志願者727名の内、採用者合計293名である。見習工は満十歳以上、尋常小学校卒業以上となっているが採用者の中で、尋常小学校卒者26名、高等小学校卒者211名、高等小学校中退者29名、中学卒10名、私立卒17名となっている。なお、尋常小学校卒者は1902（明治35）年で終えており、今日の中学校に続く高等小学校卒者を対象としていたことが分かる。その受講者は、三菱工業予備学校の規定にみたように、企業の労働者としてその後の職業が保障されていた。

　「規則」によれば見習工訓練は五ヶ年で、修了後三ヶ年の「奉職」が義務づけられていた。また保証金として賃金から預かることも明記している。これらは、教育訓練に時間と経費がかかることを意味しており、一般の学校とは異なった「学校」であることを示している。

　三菱工業予備学校はその後再編され、今日まで続く（近年は高校卒業者が中心だが）養成工制度であるが、その受講者は進学者に勝るとも劣らぬ優秀な学校卒業者が応募していた。そして、その養成制度は三菱造船内では「学歴」に相当する一定の地位が保障されていた。

　さて、三菱造船が工業予備学校を設置した年は、ちょうど、文部省が工業学校（今日の工業高校）の設立を始めた年である。このように両者が同時に中等教育段階の技術者の養成を始めたということの意味を検討しなければならない。それは、第一に企業が学校への期待が持てなかったこと、第二に絶対に学校では困難な教育内容があることである。つまり、O. J. T. によってしか伝授できない内容があるのである。

　企業内訓練としての学校成立の意味は、今日の学校、教育を考察する上で極めて重要なことが分かる。

> **三菱工業予備学校の修了生**
> 　三菱工業予備学校の修了生が優れた創意工夫を発揮して、初めての難工事であった戦艦武蔵の建造に奮闘する一端が、吉村昭の『戦艦武蔵』に紹介されている。

2―3　「工場法」と義務教育

　三菱工業予備学校の見習工養成の成果は評判となり、以後、その養成方法を見習う他の企業もでてきた。すると、政府としては見習工養成（徒弟養成）の普及に伴い、その振興と規制を図る必要があった。

このことに先立ち、開明官僚により、工場労働者保護のため、イギリスの「工場法」（1802年制定）などをモデルとして法制定の検討が開始された。すなわち1881（明治14）年に「工場法」の検討が始まったのである。その1898（明治31）年の農商務省案は次のようになっていた。

第3章　職工
第12条　工業主ハ尋常小学校ノ教科ヲ卒ラサル十四歳未満ノ職工ニ自己ノ費用ヲ以テ相当ノ教育ヲ与フルノ設備ヲ為スヘシ
　　　　前項ノ職工ハ工業主ノ定ムル教則ニ服従スヘシ

第4章　徒弟
第24条　工業主徒弟ヲ養成セムトスルトキハ予メ徒弟規則ヲ設ケ当該官庁ノ認可ヲ受クヘシ之ヲ変更セムトスルトキ亦同シ

第25条　徒弟規則ニハ左ノ事項ヲ規定スヘシ
1　修業契約ニ関スル規程
1　休日、修業時間及休憩時間ニ関スル規程
1　授業ニ関スル規程
1　給与ニ関スル規程
1　疾病、負傷、死亡手当ニ関スル規程
1　賞与、懲戒ニ関スル規程
1　積立金ニ関スル規程
1　第12条ノ教則

　上の第12条に、尋常小学校程度の教育が修了していない者に対しては工業主は自己の責任でその教育をしなければならないとの規定があった。逆に、その規定に不満な工業主はそのような児童を雇用しなければよいことになる。このような発想は、第9章で紹介するように、イギリスの学校が「工場法」より発展していたことをみれば当然であった。

　ところで、「工場法」は教育問題としても重要であることが分かる。なぜなら、「教育令」などで学校への義務教育が表明されていたが、就学率は依然と低く、学資の政府補助が始まったのは明治の33年になってからだった。翌年の就学率がようやく88％になったことをみても分かるように、「義務」制は実質的には守られていなかったのである。つまり、義務教育に従わず、当時の児童は就業していたのである。

そのような実情の下で、工場側の規制として学校教育を終えていない者を雇用した場合は、義務教育相当の教育を施さなければならないとの規定は、学校の義務教育を実質的に担保することになったのである。

こうして教育法だけでは不完全だった義務教育の保障が労働者への学習の保障として提起されたのである。

この、「工場法」の議論の過程で労働者教育の課題を明確に提起したのは片山潜や労働組合期成会の活動だった。片山は労働者に対して、①一般普通教育を要求し、②徒弟制度の改革を提言し、③労働組合の教育機能を重視していたのである。片山等の労働組合期成会は法案のあいまいさを突き、「法案第12条の規定は是を強制的となし雇主をして其執行の責を負はしむるにあらずんば到底其完全の施行を望むべからず」と修正案を出した。片山等の要望が届いたのか、1898（明治31）年10月の第3回農商工高等会議の修正「工場法案」では次のように改正されていた。

第2章　職工及徒弟

第10条　工業主ハ工場寄宿舎ニ居住スル職工徒弟ニシテ十四歳未満ノ者ニ対シ相当ノ教育ヲ与ヘ且ツ其ノ疾病ノ際引取人ナキトキハ之ヲ救養スルノ義務アルモノトス

第12条　工業主ハ職工徒弟規則ヲ設ケ地方長官ニ届出ヘシ之ヲ変更スルトキ亦同シ寄宿舎取締ニ関スル規則亦前項ニ依ル

第13条　職工徒弟規則ニハ左ノ事項ヲ規定スヘシ

1　雇用契約又ハ修業契約ニ関スル規程

1　休日、修業時間及休憩時間ニ関スル規程

1　賞罰ニ関スル規程

1　賃銭若クハ手当ニ関スル規程

1　救恤ニ関スル規程

1　積立金ヲナス場合ニハ其規程

1　危害ヲ避クル為特ニ設ケタル禁制アルトキハ其禁制

職工、徒弟規則ハ工業主及職工、徒弟ヲ覊束ス

上に明らかなように、労働者への教育が事業主の義務として規定されたのである。制定する「徒弟規則」が工業主をも拘束する、という規定は革新的であったといえよう。

しかし、議論の開始より30年を経てようやく制定された1911（明治44）年「工場法」か

らは片山等の要求ばかりでなく、高等会議での改正案、さらに初期の開明官僚の草案も盛り込まれることはなかった。

同時に教育訓練の案に反対する論も強大だった。「工場法案」には同時に「別紙」が提出されていた。「別紙」には「不充分ナル調査ヲ以テ法律ヲ制定スルトキハ工業ノ進歩ヲ助ケスシテ却テ之ヲ阻害スル恐アリ」として、「故ニ本案ノ職工徒弟ニ関スル規定ハ之ヲ削除シ単ニ工場ノ危害予防ノ部分ニ止メラレンコトヲ望」と要望が記されていたのである。開明官僚の努力と片山等の労働組合の要望が合致して、革命的な教育論が「工場法案」に規定された。しかし、明治の富国強兵、殖産興業の国家的目標はそのような意図を完全に打ち砕いたのであった。

そして、労働者教育としての正当な要求は葬り去られた。「工場法」は施行までにさらに5年を要し、1916（大正5）年に「工場法施行令」が公布され、第4章に「徒弟」が規定された。その条文は次の通りである。

第4章 「徒弟」

第28条　工場ニ収容スル徒弟ハ左ノ各号ノ条件ヲ具備スルコトヲ要ス
1　一定ノ職業ニ必要ナル知識技能ヲ習得スルノ目的ヲ以テ業務ニ就クコト
2　一定ノ指導者指揮監督ノ下ニ教習ヲ受クルコト
3　品性ノ修養ニ関シ常時一定ノ監督ヲ受クルコト
4　地方長官ノ認可ヲ受ケタル規程ニ依リ収容セラルルコト

第29条　工場主前条第4号ノ認可ヲ申請スルニハ左ノ事項ヲ具備スヘシ
1　徒弟ノ員数
2　徒弟ノ年齢
3　指導者ノ資格
4　教習ノ事項及期間
5　就業ノ方法及1日ニ於ケル就業ノ時間
6　休日及休憩ニ関スル事項
7　品性修養ニ関スル監督ノ方法
8　給与ノ方法
9　第三十条ノ規定ニ依リ設クル規程
10　徒弟契約ノ条項

この徒弟に関する規定は、わが国における職業訓練に関する法令の始まりであった。しかし、ここでは片山等が主張した、教習を徒弟の権利とする規定ではなかった。第29条にあるように、事業主は徒弟の訓練について「認可ヲ申請」するときに規定を整備すべきとなったのである。つまり、徒弟の訓練に関する義務を負わされた訳ではなかった。ここに、わが国では労働者の教育訓練問題が労働者のものにならなかった原点があるといえよう。それは、企業主の経営的判断に基づくものとなったのである。

　このように、労働者に対する教育訓練が企業主の経営的裁量で展開されてきたことが、今日までに続いているのである。しかし歴史的に見れば、教育訓練問題が極めて重要な国民の課題であることが分かる。労働者のための教育訓練論は企業のものと即断し、正しく構築できていない理論的弱さがわが国では課題となっているのである。

2—4　「重ね餅システム」の定着

　さて、形式的には画期的な「工場法」が制定され、わが国の工場においても民主的な運営がなされることになった。ところで、「徒弟」条項の認可状況はどうであっただろうか。その当時の工場数の推移とともに認可工場、徒弟の認可申請の状況をみたのが図4—1のグラフである。

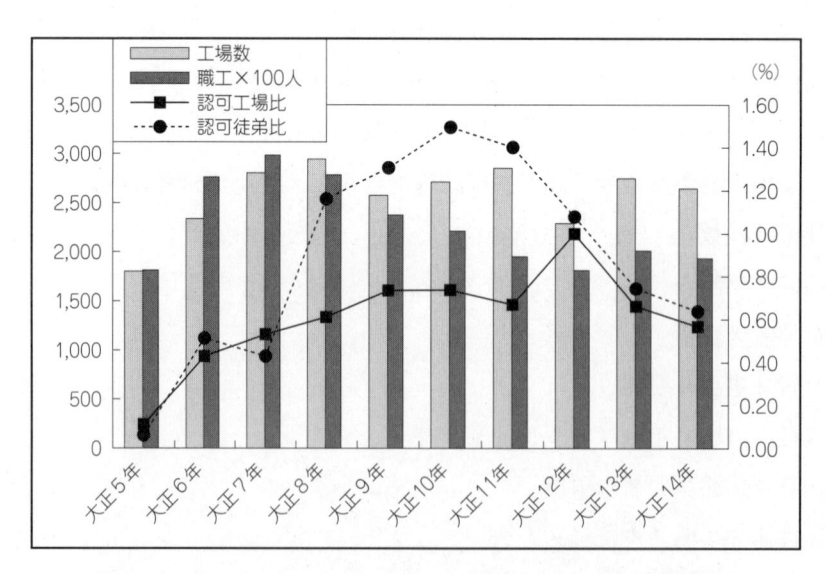

　　　図4—1　職工15人以上の「工場法」適用機械器具関係工場数、
　　　　　　　職工数と徒弟養成「認可工場」数、「認可徒弟数」

　グラフのように、工場は増加しているにもかかわらず、認可工場、認可徒弟数とも一定数を限度にむしろ減少していることが分かる。このことは片山潜等が主張したことが正し

かったことを意味している。逆にいえば、当時の過酷な労働条件の下での労働者の忍耐が明治の近代化を成功に導き、今日につながっているのである。

しかし、徒弟の認可が少ないからといって、熟練工が養成されていなかった訳ではない。工場は増加し、生産も高まっていたからである。それでは当時の工場をどのような人が支えていたのであろうか。

学校卒業者がそのまま有効に機能したであろうか。それは否である。三菱工業予備学校の設立の意図からみても分かるように、学校卒業者がそのまま工場における労働者として働くことは困難であった。つまり、企業における労働者への教育訓練は絶対的に必須の用件であった。

すると、工場における熟練工の養成はどのように行われていたのであろうか。その一端を先の三菱工業予備学校の「要綱」にみることができる。第5条にあった、「本校ノ課程ヲ履修セザル職工修業生ニハ特ニ一科若クハ二、三科ヲ選ンデ就学シ又夜間ノ教科ヲ受クルコトヲ許ス」の規定である。これは、一般の労働者に教育訓練を施す、という意味である。

このことを整理すると、生産に有用な労働者は、学校卒業者を企業内教育訓練によって養成している、ということになる。これは、日本的な人材養成システムの特色でもある。

このように、欧米と異なるわが国の人材養成システムを宗像元介氏は「重ね餅システム」であると称している。この言葉は、ドイツのデュアルシステムに対比してつけたものである。つまり、ドイツのデュアルシステムは、職業学校と企業内の仕事（O.J.T）を週の中で交互に学ぶシステムである。職業学校と企業内の仕事が並列していて、人材が養成されるため、これを「並列式」と特徴づけた。「重ね餅システム」はドイツの人材養成に対比した「直列式」のシステムであるという意味である。

ドイツの「デュアルシステム」が学校制度として位置づいているので、わが国の「重ね餅システム」も学校といってもよかろう。つまり、企業内教育は一種の学校に相違ないのである。

わが国では図4—2のように、学校教

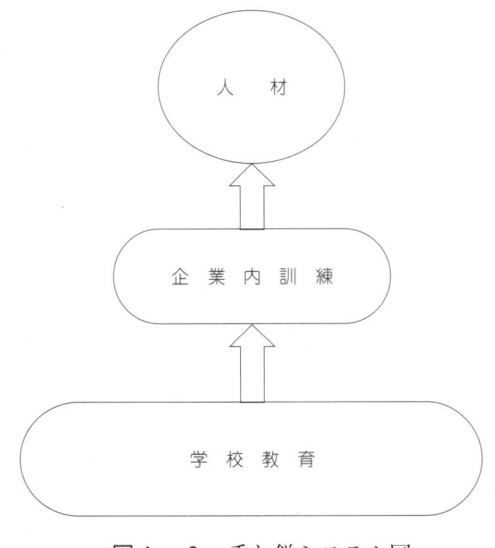

図4—2　重ね餅システム図

育を終えて「企業内教育訓練」に入るということ、特に後者の重要性を表しているのである。

この「重ね餅システム」の長所は、

1. 企業内教育へむけて学力を均一化し、向上させた。
2. そのため、企業の技術革新に即応性が大きかった。

その欠点は、

1. 技術・技能の習得に長期を要する。（縦の段階であるため）
2. 教育に対する企業の負担が大きい。（期間的、経費的に）
3. 技能者個人に能力の威厳（dignity）をつけにくい。（企業に指示されたことをやらざるを得ないため）

これまで欠点は長所にカバーされてきたが、今後は欠点が問題となる。日本でも喧しくなってきた「生涯学習論」は上の欠点の1と2に対する対策として出された側面がある。しかし、真の生涯学習社会を目指すためには、3の職業に対する個人の「威厳」が育たなければならない。個人が職業に威厳を持てなければ、真の民主的社会は築けないからである。

学校教育が普通教育を志向すればするほど「重ね餅システム」はますます重要になる。また、普通教育を志向すればするほど「重ね餅システム」はうまく機能することになったのである。企業は高度経済成長に支えられて、企業内教育の実施が可能だったからである。

しかし、不況下では企業は社員に対する教育を避けようとし、職業能力を身につけた者を採用しようとしている。したがって、職業能力の無い者は採用されないことになる。図4—2の2段目の企業内訓練を省略しようとしているのであり、すなわち「即戦力」という言葉がそれを代表している。学校を卒業しても「就社」できない者がフリーターにならざるを得ない実情がここにある。

今日の若者のフリーター・ニートの問題は、不況によってこれまでの教育論の問題が露呈したことを示しているのである。

「重ね餅システム」の人材養成

人材養成は明治以来の国策であった。その代表が「学制」であった。しかし、人材養成の最終的な意味は「働く人の育成」であったはずである。普通教育だけで職業人を育成できるはずはない。重ね餅システムにならざるを得なかったのは、学校教育がきちんと職業教育を実施していなかった結果であった。

3. 労働保障のための公共訓練の成立

　さて、「学校」には、空間、指導者、受講者の三要素が欠かせない。そして、その空間で、何らかの文化的素材が指導者から受講者に伝授されるという営みがいわゆる「教育」と長年わが国では呼ばれてきたことであった。

　しかし、文部省が労働者のための教育訓練をきちんと制度化しなかったため、文部省の学校によらない学校が成立する。この代表的な施設は、既にお分かりのように、公共職業訓練施設であった。

　江戸時代、寺子屋では学問が授権者思想で運営されていた。つまり寺子屋の受講者の要望によりその教授内容が選定されていたのである。すると、当然、子供達の家庭の職業についての要望が出るはずである。既に紹介したように、寺子屋での学習は「往来物」を学ぶことによって、江戸時代の庶民の子弟はその予備知識を身につけていた。

　しかし、明治期に確立した学校では、寺子屋のような職業に関する教育がほとんど実施されていなかった。このことが、学校「焼き討ち」事件に発達した一因だったはずである。それではなぜ寺子屋と学校でのこのような差異が生じたのであろうか。

　寺子屋と異なり、教育は為政者思想で運営される。すると為政者が最も重要と考える教育内容に焦点が絞られるのも明らかである。特に、明治初期には人材の発掘がその最大の目的であったので、学歴的上昇志向に役立つ普通教育が中心になる。そして、相対的に職業教育は軽視される。

　寺子屋も学校外「学校」であった。しかし、寺子屋研究者の研究も、明治以降の学校外「学校」にはつながっていない。これは寺子屋の研究者が教育学研究者であるため、明治になって、学校が始まると、そこで学校外「学校」が終わったように考えるからではないか。

3—1 「社会的不運者」への援助

　今日の公共職業訓練（労働者を対象とした技術教育）とは、その職業訓練に関するある一定の規程が制定され、かつ学校形式の施設および指導員を有して、そこで生産を離れての仕事に関する教育（Off J. T.）が展開されている形態をさしている。したがって、このような職業訓練以前にも規程によらない様々な職業訓練が実施されていたが、それらは個別事例的であり、あるいは政府の手を遠く離れての職業訓練であった。

明治の社会が整備されてきたとはいえ、子供達全員が就学できる時代ではなかった。また、小学校を卒業しても養成工制度のない企業に就職した子供達は、どのようにして職業能力を身につけていたのであろうか。それは、どのような工場であれ、その工場に就職してからの企業内教育訓練により、経験を積むことによって修得したのである。

　しかし、ひとたび企業の危機や不況に見舞われたとき、今日のように社会的保障が整備されていなかった当時、最も早く不幸な事態に見舞われるのは学校教育に恵まれなかった大多数の人々であった。

　このような不運な人々を「社会的弱者」という言葉でひとくくりにして論じられてきたが、これは近年の「負け組」という言葉に類似し、適切な言葉とはいえない。それらの人々は努力してもやむなく就職が困難だったり、失業した人々だからである。

　これは、学校を終えた人々に対して、わが国の学校が責任を放棄してきたことに一因がある。しかし、近代社会ではそのような人々を無視するわけにはいかず、学校がそのような不運な人々に対する対策をとれなければ、誰かが立ち上がらざるを得ない。そのように不運な人々の職業的な教育訓練は、当初篤志家たちの支援に委ねられていた。そのため、この分野の研究は史料として発掘が困難であり、実態がほとんど明らかになっていない。

　やがてその成果を政府も認めるようになり、学校とは異なった、しかし学校と類似した運営形態をとった公的な職業能力開発施設を整備するようになる。政府も事業として様々な対策を立てたのである。それが、職業能力を修得してもらうための社会における学校外の「学校」である。

　公的な職業能力開発機関が重要であることを国民に再認識させてくれたのは山田洋次監督の『学校Ⅲ』であった。『学校Ⅲ』について監督は次のように述べている。

　　①平成九年春にNHKの『われらの出発』というドキュメンタリー番組を見て、この学校（技術専門校）のことを知ったのです。50歳前後、あるいはそれ以上の人が小さな教室に集まって、生活かけて真剣に勉強している姿を見て、いろんなことを感じました。年齢こそ50歳以上の高齢者だけど、ひとつの教室で、同じ秩序を守って勉強するとすればもうこれは立派な『学校』ではないか。……それで、この教室を描いて、未来に希望を持ちうるような映画を作り、この大不況時代に不安を抱えながらも懸命に生きるおじさんたちにエールを送ろう。今、作るべき、今でなければ作れない映画を、という思いで製作にかかりました。〔『学校Ⅲ』（パンフレット）〕より

　　②それぞれに違った人生を歩み、背負っている文化も違う人たちが、新しい人間関係を築く場所が学校である。前２作の夜間中学も特別養護学校も競争社会ではない。

そこに学ぶ人たちは競争社会からの落ちこぼれだが、競争のない学校でこそ心を解放させ人間らしいつながりを得ている。今回の技術専門校にも競争はない。資格をとるという目的に向かって一緒に学んでいるから、共に学ぶ仲間に対して優しくなれるし、困ったことがあると手をさしのべてもやる。そこにこそ教育の場のあるべき姿があるんじゃないでしょうか。

③未来はたまらなく不安な今の日本です。でもこの映画の登場人物たちは教室で勉強しながら、時としてはほほえんだり、あゝ、俺は今幸せだ、と思う瞬間をもったりするんです。その部分をこそ描きたい。

④ボクは職業訓練校というのは最近まで知らなかったのですよ。知らない人が多いんじゃないですか。……公営で高齢者を主な対象としたこういう学校があるのは知らなかった。

⑤だから、これはほかのタイトルをつけてもよかったんですよ。でも、この話は『学校』パートⅢとしても成り立つだろう。それだったら企画としてはそのシリーズの一環として作ったほうがいいと思ったわけね。〔『シネ・フロント』264 1998 OCT〕より

元部長がリストラにあい、友人にも冷たくあしらわれて憤慨し、酔いつぶれて予備校生の息子に話すときである。「お前がコックになりたいと言ったとき、大学だけは出ろと言ったが、なぜあんなことを言ったか後悔している。大学を出てサラリーマンになるだけが能でない」と。実はこの言葉をはいた次の日から元部長は心を開いて訓練校の仲間達とも溶け込むのである。このような意識を持つことの重要性を山田監督は語らせている。

以上の紹介のように、この映画は一般の人々が気づかない点に鋭く注目していることが分かる。さすがに名監督だと思う。「職業訓練校も学校の一つと考えたい」とする見方も多くの日本人には無い視座であり、まず敬意を表したい。

ただ残念ながら、しかし止むを得ないことと思うが、この「学校」と「職業訓練校」との関係のとらえ方に日本人的教育観、学校観が前提になっていることが分かる。「庶民の学習施設としては」という限定が必要ではあるが、本来は「学校Ⅲ」が取り上げた職業訓練校のような教育訓練的営みが、本来の「学校」であったはずであるからである。

職業能力開発は最も古い教育行為であり、人類の歴史とともに発展し、ここから多様な教育・訓練が分化してきたといっても過言ではない。その原初的な職業能力開発の中で、最も組織しやすいところから、そしてその時代の有産階級(または有産階級への登竜門)のための制度として、あるいは国家の労働力養成機関として確立してきたのが今日の学校

教育であり、その中に組織することができずに、最後まで残ったのが今日の職業能力開発である。

3－2　実践実習を組み込んだ授産・輔導施設

今日の学校は仕事を親が子供に指導するという最も原始的な教育行為を、次第に切り離して最もスリムにした形態である。つまり、古い形態の教育訓練ほど、職業に関する直接的な内容を伝授していたのである。その職業の伝授には、今日的な言葉でいえば、O.J.T.（仕事に就きながらの訓練）が最も古いことになる。

上述のような教育訓練のなかで、まず公共職業能力開発と想起できる規程としては、明治23・30・42年の前後3回にわたり議会に提案された「窮民救済法案」が、国家関与の胎動として注目を引くものである。例えば、明治42年の「窮民救済法案」の第9条は次のように規定していた。

　　地方長官ハ窮民防治ニ必要ト認ムルトキハ一定ノ生業ナキ者、浮浪排徊スル者ニ対シ業務ヲ授ケ又ハ労務ヲ課シ併ニ其ノ携帯児ヲ救育スルコト

しかし、このような失業者・窮民を対象とした公共職業能力開発制度化の萌芽あるいは胎動は、実施過程において挫折し、またはいずれも廃案となり、実現しなかった。その結果、明治期における「窮民救済」の状態は、その救済のあり様が職業能力開発を含むと否とにかかわらず、「清貧恤窮ハ隣保相扶ノ情誼ニ依リ互ニ協救セシメ国費救助ノ濫給矯正」の体制にあった。つまり、当時の窮民救済の実態は、その形態の如何を問わず、主として民間有志（篤志家）あるいは公益団体の善意（慈恵・慈善）に委ねられていた。

明治期における国家行政レベルでの公共職業能力開発の政策・制度の実態は、なお極めて消極的なものであったことが分かる。それは当時の失業労働者救済政策の力点が、主として公共職業紹介所の増設と公共土木事業の起業によって、失業者などに直接仕事を与えることであったことに起因していた。

職業紹介についても当初は「口入れ屋」による私営、あるいは篤志家による活動であったが、内務省はその成果をみて1909（明治42）年末に6大都市に職業紹介所の設置を奨励し、補助金を交付した。これを受け、東京市は1911（明治44）年に浅草と芝に職業紹介所を開設した。これは、公営の職業紹介所の始まりであるが、公共職業能力開発の整備にも大きな力となった。

本来、職業への就業はその職業を修得しておかなければならないし、そのための職業能力開発の制度化が必要になるからである。その人の職業における自立を援助するために職

業能力開発が必要となる。その具体策が1913（大正２）年に東京市が浅草職業紹介所に設置した授産部であった。やがて、授産・輔導所が各地に設置され、公共職業能力開発として整備が始まった。

いわゆる「授産」という言葉は、明治政府の「士族授産」により一般化した。士族授産以外の明治期の授産事業の中で公共職業能力開発の施設として最初と考えられる、史料に残っているものでは1885（明治18）年５月設立の福岡県山門郡城内村の財団法人柳河授産所である。

当時の授産施設は日露戦争後の軍人遺家族を対象にしたものが中心であった。下の写真は1914（大正３）年の授産室である。ここでは当時の婦人のための最先端的職業であったミシン縫製を導入していることが分かる。授産といっても、今日的な言葉の意味とは異なり、実習場には３人ほどの指導者らしき女性が背後から作業状況を眺めている。つまり、作業の指導のための指導者である。したがって、その作業は賃金を得るためでもあるが、仕事を同時に学ぶという実習でもあるのである。

愛国婦人会大阪支部（授産室）

『救済研究』（大正４年11月号より）

授産施設は、1926（昭和元）年の「内務報告令」が「就業ノ機会又ハ便ヲ与フル」と定義したように、その主たる目的は就業による賃金の支給にあった。しかし、就業するために従業者は仕事を覚えなければならず、仕事を覚えるために教育・訓練を受けなければならなかったのである。

このような授産のための施設の数は、1911（明治44）年末の調査によれば、職業紹介施

設と併せて30施設であった。このような施設は、記録に残っているのが始まりとはいえず、様々な試みが以前より行われていたはずである。その後、この種の授産施設は年々増えた。この中で、公立施設の最古のものは、1913（大正2）年4月1日に東京市浅草職業紹介所に付設された授産部である。軍人遺族を対象にしたような授産から、一般人を対象とした公共職業能力開発としての授産が発展してきたのである。

> 「授産」について
>
> 「授産」の言葉は明治初年の「士族授産」により普及した。「授産」は仕事を授けることであるが、士族授産は廃藩置県により俸禄を得られなくなった武士に資金を給付することであった。いずれも困窮者に対する対策であり、近代化の下での民主化政策の一環であったといえよう。

一方、「職業輔導」の言葉は、東京、大阪および神戸市に職業輔導会が設立された1922（大正12）年以降に用いられている。その経過は、第一次世界大戦後の不況に憂慮して、鐘淵紡績が政府に30万円を対策費として寄付したことが始まりである。政府はその寄付金を東京、大阪、神戸市にそれぞれ10万円ずつ交付し、各市独自の対策に委ねた。これに応え、各市は職業輔導会を設立し様々な運営を始めた。各職業輔導会の事業は、それまでに普及していた授産も含み、そのため当時の概念としては職業輔導の方が幅広い意味を有していた。

職業輔導施設は「内務報告令」が「職業能力ヲ与フル」と定義していたように、職業の訓練・能力開発が主たる目的であった。しかし、この種の施設への公的援助が皆無かあるいはきわめて不十分な当時においては、受講者の生計を維持するために実習作品の売却や各種援助などによって生活費の補給が行われなければならなかった。

以上のような理由から、当時の授産施設と職業輔導施設とを、就業の機会確保または職業能力の付与で区別することは困難である。例えば、「講習」がある授産場があり、逆に賃金を払わぬ授産場もあった。また、賃金を支払う輔導施設もある。したがってこれら施設を、今日的用語を用いればO.J.Tを組織化した施設ととらえ、一括して「授産・輔導施設」として分析するのが実態に即した方法であると考える。公共訓練におけるO.J.Tとは、工賃を支払いながらの教育訓練（授産・輔導）のことである。

公立の授産・輔導施設は、公益施設に比べ遅れて設立されている。特に関東大震災以後に東京、神奈川県で本格的な整備が行われ、その後地方庁にも普及したのである。公共訓練におけるO.J.Tの実態については、「横浜市婦人授産所講習規程」にみることが

できる。

> **「職業輔導」と「職業補導」について**
>
> 　「職業輔導」の言葉は1922（大正12）年に東京、大阪および神戸に設立された職業輔導会により一般化したといえる。その「職業輔導」の業務としては技術講習、授産、職業用具または資金貸与、賃金立替、育児所設置、宿泊などであった。
> 　一方、「職業補導」は技術講習の内容を次第に意味するようになり、1938（昭和13）年の「職業紹介法」により公的な用語として用いられ、1958（昭和33）年の「職業訓練法」の制定まで今日の公共職業訓練を意味する用語となった。

横浜市婦人授産所講習規程（大正13年2月頃の制定）

第1条　本所ノ講習科目ヲ左ノ3分ニ分チ更ニ各部ヲ分チテ講習科授産科トス

　1、ミシン部

　2、和服部

　3、手芸部

　　以上ノ外必要ニ応シ科目ヲ新設スルコトアルヘシ

第2条　講習科ハ初習者ニ技術ヲ習得セシムルモノトス授産科ハ講習科ヲ修了シタルモノニ対シ更ニ進ンテ技術ヲ修熟セシムルヲ以テ目的トス但シ入所ノ際既ニ相当ノ技術ヲ有スル者ハ検定ノ上直ニ授産科ニ編入スルコトアルヘシ

第3条　講習科ニ於ケル講習期間ハ4ケ月トス但シ欠席日数多キ者ニ対シテハ欠席日数ニ相当スル期間ヲ延長スルモノトス

第4条　前条ノ講習ヲ修了シタル者ニ対シテハ修了証書ヲ授与ス

第5条　講習ハ無料トシ器具機械類ハ之ヲ貸与ス但シ貸与品ヲ毀損又ハ亡失シタルトキハ弁償セシムルコトアルヘシ

第6条　入所セムトスル者ハ申込書ニ履歴書ヲ添ヘ保証人連署ノ上所長ノ許可ヲ受クヘシ、但シ13才以上ノ女子ニシテ品行方正ナル者タルコトヲ要ス

第7条　講習生退所転居又ハ欠席セムトスル時ハ所長ニ届出ツヘシ

第8条　講習生ニシテ左ノ各号ノ1ニ該当スル者ハ退所ヲ命スルコトアルヘシ

　1、到底成業ノ見込ナキ者

　2、所長ニ於テ所内ノ風紀又ハ平和ヲ乱スト認ムル者

　3、度々訓戒スルモ改悛ノ見込ナキ者

　4、無届欠席1ケ月以上ニ及フ者

5、其ノ他所長ニ於テ不都合ト認ムル者

第9条　工賃ハ毎月15日及末日ノ2回ニ締切リテ之ヲ支給ス工賃ハ製作品ノ種類及技術ノ程度ニ応シ別表ニ依リ之ヲ定ム

第10条　左記各号ニ該当スル者ニシテ事情ニ依リ家庭ニ於テ従事セムトスル時ハ調査ノ上許可スルコトアルヘシ

　　1、講習科ヲ修了シタル者

　　2、技術優秀ナル者

　　3、市内ニ1戸ヲ構ヘ身元確実ナル者但シ必要ト認ムルトキハ材料預証又ハ保証金ヲ徴収スルコトアルヘシ

　このように、横浜市の規程は管見では最も古いが、良く整備されていた。そこでは「講習科」を規定化している。講習科は「初習者ニ技術ヲ習得セシムルモノ」とし、「講習ハ無料」であるだけでなく、講習生に工賃を支払っている。また、技術・技能の水準の目安として、修業期間4ケ月で授産科に編入することや、講習による「成業ノ見込ナキ者」は退所させることを規定していることも興味深い。これらの規定は、職業技術教育の視点からも高く評価することができる。

　また、東京市の場合、条文上では講習科等の設置を明記していないが、「技能ヲ教ヘ」るという規定がある。さらに、実際の運営では授産場を養成科（1ケ月未満程度）、指導科（6ケ月未満程度）および製作科（6ケ月以上）の3コースに分けていた。これらのことは、東京市授産場においても、横浜市の場合とほぼ同様に、実態的には職業能力開発が営まれていたことを示すものである。

　京都市の場合は、東京市および横浜市のようにコースを定めてはいない。しかし、目的規定の「手工業ニ関スル技能ヲ授ケ」からも明らかなように、実態としての職業能力開発が営まれていた。さらに京都市の場合も「技術手」および「助手」など、指導員と考えられる職員が配置されていたのである。そして、京都市授産場入場者調査によれば、入場の理由は「技術修得の為」38.2％、「生計補助の為」34.5％、「将来内職従業の為」27.3％となっており技術修得を目的とする入場者が高かったことが分かる。

　以上のような授産場におても、例えば、東京市授産場が1929（昭和4）年度より、授産場の付帯事業としてペンキ科およびブリキ科の職業輔導講習を5千円の予算で開始したように、時代の変化に対応して男子向きの種目の拡大を行った施設もあった。また、男子向きの種目を行う授産・輔導施設も設立されていた。また、例えば大正末に制度化された「自動車運転士」のように時代に先駆けて新たな種目を模索してきたのもこれらの制度で

あった。なおこの種の男子向きの授産・輔導施設の訓練内容を整備したものが、次に述べる技術講習施設に発展する。

3－3　学校的実習を組み込んだ技術講習施設

「技術講習施設」は、今日的用語を借りれば、Off J. T. の職業能力開発を組織化した訓練施設である。これは初めに関東、関西の大都会に設立された。技術講習施設は、今日の公共職業能力開発施設の実態に最も似ている。また技術講習施設のカリキュラムの特徴は、Off J. T. が次第に発達して学科（座学）が組織化された点にある。ここでは、主に大工や木工を養成する建設関係職種の施設と機械工を養成する施設がある。建設系の施設は以下に紹介するように自前の施設を整備するが、機械系の職業訓練は工業学校などへの委託として始まる。

大工・木工養成の技術講習施設

東京職業輔導会は「職業輔導」の一つの事業として職業輔導講習所を設立したのである。職業輔導講習所（東京市芝区）における木工養成は1923（大正12）年3月1日より開始された。養成期間は4ケ月の予定で、第1回講習生は、手木工33名、機械木工16名であった。下の写真がその第1回講習生の記念写真である。前列に職員、後ろにはハッピを着た受講生が並んでいる。ただ、この講習所の講習規程が明らかではないのが残念である。

職業輔導講習所　武藤山治『私の身の上話』より

このような施設が、ただ、予算を得たからと直ちにできるものではない。それまでの様々な「社会的不運者」に対する実践の経験からより良い施設建設への願望があったからこそ、可能になったはずである。

　しかし、第2回講習生の訓練中、関東大震災に見舞われ、施設は類焼した。このため同会は、内幸町東洋拓殖株式会社建築工場の一部を借り受け、テント張りの仮事務所で事業を再開し、建築木工講習生30名により、バラック建築および建築用材の加工を実費で引き受けた。また、幸町東洋協会焼跡を借り受け、陸軍より借用した天幕12張の下で、従来の木工講習を拡張し、150名の講習生を収容して訓練を実施した。

　その後も各方面からの寄付金、さらに、政府から事業資金の交付を受けて、技術講習は活況を呈した。この時期に既に6ケ月の訓練が計画されていたが、このことは次の横浜市の技術講習の場合とともに注目に値する。

　東京輔導会の活動とは別に、政府も直接「木工講習会」を設置し、大工、木工の養成に緊急に取り組んだ。また、関東大震災は神奈川県にも被害をもたらし、県下の建築職人の不足をきたしていた。そこで神奈川県は31,373円の予算で県立職業輔導講習所を県立横浜工業学校内に設け、木工およびブリキ工の養成を1923（大正12）年11月15日より開始した。この県立職業輔導講習所の規程は次の通りである。

神奈川県立職業輔導講習所規程（大正12年11月9日神奈川県令第93号）

第1条　本所ハ実際的職業技能ヲ授ケ労力需給ノ調節ヲ計ルヲ以テ目的トス
第2条　職業輔導ヲ行フヘキ科目及其ノ修業期間左ノ如シ
　1、大　工　　修業期間2ケ月
　2、鈑力工　　同
　3、塗　工　　同
　前号ノ外労務需給ノ関係上適切ト認ムル職業
第3条　輔導科目及募集人員ハ其ノ都度之ヲ定メ公告ス
第4条　本所ノ休業日左ノ如シ
　1、毎月第1、第3日曜日
　2、大祭祝日
　3、12月29日ヨリ翌年1月3日迄
第5条　本所ニ入所セムトスル者ハ年令15年以上ニシテ品行方正身体強健思想堅実ナルヲ要ス

第6条　入所志願者ハ所定ノ願書ニ履歴書ヲ添ヘ保証人連署ノ上願出ツヘシ
第7条　応募者所定ノ人員ヲ超過スルトキハ適当ナル方法ニ依リ之ヲ選抜ス
第8条　半途退所セントスルトキハ事由ヲ具シ保証人連署ヲ以テ願出ツヘシ
第9条　左ノ各号ノ1ニ該当スト認ムルトキハ退所ヲ命ス

1、屢訓戒ヲ与フルモ改悛ノ情ナキ者

2、成業ノ見込ナキ者

3、引キ続キ無届欠席7日以上ニ亙ル者

4、其ノ他不都合ノ行為アリト認メタル者

第10条　所定ノ課程ヲ修了セル者ニハ修業証書ヲ授与ス但シ出席日数開所総日数ノ3分ノ2ニ達セサル者ニハ之ヲ授与セス
第11条　品行方正ニシテ技術優秀且ツ精勤ナル者ニハ修了ノ際賞状又ハ賞品ヲ授与スルコトアルヘシ
第12条　授業料ハ之ヲ徴収セス
第13条　輔導ニ要スル材料ハ之ヲ支給シ器具類ハ之ヲ貸与ス但シ貸与品ヲ毀損亡失シタルトキハ其ノ情状ニ依リ相当弁償ヲ為サシムルコトアルヘシ
第14条　講習生ハ身上ノ事情ニ依リ無料宿泊ヲ為サシメ又ハ食費ノ補給ヲ為スコトアルヘシ

訓練期間は、大正12年の規程では2ケ月であるが、翌年1月の家具職講習生の募集公告によれば満5ケ月であった。また、受講生は学校のように進学してきたわけではないので、当然ながら講習生の年齢差は大きかった。

以上のように、技術講習施設における大工・木工養成は、伝統的徒弟制度の方式、授産・輔導施設のようなO.J.Tを利用した訓練方式とは異なり、そこでは全く学校形式的に技能者の養成方法として改革されたわが国における最初の機関であった。

規定にみるように、無料で講習を実施することは授産・輔導施設と同様で、「社会的不運者」に対する施設だからである。しかし、運営は「退所」規定にあるように、学校とは違った厳しさがある。これは受講希望者が多かったためだけではなく、修了して社会で有用な人材として働いてもらうために必要な教育目標であった。しかし、一方では表彰制度も規定しているように、厳しい中にも人間味のある暖かな規程となっている。

神奈川県の講習所の規程がこのように体系的に整っていたことは、東京の職業輔導講習所等の経験に基づいていることであろう。

このように、従来の職人養成の方法とは全く異なったにもかかわらず、受講希望者はどの施設でも殺到していた。このことは失業状況の反映のみとは考えられない。また講習修了生はどの施設においても全員が就職している。

このような革命的な大工・木工養成のための技術講習は、関東大震災による建築職人の不足という社会的状況において注目され、以後各地に普及し、わが国に定着したものといえるのである。

> **技術講習施設の指導員**
> 技術講習施設になると指導者の問題が浮上してきた。初期には工業学校の教員を招いて学科の講義をし、実技の指導は親方に委託していたようである。当時は両方を指導できる指導員がいなかったということであろう。

3—4 "生涯教育"の始まり

以上のような成立過程期の公共職業訓練施設の性格を整理すれば、その施設は、実に多様であり、単純には分類できないが、職業訓練の方法、すなわち、O. J. T. か Off J. T. かにより、またその教育訓練の内容の種類・性格により2種に区分できる。

第1は、当時の社会状況から、受講者は生きることと働くこと、そして学ぶことを分離して生活することが困難であったため、訓練を受けながらそれが賃金の足しにもなり、ひいては生活をまかなっていたという"授産・輔導"施設である。この施設は、今日的な用語を用いれば、公共職業訓練施設においてO. J. T. 方式により訓練を展開していた施設である。このような施設は、最も古くから営まれていたが、公営の施設としては1913（大正2）年に東京市浅草職業紹介所に付設された"授産部"であり、それ以前は法人または個人の援助によるものであった。

第2は、最も今日の職業訓練施設に類似している訓練の形態を採っていた"技術講習"施設である。これは、初めてOff J. T. を組織した施設である。その最初の施設は、失業対策資金として寄付された鐘淵紡績の基金をもとに、1922（大正12）年3月に東京市芝に設立された「職業輔導講習所」である。ここでは、建築工、製材木工などを訓練して世に送りだし、関東大震災以後に東京府、神奈川県、横浜市などに設立された公共職業訓練施設のモデルとなった。これらの施設でも、技術の訓練だけが実施された訳ではなく、当然ながら生活の保障の為の"手当"を考慮していた。しかし、近代産業が必要とする機械工などの訓練は、公共施設では本格的にはいまだ行われず、それは満州事変の勃発以後に

様々な方式が工夫され、「展開期」に入ってから設立されることになる。

　以上のように、「成立期」における公共職業訓練施設はその実態から2種に分類することができる。したがって、各々の施設の訓練の実態に差異はあるが、実施している職業訓練の意義に差があったとはいえない。つまり、「成立期」の職業訓練は、社会的課題の解決のための政策が、労働者（失業者）に対し、その施策中に教育・訓練の対策を包含せざるを得ないという必然的な結果として成立したといえるからである。

　授産・輔導施設や、技術講習施設の受講者が「社会的不運者」であったので、社会的対策の施設として設立され、その教育訓練は失業者への救済策とする考えが一般的だった。最初にみたように政府の施策の方針も「窮民」への保護であった。一部の篤志家を除けば社会的な支持が高かったとはいえない。

　そのことを社会的に遅れた、慈恵的な施策と考えることは簡単である。しかし、そのように整理するのではなく、まさにそのような施策が人間として必要な営みである生き、働き、そして学ぶこととして、一般の国民、特に社会的に不運だった労働者、中でも失業労働者に対する教育（職業訓練）の保障という営みであったととらえることが重要である。

　そのことに関して、ジャーナリスト楠原祖一郎氏は職業補導を人権として次のように主張した。（「職業補導に関する考察」、『社会事業研究』大正12年3月）

　　職業補導は、人類生存の本然性に基き、人をして社会的饗宴の席より迫るる憂を無からしむる為に、各人の社会的技能を向上進化せしめん事を目的とする、即ち生存権肯定の思想の上に起ち其の平衡を失せしめざらん事に努力するものにして、失業問題とは二にして一なる問題である。……職業の補導は人的存在の助長であるが、救済ではないのである。是れを救済と解釈し得られない事はないが、かく解釈さるは其の當を得ないのである。

　楠原が主張していることは今日でも労働者の権利として自覚的に主張されていないといえる。にもかかわらず、大正デモクラシーの時代とはいえ、明治憲法下でこれほど鮮明に人権としての職業能力開発を主張したのは注目すべきである。このように職業補導は人権の確立のために重要であるという思想は当初からあったのである。

　それでは、本章で紹介した「社会的不運者」に対する職業能力開発は、今日的にみるとどのような意味があるだろうか。

　第一には、なぜこのような施設が整備される必要があったか、ということである。それは、近代になってのわが国の学校、特に政府が規定した学校では、「社会的不運者」に対する職業能力開発が全く整備されなかったからである。このことは、換言すれば、「学

制」において解説したように、「身を立てる」学問は学校で習得するもの、という考え方が官僚にも一般庶民にも根づいたためであろう。したがって、上昇を目指す学校ではない「社会的不運者」への職業能力開発の施設を学校として整備する考えは生じなかったのである。

　しかし、今日の観点からみれば極めて重要な営みであることが分かる。すなわち、学校修了者のための生涯教育であるといえる。今日では「生涯学習」の言葉が主流になり、問題が受講者に課せられているように思われるが、本来の発想は"Lifelong Integrated Education"であったのである。その提案の趣旨は、働いている人の学習を保障しようとしたことであった。この趣旨からいえば、授産・輔導施設はまさにそのための施設である。当時、「再教育」という言葉も使用していたことは、位置づけからいってもわが国で最初の「生涯教育」機関であったといえる。

　やがて、「社会的不運者」に対する職業能力開発の意義が認められると、次第に在職者や新規学校卒業者に対する職業能力開発も検討・実施されるのである。そして、職業能力開発の面だけに限っても「生涯教育」の体制が整備されていったのである。

　しかし、このように庶民にとって重要な教育訓練機能が永らく見落とされてきた理由は、今日の学校中心主義による人材養成の立場から歴史をみていたためである。近世までの徒弟制度や寺子屋の実態は本章で明らかにした職業訓練へとつながったといえる。しかし、学校教育の立場からみれば、明治以降の社会における教育訓練が視点に入らない。にもかかわらず、学校を寺子屋につなげることは容易であったのである。

　わが国で「生涯教育」や「生涯学習」論が欧米の論として紹介され、ようやく普及しているが、その理念は既にわが国にもあったのである。「生涯教育」や「生涯学習」論が欧米の論として考えられていることは、わが国での「社会的不運者」のための職業能力開発についての検討が無視されてきたことが大きいといえよう。このことを反省の糧として、職業能力開発の意義をさらに強調すべきである。

第 4 章問題

　日本の今日に継続する職業訓練は学校教育に比べて遅れて成立した。なぜそのように遅れたのだろうか。また、なぜ職業訓練は成立したのだろうか。

第5章　職業訓練の歴史
——どのように発展してきたか——

は　じ　め　に

　わが国の職業訓練の歴史には、未解明な部分が多く、その歴史の概要を紹介することは極めて困難であるが、以下に試論として述べたい。

　職業訓練の歴史を整理することの中心的な課題は、職業訓練の状況を今日の職業訓練の立場からいかに考えるかであり、そしてその意味を再発見し、今後の展望の指針を見い出していくことにあるといえる。したがって、職業訓練の歴史の細々とした事実を羅列することは無用である。むしろその歴史の中に今日我々が注目しなければならない課題があるとすればそれは何かを明らかにすることが大事な作業だと考える。このような考えに立ち、まず極めてマクロな職業訓練の理念や制度についての時代区分を仮説的に設定してみると図5—1のようになる。

	「工場法」の規定 1911年	「国家総動員法」の制定 1938年	「勤労訓練」の実施決定 1941年	戦時体制の廃止 1945年	「職業補導の根本方針」決定 1951年	「雇用保険法」の制定 1974年	「職業能力開発促進法」の改正 1997年
黎明期	Ⅰ．成立期	Ⅱ．展開期	Ⅲ．崩壊期	Ⅳ．再発足期	Ⅴ．確立期	Ⅵ．再編成期	Ⅶ．再構成期
1910年以前	1937年まで	1941年まで	1945年まで	1950年まで	1973年まで	1996年まで	
←　模索　→	←個別対応→	←労務対策→	←戦時対策→	←労働者保護→	←技能者養成→	←新理念模索→	←自己啓発→

図5—1　公的職業訓練の大時代区分と特徴

　図のように時代を区分すると、職業訓練にとって特に重要な課題が提起されている時期は、「成立期」、「再発足期」そして「再編成期」である。つまり、戦前と戦後の時代とに分けるとすれば、いずれも最初の成立期であり、「生涯教育（学習）」が提起され、職業訓練をとらえ直そうとしている時代ということになる。

1. 社会の変動と職業訓練の発展

　第4章で職業訓練の成立の紹介をしたが、本項ではその後の職業訓練が発展してきた重要な過程を紹介する。それは今日の職業訓練に連なる近代的な職業訓練の発展過程であり、企業内訓練を公的に整備した「工場法」、公共職業訓練を整備した「職業紹介法」を出発点とする。これらが、次の時代に発展していく時代的な変動の要因としては満州事変の勃発を挙げることができる。その後、不況からの脱出が始まり景気の昂揚が始まるのである。

　企業内教育訓練については景気の回復と共に次第に重工業が拡大し、熟練工の養成問題が大きくなった。すると、大正時代はあまり積極的でなかった「工場法」の徒弟養成方法の研究が日本工業協会を中心に盛んに行われるようになった。この研究が、次の時代の「工場事業場技能者養成令」にまとめられていくのである。

　ところが、満州事変の勃発による景気の回復は公共職業訓練の立場からみると単純ではなかった。すなわち満州事変は関東軍のおこした暴発であり、日本の政府は公式には混乱の早期終結を唱えていたからである。第一次世界大戦の終了により生じた世界的な不況から立ち直りつつあった景気を背景にした技能者養成の社会的な要望をそのまま信じるわけにはいかなかった。なぜならば満州事変が終結すると、また不況が予想されたからである。そのような未確定な状況では、技能者養成の要望が高まってもすぐさま重工業関係の施設を整え、機械工の訓練を開始するわけにはいかない。

　そこで考案されたのが大企業への委託訓練であった。その始まりは、大阪職業紹介所少年技術工養成規則として次のように制定された。

　　機械工技術講習要項（昭和8年5月頃の制定）
1. 趣旨　大阪市立中央職業紹介所ノ機械工志望求職者ノ為機械工トシテノ品性技能ヲ修得セシメ以テ優良職工ヲ養成シ工業方面ニ於ケル雇傭ノ要求ニ副ハントス
2. 講習開始　昭和8年5月
3. 講習場所　汽車製造株式会社工場
4. 講習生ノ名称　大阪市立中央職業紹介所技術講習生ト称ス
5. 講習人員　年度ノ都合ニ依リ之ヲ定ム、大体ニ於テ毎回約30名年3回ノ予定
6. 講習期間　6ケ月以内トス、但シ本期間経過後ト雖モ講習生ノ希望ニヨリ更ニ6ケ月

ノ実習ヲ行フコトアルベシ
7. 講習生資格
  （1） 大阪市立中央職業紹介所少年部及男子部登録者タルコト
  （2） 未経験者タルコト
    但シ有経験者ニシテ技能未熟又ハ不良ノ者ニアリテハ本人ノ希望ニヨリ講習生トシテ再教育ヲ行フコトアルベシ
  （3） 年令
    少年部　満16才以上満19才以下
    中年部　満20才以上満25才以下
  （4） 左記考査ノ合格者タルコト
    イ　第1次考査身体
    ロ　第2次考査性能
    ハ　第3次考査人物
    以上ノ考査ハ大阪市立中央職業紹介所及汽車製造株式会社合議ノ上之ヲ行フ
8. 講習生種別　少年部及中年部ニ分ツ
9. 講習科目
  （1） 実習科目　本人ノ希望ニヨリ左ノ一ヲ選択セシムルモノトス
    少年部　旋盤、仕上、火造、製罐、鋳物、塗工、梁工、木工、電工、熔接
    中年部　火造、製罐、鋳物
  （2） 学科　修身、国語、数学、図画、産業概論、ローマ字
10. 講習時間
  （1） 実習時間　毎日午前7時30分、至午後4時30分
    但シ都合ニヨリ伸縮スルコトアルベシ
  （2） 学習時間　必要ニ応ジテ随時之ヲ課ス
11. 講習手当　実習1日ニ付相当ノ手当ヲ汽車製造株式会社ニ於テ支給ス
12. 講習生ノ所遇　本講習生ノ籍ハ之ヲ大阪市立中央職業紹介所ニ置キ汽車製造株式会社ニ於テハ其職工ニ準ジテ所遇スルモノトス
13. 講習生ノ除籍　本講習生ニシテ実習上見込ナキ者、素行不良ナル者、其他講習指導者ニ於テ不適当ナリト認ムルモノハ講習期間内ト雖モ之ヲ除籍ス
14. 講習修了証　講習修了者ニ対シテハ講習成績ヲ審査ノ上修了証ヲ交付ス

上の規定のように、今日でいえば公共職業訓練の企業への委託訓練である。この種の委託訓練はその後重工業関係の大企業に拡大し、公共職業訓練のあらたな形態が定着したといえる。

　しかしながら満州事変も長引き、戦線が拡大する兆候を示すと、公共職業訓練の立場も産業の動向に沿う方針を明確にせざるを得なくなった。この点について、中央職業紹介委員会は1934（昭和9）年3月に、極めて注目すべき次のような制度化構想を答申した。

　　　答　　申
職業紹介国営ノ方針ノ下ニ紹介所ノ組織経営ニ関スル根本的改善策ヲ講スヘキコトハ曩ニ答申セル所ナルモ求人求職ノ現状ニ鑑ミ就職ヲ一層容易ナラシメムカ為ニハ其ノ実現ヲ促進スルノ必要アリ…（中略）…本答申ニ於テハ職業紹介所ノ内容充実ヲ期スルト共ニ職業輔導施設ノ完備、身元證明及信用保證制度ノ普及、徒弟制度ノ改善等ヲ図ルハ助成的施設トシテ実施スヘキ有効ナル方策ナリト認メ是等ニ関シ具体的事項ヲ挙クルコト左ノ如シ

　第一　職業紹介所ノ内容充実ニ関スル事項（略）
　第二　職業輔導施設ノ完備ニ関スル事項

　現在求人及求職ノ状況ヲ見ルニ求人アルニ拘ラス求職者ノ職業的素養ニ缺クル所アル為就職シ能ハサル者少カラサル現状ニ鑑ミ先ツ学校教育ヲシテ産業及社会生活ノ実状ニ適応セシムル為一般ノ改善ヲ為シ又雇傭主ヲシテ労務者ノ養成及職業的訓練ヲ為サシムルコト必要ナリ而シテ之ト同時ニ此種求職者ノ為適当ナル職業輔導施設ヲ設ケ職業紹介所ヲ中心トシテ之カ利用ヲ図ルコト亦緊要ニシテ之カ為必要ト認ムル事項左ノ如シ

　1、職業輔導ノ各種方法
　（イ）労務者職業輔導機関ノ完備ヲ図リ一般求職者ノ為職業技能習得ノ途ヲ開クコト
　（ロ）工業特ニ重工業ニ於ケル技術工ヲ希望スル青少年ノ為ニハ職業紹介所ハ工場各種工業学校又ハ他ノ輔導施設ト連絡シテ其ノ養成ヲ委託スルコト
　（ハ）軽易ナル職業的知能乃至技術ヲ習得セシムル為職業紹介所ヲシテ必要ニ応シテ各種ノ短期講習会ヲ開カシムルコト
　（ニ）日傭労働者中特ニ熟練労働者タリ得ヘキ素質ヲ有スル者ノ為ニ輔導教育ヲ行フコト
　（ホ）職業上ノ災厄ニ因ル不具癈疾者竝戦傷者等ノ為其ノ再教育施設ヲ拡充スルコト
　2、副業輔導ノ為適当ナル施設ヲ為シ且内職ノ供給者ト連絡シ仲介機関ノ整備ヲ図ルコト
　3、職業紹介所ノ職業輔導施設ニ関シ注意ヲ要スル諸事項

(イ)輔導ヲ為スヘキ職業ノ種目ノ選定及其ノ輔導ノ規模ニ付テハ當該地方及産業ニ於ケル需給状況竝他ノ職業輔導施設ノ状況ヲ斟酌シテ決定スルコト

(ロ)職業輔導ヲ為スニ當リテハ各其ノ職業ノ必要ニ應シ事務的及技術的輔導ヲ為スハ勿論精神的訓練ヲ為スコト

(ハ)職業輔導ヲ為スニ當リテハ需給状況ニ應シ都市ト地方トノ連絡ヲ図リ必要ニ應シ輔導期間中ノ宿泊設備ヲモ併セ設クルコト

(ニ)職業輔導ニ要スル経費ニ対シテハ国庫ヨリ補助スルコト

　第三　求職者ノ身元證明及信用保證制度ノ普及ニ関スル事項（略）

　第四　徒弟制度ノ改善ニ関スル事項（略）

　つまり、上の答申は訓練対象者・訓練内容別に、5類型の職業訓練施設の制度化を構想した。(1)一般求職者のための職業技能習得施設、(2)技術工志望の青少年のための輔導施設（工業学校等への委託を含む）、(3)特に訓練対象者を限定しない軽易な職業的知能または技術習得のための短期講習会、(4)日傭労働者のための輔導教育施設、(5)身体障害者のための再教育施設である。これ等のいずれの職業訓練施設も、当時すでに構想あるいは一部実施されてきたものであるが、公共職業訓練を体系化し、これ等施設への国庫補助制度の導入を鮮明にしたのである。

　やがて戦火は激しさを増し、公共職業訓練はそれまでの社会対策から、労働対策として組み込まれることになる。その発端が、次のような企画庁による要綱である。

技術者及熟練工養成方策要綱（昭和12年7月12日企画庁起草）

生産力拡充ニ伴フ各種工鉱業ノ技術者及熟練工ノ補給方策ハ当面喫緊ノ要務ナルコト多言ヲ須ヒスト雖モ、之ガ基本的対策ハ綜合的産業計画ト緊密ナル関連ニ於テ考究立案セラルルヲ要スルヲ以テ、差当リ技術者及熟練工ノ不足最モ甚シト認メラルル機械工業及鉱業ニ関シ一應ノ補給策ヲ樹立シ、可及的速カニ之ガ実施ヲ計ラントス。其ノ要綱左ノ如シ。

　　　　養成方策要綱

1、技術者ノ養成ニ関シ左ノ方策ヲ講ズルコト

（1）〜（4）略

2、職工及鉱山従業員ノ養成ニ関シ左ノ方策ヲ実施スルコト但シ政府ノ負担ニ於テ養成スルモノハ原則トシテ中小工業ニ於ケル機械工及中小鉱山ニ於ケル従業員ノ養成ヲ以テ目標トシ其ノ他ハ當業者自ラノ養成ニ委スコトヲ原則トスルモ委託者ノ負担ニ依ル委託養

成ヲモ認メ之ガ勧奨ニ努ムルコト
（1） 熟練工及見習工ノ養成ニ関スル左ノ施設ニ対シ国庫ヨリ助成スルコト
　　イ　府県市等ノ公共団体ノ行フ見習工ノ補導施設（補導期間4ケ月程度）差当リ少クトモ10ケ所以上（社会局案）
　　ロ　府県市等ノ公共団体又ハ工業組合其ノ他ノ営業団体ノ行フ熟練工ノ養成施設（養成期間1年程度）差当リ20ケ所以上（商工省工務局案）
　　府県市等ノ公共団体ノ行フ前記（イ）及（ロ）ノ施設ハ原則トシテ同一場所ニ之ヲ併設シ、両者及当業者団体経営ノモノトノ間ニハ重複ヲ避ケ有機的連絡ヲ密ニスルコト
（2） 中等程度ノ公私立工業学校中地方ノ実情ニ応ジ適当ト認メラルルモノ約40校見当ニ対シ第二部（中学校卒業者ニ対シ修業年限1年程度）又ハ第2本科専修科（高等小学校卒業者ニ対シ修業年限1年又ハ2年程度）等ノ速成養成施設ヲ講ゼシメ之ニ対シ国庫ヨリ助成スルコト（文部省案）
（3） 国立ノ熟練工養成機関（相当ノ素養アルモノニ付修業年限1年乃至1年半）ハ応急策トシテ差当リ少クトモ2ケ所以上ニ之ヲ設クルコトトスルモ（商工省工務局案）将来恒久的対策トシテ鉱山現場係員養成機関（商工省鉱山局案）ト共ニ更ニ充分考究スルコト、各養成施設ニ於ケル指導者ノ養成ハ本機関ニ於テ特ニ考究スルコト
（4） 鉱山及鉱山現場係員ノ養成ニ付テハ筑豊石炭鉱業会、北海道石炭鉱業会等ニ助成金ヲ交付シテ会員以外ノ需要ニ応ジ其ノ養成ヲ行ハシムルコト（商工省鉱山局案）
（5） 以上各号ノ職工養成施設ノ運営ニ当リテハ官立工場、民間工場、公私立試験場等ヲ利用スル等成ルベク簡易ニシテ効果アル方法ヲ併セ採用シ、養成施設ノ養成能力ヲ可及的大ナラシムルニ努ムルコト
（6） 職工及鉱山従業員ノ募集及配給ニ関シ職業紹介所ノ機能ヲ充分ニ発揮セシムル為之ガ整備ヲ図リ（社会局案）、関係各養成施設ヲシテ常ニ職業紹介機関ト密接ナル連絡ヲ保タシムルコト
（7） 職工及鉱山従業員ノ養成ニ関シ前記各号ノ如キ施設ヲ設クル府県ニハ政府ノ施設スル養成機関以外ノ労力需給ノ状況ヲ明カナラシメ之ガ供給ノ円滑ヲ図ルト共ニ、各養成機関相互ノ有機的連絡、特ニ指導者ノ斡旋及民間工場ニ於ケル養成方法ノ指導、職工争奪ノ防止等ヲ企画経営スル為地方長官管理ノ下ニ関係営業者ヲモ加ヘタル委員会ヲ設クルコト
（8） 政府ノ負担ニ依リ養成セラレタル職工又ハ鉱山従業員ハ就職後一定期間ハ指定セラ

レタル工場又ハ鉱山ニ勤務スル
ノ義務ヲ負フ様適当ナル方法ニ
依リ之ガ実効ヲ期スルコト

　上の要綱の（1）のイの社会局案が今日の都道府県の公共職業訓練に連なる提案であった。これは次に紹介する機械工補導所の設立へとつながる。また、要綱ではあらゆる可能性のある技能者養成の提案が盛られていることが分かる。そしてそれらの各種養成方法を一元的に統括するシステムが提案されている。ただ、これらの技能者養成施策は冒頭に記されているように、中小企業のための施策であった。大企業では次に紹介する「工場事業場技能者養成令」により自前で養成することが期待されたのである。

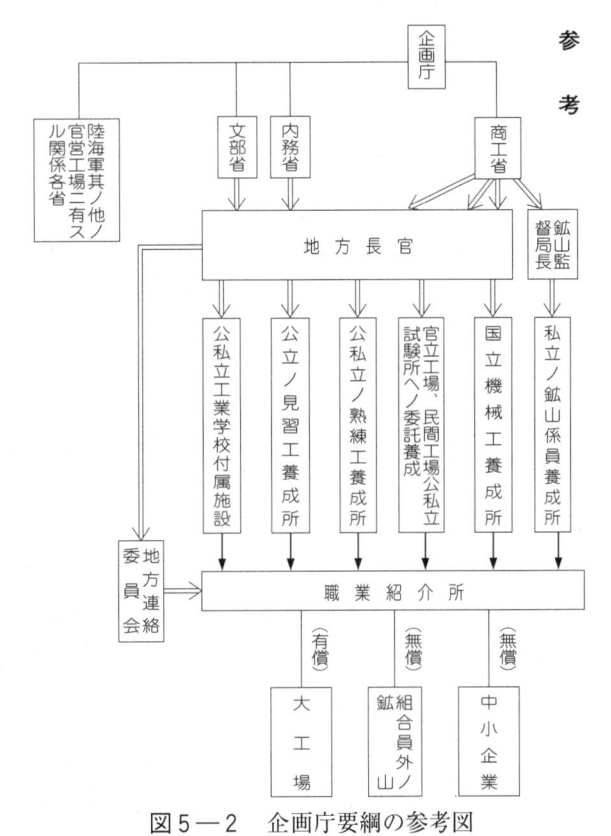

参　考

図5−2　企画庁要綱の参考図

　以上のように、「成立期」の末期における公共職業訓練施設の実態は大きく変貌してしていくことが分かる。各々の施設の訓練の実態に差異はあるが、各々の施設が実施している職業訓練の意義に差があったとはいえない。つまり、「成立期」の職業訓練は、社会的課題解決のための政策の一つとして、労働者（失業者）に対しての施策であった。

　以上のような職業訓練の成立期の模索の中から、次の職業訓練の「展開期」の制度化が構築されていくのである。労働者（失業者）に対しての施策であった職業訓練は、やがて国家目的に再編される様相を示すのであった。

2.　職業訓練の拡大期の実情

　職業訓練の「展開期」を迎えて、公共職業訓練は（改正）「職業紹介法」により、また事業内訓練は「国家総動員法」に基づく「工場事業場技能者養成令」により飛躍的に拡大

することになった。残念ながら、この拡大は「成立期」初期のような労働者に対する「生き」、「働き」、「学ぶ」ことを意図したのではなく、国家の労働力政策としての職業訓練が目的であった。しかし、そのような職業訓練であっても受講者にとっては「生き」、「働き」、「学ぶ」ことを実現するための機会であったことには変わりはないことも注目しておかなければならない。

戦火は拡大し、1937（昭和12）年には日華事変が勃発する。すると、重工業の重視策が強化され、技能者養成もそのための対策となる。そこで本項では、日華事変以降、太平洋戦争に至るまでの準戦時体制下の教育訓練の体系化について紹介したい。

さて、先の企画庁の要綱で記していた「綜合的産業計画」として、次の「国家総動員法」が決定される。その技能者養成の問題に関する条項は次のように規定していた。

「国家総動員法」抄（昭和13年4月1日法第55号）
第1条　本法ニ於テ国家総動員トハ戦時（戦争ニ準ズベキ事変ノ場合ヲ含ム以下之ニ同ジ）ニ際シ国防目的達成ノ為国ノ全力ヲ最モ有効ニ発揮セシムル様人的及物的資源ヲ統制運用スルヲ謂フ
第3条　本法ニ於テ総動員業務トハ左ニ掲グルモノヲ謂フ
　5　国家総動員上必要ナル教育訓練ニ関スル業務
第21条　政府ハ国家総動員上必要アルトキハ勅令ノ定ムル所ニ依リ帝国臣民及帝国臣民ヲ雇用若ハ使用スル者ヲシテ帝国臣民ノ職業能力ニ関スル事項ヲ申告セシメ又ハ帝国臣民ノ職業能力ニ関シ検査スルコトヲ得
第22条　政府ハ国家総動員上必要アルトキハ勅令ノ定ムル所ニ依リ学校、養成所、工場、事業場ソノ他技能者ノ養成ニ適スル施設ノ管理者又ハ養成セラルベキ者ノ雇用主ニ対シ国家総動員上必要ナル技能者ノ養成ニ関シ命令ヲ為スコトヲ得

第1条にあるように、「国家総動員法」は"人的資源"を統制運用することが大きな目的であった。これは今日の言葉でいえば"Human Resources"であり、第21条で「職業能力」が、第22条で「技能者養成」が規定されるのは当然であろう。その第21条の職業能力を検査することも今日の「職業能力開発促進法」と同じことが分かる。

ところで、この「国家総動員法」の規定では定かでないが、「工場法」が廃止されたわけではない。しかし、時代状況から労働者保護法である「工場法」はほとんど機能しない空文化の状況であったことが窺われる。

そして技能者養成は学校、養成所、工場、事業場その他技能者の養成に適する施設はどこにおいても実施されなければならないとしたのである。この規定を受けて「学校技能者養成令」と「工場事業場技能者養成令」が制定されることになる。先の企画庁の要綱で記していた「基本的対策」が次の「工場事業場技能者養成令」であることは明らかである。

「工場事業場技能者養成令」（昭和14年3月31日勅令第131号）

第1条　国家総動員法第22条ノ規定ニ基ク工場及事業場ニ於ケル技能者ノ養成ハ本令ノ定ムル所ニ依ル

第2条　厚生大臣ノ指定スル事業ニ属スル工場又ハ事業場ニシテ左ノ各号ノ一ニ該当スルモノノ事業主（以下事業主ト称ス）ハ技能者ノ養成ヲ為スベシ但シ第1号ニ該当スル工場又ハ事業場ノ事業主ニシテ命令ノ定ムル所ニ依リ厚生大臣ノ許可ヲ受ケタルモノハ此ノ限ニ在ラズ

　1　年齢16年以上ノ男子労働者ヲ常時200人以上使用スル工場又ハ事業場
　2　年齢16年以上ノ男子労働者ヲ常時200人未満50人以上使用スル工場又ハ事業場ニシテ厚生大臣ノ指定スルモノ

第3条　前条ノ規定ニ依リ養成セラルベキ者（以下養成工ト称ス）ノ員数ニ関シテハ命令ヲ以テ之ヲ定ム

第4条　養成工ハ事業主ニ雇用セラルル養成開始ノ際年齢14年以上17年未満ノ男子ニシテ修業年限2年ノ高等小学校ヲ卒業シ若ハ青年学校普通科ノ課程ヲ修了シタルモノ又ハ文部大臣ニ於テ之ト同等以上ノ学力ヲ有スト認メタルモノナルコトヲ要ス

　　事業主ハ地方長官（東京府ニ在リテハ警視総監以下之ニ同ジ）ノ許可ヲ受ケ養成工ノ年齢又ハ教育程度ニ付前項ノ規定ニ依ラザルコトヲ得

第5条　事業主ハ養成工ニ対シ其ノ徳性ヲ涵養シ中堅職工タルニ須要ナル知識及技能ヲ授クベシ

第6条　養成工ノ養成期間ハ3年トス

　　前項ノ養成期間ハ養成ニ関スル施設ノ状況其ノ他特別ノ事情ニ依リ養成上別段ノ支障ナキ限リ命令ノ定ムル所ニ依リ之ヲ2年迄短縮スルコトヲ得

　　養成ニ必要ナル時数ニ関シテハ命令ヲ以テ之ヲ定ム

第7条　事業主ハ命令ノ定ムル所ニ依リ養成計画ヲ定メ地方長官ノ認可ヲ受クベシ之ヲ変更セントスルトキ亦同ジ

　　地方長官必要アリト認ムルトキハ養成計画ノ変更ヲ命ズルコトヲ得

第8条　厚生大臣戦時（戦争ニ準ズベキ事変ノ場合ヲ含ム）ニ際シ特別ノ必要アリト認ムルトキハ前5条ノ規定ニ拘ラズ事業主ニ対シ短期ノ養成期間ニ依ル技能者ノ養成ヲ命ズルコトヲ得

　厚生大臣ハ前項ノ規定ニ依リ技能者ノ養成ヲ命ゼラレタル事業主ニ対シ前5条ノ規定ニ依ル技能者養成ノ義務ノ全部又ハ一部ヲ免除スルコトヲ得

第9条　地方長官ハ命令ノ定ムル所ニ依リ事業主ニ対シ養成ヲ行フニ必要ナル施設ヲ命ズルコトヲ得

　　前項ノ規定ニ依リ命ズルコトヲ得ベキ設備ノ種類ハ工場又ハ事業場ノ規模ニ応ジ命令ヲ以テ之ヲ定ム

第10条　他ノ法令ニ於テ就業時間ニ関スル規定アルトキハ養成工ノ養成ハ其ノ就業時間内ニ於テ之ヲ行フベシ此ノ場合ニ於テハ養成ニ要スル時間ハ之ヲ就業時間ト看做ス

第11条　事業主ハ養成工ヲシテ授業料其ノ他養成ヲ行フ為必要ナル費用ヲ負担セシムルコトヲ得ズ但シ命令ノ定ムル所ニ依リ地方長官ノ許可ヲ受ケタル場合ハ此ノ限ニ在ラズ

第12条　厚生大臣又ハ地方長官ハ技能者ノ養成ニ関シ監督上必要ナル命令ヲ為スコトヲ得

策13条　厚生大臣又ハ地方長官必要アリト認ムルトキハ命令ノ定ムル所ニ依リ技能者ノ養成ニ関シ国家総動員法第31条ノ規定ニ基ク報告ヲ徴スルコトヲ得

策14条　厚生大臣又ハ地方長官必要アリト認ムルトキハ技能者ノ養成ニ関シ国家総動員法第31条ノ規定ニ基キ当該官吏ヲシテ工場、事業場、事務所其ノ他ノ場所ニ臨検シ養成ノ状況又ハ之ニ関スル帳簿書類其ノ他ノ物件ヲ検査セシムルコトヲ得此ノ場合ニ於テハ当該官吏ヲシテ其ノ身分ヲ示ス証票ヲ携帯セシムベシ

第15条　厚生大臣ハ其ノ定ムル所ニ依リ本令ニ依リ技能者ノ養成ヲ為ス者ニ対シ予算ノ範囲内ニ於テ補助金ヲ交付ス

　厚生大臣ハ本令ニ依ル技能者養成ニ因リ損失ヲ生ジタル場合ニ於テハ通常生ズベキ損失ヲ補償ス

　損失ノ補償ヲ請求セントスル者ハ養成期間ノ終了後之ヲ請求スベシ但シ厚生大臣ノ定ムル所ニ依リ別段ノ時期ニ之ヲ請求スルコトヲ得

　（以下略）

　以上のように、「工場事業場技能者養成令」が新規中学校卒業者を対象とした今日の企業内訓練の制度にも継続していることが分かる。つまり、企業内訓練の制度は上の令により定着したのである。この企業内職業訓練の体系化は、量的にもわが国の企業内訓練を飛

躍的に拡大したことを意味している。この技能者養成令による養成事業場は1,500ヶ所を超え、昭和17年度に85,600名余を養成工として採用した。

さて、「国家総動員法」では学校においても技能者養成を行えとしていた。その令として「工場事業場技能者養成令」と同じ日に「学校技能者養成令」が公布されたが、具体的な対策はみられなかった。

一方、公共職業訓練は、次に紹介する新たな「職業紹介法」によって制度化が進む。

「**職業紹介法**」（昭和13年4月1日・法第61号）
第1条　政府ハ労務ノ適性ナル配置ヲ図ル為本法ニ依リ職業紹介事業ヲ管掌ス
第3条　政府ハ必要ニ応ジ職業補導其ノ他職業紹介ニ関スル事項ヲ行フモノトス

「職業紹介法」も「国家総動員法」と似たように、労務の配置が目的であった。このことにより、それまでの労働者保護の立場から失業者を対象に職業訓練を実施してきた目的が大きく変化することになった。これと同時に、公共職業訓練が法制的に確立したのである。

「職業紹介法」では職業紹介の業務として必要に応じ「職業補導」を実施するとしていたが、これが公共職業訓練の当時の呼称であった。その職業補導は次の「物資動員ノ強化ニ依ル失業者ノ救済施設ニ関スル件」通達の「失業対策施設要綱」によって指示された。

「**失業対策施設要綱**」（昭和13年10月5日）
1、厚生省ニ失業対策部ヲ設置シ失業ノ防止救済ニ関スル事務ヲ総括掌理セシム
2、特ニ必要ト認ムル庁府県及職業紹介所ニ若干ノ職員ヲ増置シ失業対策ニ関スル事務ニ従事セシム
　　右ノ内職業紹介所ニ要スル経費及第3項（1）職業補導施設ニ要スル経費ノ一部ハ職業紹介法第7条ニ依リ地元負担トス
3、失業対策施設トシテ差当リ左ノ事項ヲ実施ス
（1）職業補導施設（失業対策部所管）
　　失業者ニシテ年令其ノ他ノ関係ヨリシテ其ノ侭就職困難ト認メラルル求職者ニ対シ就職上必要ナル技術又ハ知識ヲ授与シテ其ノ職業能力ヲ補ヒ就職ヲ容易ナラシムル為ニ職業紹介所ヲシテ予算総額2,231,896円ノ範囲内ニ於テ大要左ノ職業補導施設ヲ行ハシム

（イ）　職業補導新設

　　補導種目ハ概ネ左ニ依ルベキモ尚地方ノ実情並需要産業ノ状況ニ応ジ特ニ必要ト認メラルル種目ヲ選定実施スルモ差支ナキコト

　（ロ）　既存設備利用施設

　　既存ノ工業学校、試験場等中利用シ得ベキ設備ヲ有スルモノヲ選ビ夜間又ハ放課後失業者ニ対シ機械、電気、木工等ノ簡単ナル技術ヲ補導スルノ他道府県庁町村等ノ既存職業補導施設ニ委託補導セシム

　　　　補導箇所　道府県ヲ通ジ170ヶ所、1ヶ所1回補導人員50人

　　　　補導期間　1回3ヶ月

　　　　経費概算　1ヶ所当5ヶ月間1,700円

　　　但シ委託補導ノ場合ハ実施ニ要スル経常費ニ限リ委託費トシテ支出ス

　　以上ノ経費概算ハ本年10月ヨリ14年2月ニ至ル5ヶ月間ノ建物借上費、設備費、材料消耗品費、事務費及補導雑費ヲ含ムモノトス

（2）授産及内職施設助成（失業対策部所管）（省略）

（3）生業援護（社会局所管）（省略）

（4）地方改善応急施設（社会局所管）（省略）

（5）預金部資金融通（失業対策部所管）（省略）

　このような失業対策は、同時に通達のタイトルにあるように物資動員の強化対策でもあった。この失業対策により、公共職業訓練の体系化が確立したといえる。その公共職業訓練は多様な制度が可能であったが、折からの社会的要望で、各種の機械工補導所が設立されることになる。

　機械工補導所は1940（昭和15）年段階では195施設が設立され、年間3万人余を訓練していた。当時機械工補導所は「転業補導所」とも呼ばれていた。このことは、労務動員のために"奢侈的"と判断された職業の従業員を重工業部門に転業させるための訓練の役割も担っていたからである。

　なお、企画庁の「技術者及熟練工養成方策要綱」では（3）に商工省工務局案として国立の熟練工養成機関の設置が提案されていたが、これは1938（昭和13）年以降に機械工養成所（訓育所）として各地に設立された。機械工養成所は、既に昭和10年に設立されていた東京府機械工養成所をモデルとした、若年者の思想教育をも重視した養成施設であった。昭和17年には全国に35施設が設立され、昭和18年には厚生省所管となり、戦後は都道

府県の公共職業補導所になった施設もある。

　企画庁の「要綱」でも組織間の関連が提示されていたように、この時期の新たな施策として、類似業務の連携が求められた。その目的は「国家総動員法」が「国ノ全力ヲ最モ有効ニ発揮セシムル様」と規定していたことに表れていた。これと関連するのであろうが、第3条の「総動員業務」の一つとして第5項に「教育訓練」の用語が登場していたことが注目される。

　職業訓練の分野における業務の連携は、「工場事業場技能者養成令」と「青年学校令」との統合案として提案された。改正「青年学校令」の最大の注目点は、男子に対する青年学校が1939（昭和14）年に義務化されたことであった。青年学校は実業補習学校を受け継いだことにあるように、地域や職場での職業に関する教科目を定めていた。したがって、工場の中にも青年学校を制度化すべきことになり、当然、職業に関する教科目が必修となる。このことにより、私営企業においても職業教育を実施しなければならなくなった。

　しかし、すでに「工場事業場技能者養成令」が施行されており、工場主、経営者は「青年学校令」との両者によって若年者の養成が規制されることになり、混乱と混迷に陥ったのである。そこで、日本工業協会は技能者養成のための研究に着手した。その結果、「工場事業場技能者養成法要綱案」を1941（昭和16年）にまとめ、政府に提案した。

　工場における技能者養成が混乱することは政府にとっても好ましくなく、「工場事業場技能者養成法要綱案」は国家総動員審議会によっても承認された。要綱案は表5—1のように一般工養成、中堅工養成および幹部工養成として体系化されていた。一般工養成はそれまでの「青年学校令」を再編した案であり、中堅工養成は「工場事業場技能者養成令」を再編した案であった。幹部工養成は補—1節に紹介する戦前に全国9ヶ所に設立された技能者養成の指導員養成施設であった幹部機械工養成所の制度を再編した案であった。

　しかしながら、太平洋戦争に突入することにより国内の生産体制は大幅な合理化が要請され、上の要綱案は審議未了となり、日の目をみることはなかった。

　ところで制度の統合化は教育界においても普通教育と職業教育の制度間の統合が目指されていた。このような国民の統合化は「国民精神総動員」の前兆であったのかもしれない。

　なお、この時期を職業訓練の確立期とするのは、以上の施設だけでなく、後に紹介する指導員養成施設、実習教科書とほぼ形態が類似した教材の開発、作業指導票方式の実習指導の方法など、職業訓練のすべての分野で今日の職業訓練の原型が確立した、といえるからである。

表5－1　「工場事業場技能者養成法要綱案」の教授時間

区分	一般工養成	中堅工養成	幹部工養成
体　操 教　練	毎就業日 1ヶ年70時間以上トシ、毎週2時間ヲ例トス	毎就業日 毎週2時間以上	
徳性陶冶	1ヶ年40時間以上トシ毎週1回ヲ例トス	毎週1時間以上	指導者トシテノ人格向上毎週1回
国民常識	最初ノ1ヶ年ハ100時間以上トシ爾後毎年40時間以上トス	採用1ヶ年(又ハ6ヶ月)後、1ヶ年間ハ500時間以上	各種ノ行ノ修業禅其ノ他ノ心身ノ鍛錬毎月1回
専門知識	最初ノ1ヶ年ハ150時間以上トシ爾後毎年40時間以上トス	採用2ヶ年(又ハ1ヶ年半)後ハ1ヶ年240時間以上	幹部ニ必要ナル知識ノ啓発500時間以上
技能ノ指導 （一般工）	基本的技能300時間以上、採用1ヶ年以内ニ之ヲ行フ	基本500時間以上、採用1年(又ハ6ヶ月)後、6ヶ月間生産現場採用1年半(又ハ1年)後、2年間	200時間以上
技能ノ研究 〔中堅工 　幹部工〕		技能ノ基本研究ハ成ルベク基本実習場ニ於テ専任指導員ヲシテ之ニ当ラシムルモノトス	幹部工養成ハ雇傭主自ラ之ヲ行ヒ、又ハ他ノ適当ナル養成施設ニ委託シ之ヲ行フモノトス

　やがて、太平洋戦争へ突入すると職業訓練は「崩壊期」へと進んだ。「工場事業場技能者養成令」は戦時特例が施行され、技能者養成は短縮化され、確立した職業訓練の体系はほとんど崩壊していった。

　崩壊期の職業訓練は、訓練の"弾力化"という過密化であり、換言すれば"合理化"へと進んだ。例えば期間の短縮化、学科の廃止であった。合理化では実習課題の共通化という新たな試みも模索されていたが、今日の職業訓練にとって崩壊期の実態から学ぶことは無いといえるので詳述を避けたい。

3. 戦後再発足の理念と基盤の脆弱性

　敗戦により、戦前の国家主義的・反労働者的法令である「国家総動員法」・「工場事業場技能者養成令」は廃止された。そして、「工場法」および「職業紹介法」によって、戦火による甚大な被害の下での戦後の職業訓練は再発足が試みられた。

　しかし、わが国は海外からの"引き揚げ者"、復員軍人などが満ちあふれ、本土4島に400〜600万人の失業者が氾濫していた。一方では工場の稼働は不可能に近く、失業者対策は焦眉（しょうび）の緊要な課題であった。

　この「再発足期」を職業訓練の理念の視点から整理すると、「労働者保護期」ととらえ

ることができる。また、この時期の職業訓練は、わが国産業復興の担い手である優秀な労働者を養成すべき制度としても期待されていた。

```
戦時体制法令の廃止      「根本方針」の決定       「雇用保険法」の制定      「能開法」改正
1945(昭和20)年         1951(昭和26)年         1974(昭和49)年          1997(平成9)年
    ↓                     ↓                     ↓                       ↓

    Ⅳ．再発足期            Ⅴ．確立期              Ⅵ．再編成期              Ⅶ．個人主導期

    1950(昭和25)年まで     1975(昭和50)年まで     1976(昭和51)年以降
    ← 労働者保護 →        ← 技能者養成 →        ← 新理念模索 →          ←個人主導支援→

失業者対策 ………………→転職者重視 …………………………………………………………………→
(実態は中卒者)…………→中卒者重視 ………………→ 高卒者重視 ………………→ ( 高卒者中心 )  →
                                              在職者重視 ………………………………………→
```

図5—3　戦後時代区分図

その後の戦後の職業訓練を時代区分すると図5—3のようになる。また、戦後の主要な対象者別訓練の入校計画人数を示すと次の図5—4、5—5のようになる。そこで、上のような各期の職業訓練の課題を以下では抽出してみたい。

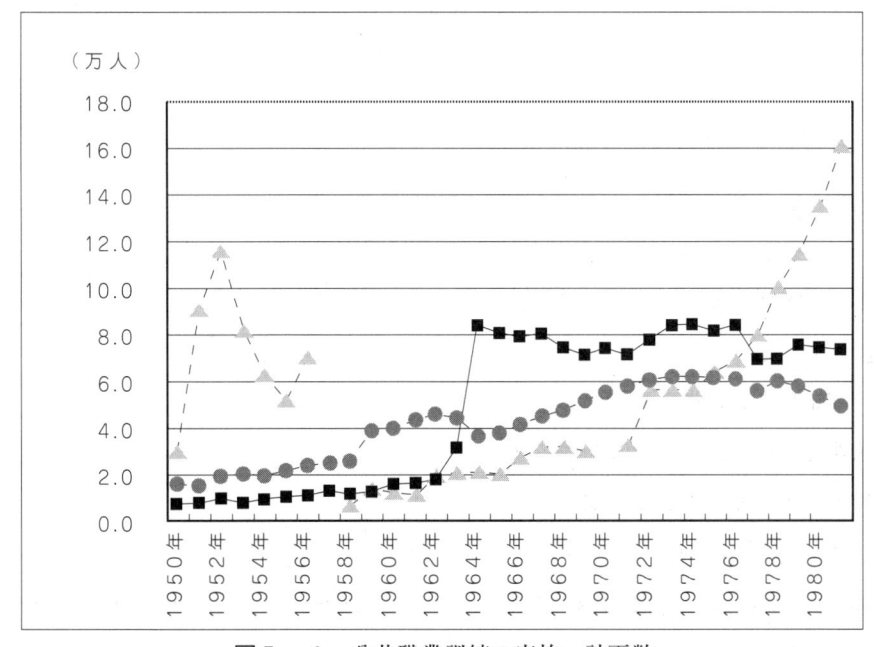

図5—4　公共職業訓練の実施・計画数

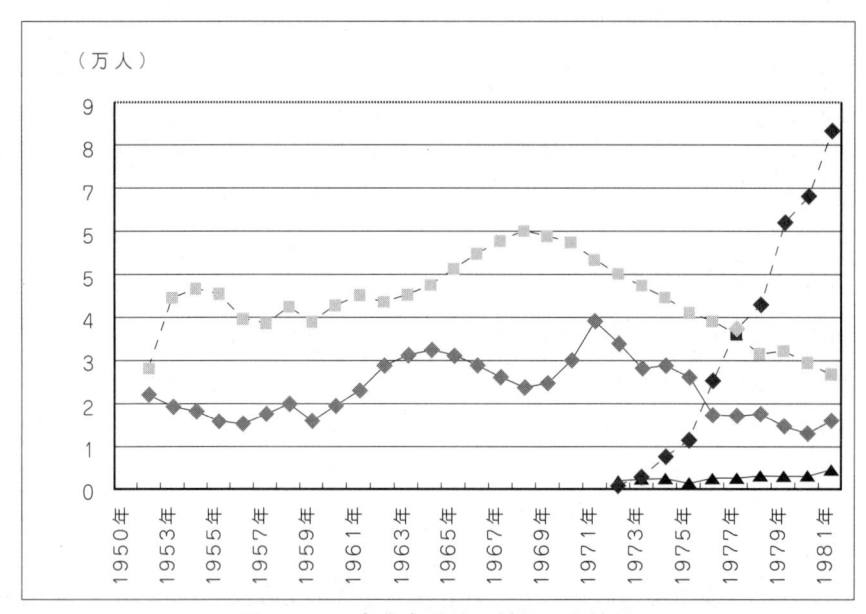

図5—5　事業内訓練の種類別実施数

　まず、「再発足」という意味は単に戦前から戦後の職業訓練に転換したというだけではない。それは国のための職業訓練から国民のための職業訓練へ、そして重工業の職業訓練から衣食住の職業訓練への転換を意味した。しかし、その実態は図5—4にみるように若年者が入所者の2／3を占めており、多くは新制中学校卒業生であった。

　戦後に成立した労働者の権利保障のための職業訓練の理念はやがて戦後の東西冷戦を背景とした朝鮮戦争と、その"特需ブーム"の到来による景気回復から技能者不足が叫ばれるようになり、これと同時に急展開していった。

　なお、当時の受講者を入所時期によりみたのが図5—6である。図は戦後直後の入所者で4月に入った者は全体の1／4だったことを示している。やがて、「職業訓練法」が制定される1958（昭和33）年段階では、8割を超えるように

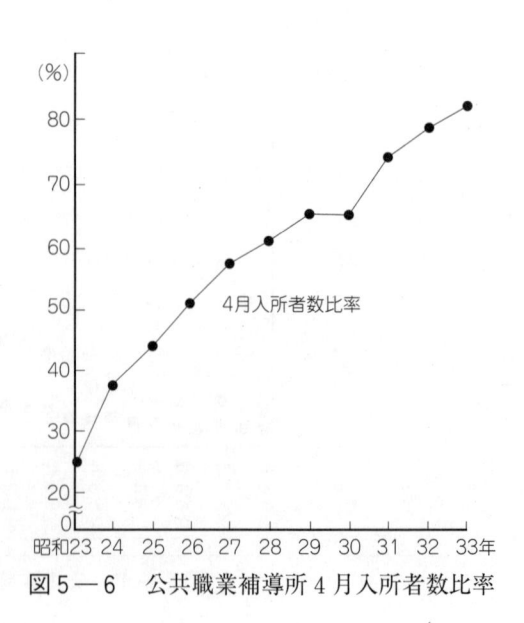

図5—6　公共職業補導所4月入所者数比率

なっている。このことは、次に述べる新規中学校卒業者が訓練の対象者であったことを物語っているのである。

4. 経済成長と職業訓練の確立

朝鮮戦争の特需景気が引き金となり、わが国の景気は回復傾向を強めた。その結果、産業界は活況を呈し、労働者、特に技能労働者養成の要請が高まった。「職業安定法」による失業者のための公共職業補導もこの社会の動きを無視するわけにはいかなかった。そこで、労働省は「職業補導の根本方針」を『職業安定広報』に発表した。

「職業補導の根本方針」（昭和26年度決定）
　(a) まず職業補導施設及び設備の総合化が図られるとともに、少数精鋭主義による準備態勢が採られた。
　(b) 補導種目の取捨選択が行なわれて、近代産業としての機械関連職種が増設されるとともに、戦後最も多く設定され、かつてその役割を十分果たした建築、木工関係職種が大幅に削減された。
　(c) 補導期間が再検討され、従来失業救済に重点がおかれた当時こそ、短期に必要最小限の技能訓練によって就職せしめ得ればこと足りたが、産業の要求する高度の技能労働者を育成する観点から、標準6ヶ月ないし1年に延長された。
　(d) 補導教程の制定、教科書の編さん改訂を通じて補導方法が改善されるとともに、公共職業補導所の所長、指導員の人事刷新によりその機能が強化された。
　(e) 年齢的に技能習得度が早く、かつまた将来のわが国技能労働力の担い手であるべき新制中学卒業者が、公共職業補導所への募集、入所の対象とされ、またそれらの中でも技能訓練の適格性を有することが選考、入所の要因とされた。

上記の (a) から (d) までは特に根本的な方針とはいえず、戦後の不況下という社会的な状況に甘んじていた実態を、予算的に補強しようとしたに過ぎない方針といえるものである。しかし、(e) の新制中学校卒業者を公共職業補導所の入所の対象とした方針は、まさに画期的な"根本方針"といえよう。それは、先の図5-6にみたように実態的に既に18歳以下の"若者"が公共職業補導所の大部分を占めていたというだけではない。また、(e) の方針が (a) から (d) までの方針より好ましいからだけでもない。

なぜなら、元来公共職業訓練は、一貫して"失業者"を対象としていたからである。換

言すれば、「職業安定法」を書き換えずに公共職業補導の対象者として初めて政策的に"新規学校卒業者"を対象としたのである。この新方針がその後の職業訓練の歴史に大きな影響を及ぼしてきたのは明らかである。

　まず、訓練の対象者が新規学校卒業者となったため、公共の対象者は事業内の訓練対象者と"同じ"になった。そして、その養成目的も"熟練技能者"と同一になった。このことは、公共職業訓練と、事業内職業訓練の目的と目標に差が無くなったことを意味している。職業訓練のそれまでの長い歴史の中で、公共訓練と事業内訓練の目的が、この「根本方針」により初めて一致することになった。

　この根本方針が実施されれば、1957（昭和32）年1月の総合職業補導所を技能者養成施設として指定した告示が出るのは当然であり、「職業訓練法」制定の土壌がさらに整うことになった。つまり、この根本方針はその後の「養成訓練」制度の端緒を創ったといえるのである。

> **戦後の実態に関するメモ**
> 　「職業補導の根本方針」により、その後の公共職業訓練が大きく転換したが、このとき、「職業安定法」などの法令の改正は全く行われていない。ただ、実態的には「根本方針」が出なくても既に方針のように対象者が新規中学校卒業者になっていた、といえよう。

　一方、事業内訓練の基準も、同時にその変化の兆しを示していた。すなわち、昭和25年2月の「教習事項」の改正で、重化学工業関連の職種を大幅に増加させると共に、基準の弾力的解釈が可能となるように、「教習事項」の「備考」を改正した。さらに翌年の「教習事項」の全面改正において、基準の「最低限度を示す」というそれまでの規定を削除した。このように、事業内訓練も景気の回復を迎えて、次第に産業界の生産を担う技能者養成の方針へと転換していった。

　戦後の「職業安定法」による公共職業補導と、「労働基準法」による技能者養成の理念が上のような転換により、実態と齟齬を来すようになると、法令の改正が課題となる。その方針としては、戦後の法体制が二本に分化していた欠点を取り除くように、両者の統合化が目指された。

　そして、1958（昭和33）年に「職業訓練法」が成立した。その目的は上述のようなそれまでの実態であった技能者養成を明確にしたのである。しかし、「職業訓練法」は様々な問題を提起した。その最も大きな、そして今日に至るまで引き継がれている、職業訓練に対するいわれ無き偏見と、職業訓練の悲劇がここに始まった。

その理由は、新たな職業訓練の実態と、それまでの学校教育の実態があまりにも似かよっていたからである。すなわち、前述の通り、公共職業訓練も事業内職業訓練も主として中学校卒業者を対象とし、技能労働者の養成を目的としたことである。このような人材養成の目的は既に設立されていた明治以降の近代的学校教育の目的でもあった。特に教育・訓練の対象者は、いずれも中学校を卒業した同年齢層であった。そのために、学校教育、特に高等学校と職業訓練とを区別する必要が生じた。

　第一の方策は後発の職業訓練側の論理の変更であった。そのため、法第3条第2項に「職業訓練は学校教育法による学校との重複を避け、かつ、これとの密接な関連のもとに行われなければならない。」と規定した。この条項は今日まで引き継がれているが、当時はより重要であった。先にも述べたように、受講者の多くは新規中学校卒業者であったからである。中卒者であれば教育訓練は高等学校となるが、上の規定は高等学校とは重複を避けることが絶対的な要件となった。

　しかし、「密接な関連」は高等学校のカリキュラム基準に従った「技能連携制度」が1961（昭和36）年に制定されたぐらいである。この連携制度は、当時の事業内職業訓練の訓練生が、訓練を終えると大量に定時制高校に通学していたことに対する善後策として定められたのであった。

　第二の方策は、職業訓練側として必要以上の"技能"の強調をし、職業訓練を"教育"とは異なるとしたことである。このことは「職業安定法」では「職業補導」を「必要な知識技能を授けること」とし、「技能者養成規程」では「必要な知識、技能を習得させる」こととしていたように、それまでの両者の目的には「知識」が入っていたのである。しかし、「職業訓練法」では「必要な技能を習得させ」として、「知識」を除外したのであった。

　このことによって、学校教育側の"知識教育"に対して、職業訓練は"技能訓練"であるとして、"技能訓練"は"教育"ではないという職業訓練の区別論とした。

　経済成長は予測を超えて進み、政府は「国民所得倍増計画」を1960（昭和35）年に決定した。この計画は経済成長に人材育成が欠かせないこととしてそれを重視した。新たな用語である「教育訓練」が政府関係文書に初めて表れたのはこの「国民所得倍増計画」であった。計画は1963（昭和38）年の「人的能力政策に関する答申」に引き継がれ、1969（昭和44）年の新「職業訓練法」へと連動していく。

　このような時代背景の下で1961（昭和36）年に、それまで政府の職業訓練を担ってきた労働福祉事業団から雇用促進事業団（今日の雇用・能力開発機構）を分離独立させ、職業

訓練等の専門的実施機関としたのであった。

　経済の成長は進み、中卒者を中心とした「職業訓練法」制度では十分ではない新たな社会の要望が強まった。そこで、中央職業訓練審議会は1960（昭和35）年に「技能労働者等の再訓練に関する答申」を答申した。「技能労働者の再訓練」とは労働者を再度訓練することであるから、近年の言葉でいえば「向上訓練」、「在職者訓練」ということになる。この答申を具体化することによって、技術革新が進む下での技能者の向上訓練の体系化を進めたのである。

> **TWIに関するメモ**
>
> 　戦後直後から労働省はアメリカの援助を受け、工場の監督者を対象にしたTWI（Training Within Industry for Supervisor）を実施した。わが国では工場の監督者に対する訓練制度が体系化されていなかったため、またたく間に普及し、今日までその制度は在職者訓練の一種として引き継がれている。

　また、技術革新は産業の転換と職業の興廃を引き起こす。その典型は国策でもあった石炭産業から石油産業への転換による石炭労働者の職場転換の問題であった。このような事態は経済成長が進む中では必然的なことである。この産業と職業の転換は職業訓練においても対策が必要となった。つまり、縮小されていく職業に就いている労働者を、求人が拡大する他の職業へと転換してもらう訓練を制度化することが必要となったのである。

　このように、転職訓練が経済成長の下で必要になる。現象的には失業者訓練と似ているが、因果関係は異なるのである。このために、労働省は1963（昭和38）年に「転職訓練推進要領」を制定した。つまり、転職訓練は経済成長の中で制度化されたのである。図5−4で1965（昭和40）年に転職訓練が拡大していたことはこのことを物語っている。

> **「転職訓練」に関するメモ**
>
> 　職業の転換が半年や1年では困難であることは明らかである。しかし、「転職訓練」の用語が定着したのは、炭鉱労働者に"転職"してもらうことが始まりだったため、この方針のままで新「職業訓練法」における「職業転換訓練」（転職訓練）に接続されていった。

　さらに経済成長は進学率の向上を支え、中卒労働者としての求人が困難となってきた。つまり、求人は高卒者が主たる対象になってきた。学校卒業者の職業訓練も次第に高卒者を対象にせざるを得なくなってきた。

> **学校卒業者訓練に関するメモ**
>
> 　高等学校卒業者に対する職業訓練は、既に1958（昭和33）年の「職業訓練法」が制定された当時から、中堅の企業では実施されていた。

　以上のような新たな職業訓練が制度化されると、先に制定された中卒者を主たる対象と考えて制定された「職業訓練法」は職業訓練の実態とはかけ離れてしまった。そこで、職業訓練の実態に合わせるために、先の「職業訓練法」（以下、「旧訓練法」という）を廃止して新たに「職業訓練法」（以下、「新訓練法」という）を1969（昭和44）年に制定した。

　新訓練法は、学校卒業者を対象とした「養成訓練」、在職労働者を対象にした「向上訓練」、離転職者を対象にした「能力再開発訓練」を整備した。養成訓練では中卒者の訓練を「Ⅰ類」とし、高卒者を対象にした訓練基準を新たに設定し「Ⅱ類」とした。また、従来は公共訓練と企業内訓練の基準が別体系であったものを統合した。このようなことにより、労働者（求職者を含む）は入職時にも在職中にも、そして離転職する時点においても何らかの職業訓練を受講できることとした。この体系を「生涯教育訓練」体系として社会にアピールした。

　しかし、生涯教育訓練の重要性に比し、この主張はあまり注目されなかった。

> **「生涯教育」に関するメモ**
>
> 　今日ではよく聞く「生涯学習」の言葉が社会で注目されたのは1984（昭和59）年に中央教育審議会を休止して設置された臨時教育審議会が2年後に答申した「生涯学習社会への移行」という第2次答申であった。その意味では職業訓練界の「生涯訓練」が先であった。ただし、"Lifelong Education" は1965（昭和40）年に成人教育推進国際会議で既に提唱され、成人の学習が重視されていた。「生涯教育」を「生涯学習」としたことには時代を見越した企業内教育訓練への軽減策が潜んでいた。

　なお、新訓練法の特色としてはその制度体系が「学校化」したことが挙げられる。例えば、「職業訓練所」は「職業訓練校」になり、「訓練基準」は「訓練課程」で整備され、職種の科名が「工科」から「科」に変更となった。特に重要なことは、好景気を反映して訓練期間が長期化し、その結果訓練開始時期が4月に集中したことである。以上のように新制度は好景気の下で定着し、職業訓練の実施体制として一般的な制度と理解されることになった。

　しかし、高度経済成長下において学校化した職業訓練体制の問題は不況が蔓延したとき

に気づかされる。つまり、オイルショックによる想定外の不況の到来で、失業者が氾濫することとなり、失業者のための職業訓練の緊急な拡大実施が求められた。それは、職業訓練の本来のあり方からすれば"言わずもがなこと"であり、1978（昭和53）年に改正された「職業訓練法」に次のような条文として追加せざるを得なかったということに表れている。

　　第9条　3　国及び都道府県は、職業訓練の実施に当たり、関係地域における労働者の職業の安定及び産業の振興に資するよう、職業訓練の開始の時期、期間及び内容等について十分配慮するものとする。

　上の条文にあるように、「職業訓練の開始の時期、期間及び内容について十分配慮する」ことは失業者のためには当然であり、図5－6のグラフにみたように、長い職業訓練の歴史の中でこのような規定は不要だったのである。このように、それまでの高度経済成長を背景として、発足時の職業訓練が学校化したことを戒めた条文を追加せざるを得なかったのである。

　上の規定の内実は、戦前、戦後の公共職業訓練においては実質的に実行されていたのであり、あえて法令の条文に規定することではなかった。このことが、好景気下による職業訓練の運営の下で忘れられてしまったのである。

　上の規定を受けて、離転職者のための新たな訓練方式として「モジュール訓練」が推進された。また、養成訓練の方式としては「実学一体訓練」が強調された。

学校化に関するメモ

　4月1日を学年の開始の日と定めている学校が多く、すると卒業は3月となる。その卒業者を受け入れるのに都合がよいために職業訓練でも4月の入校が一般化した。そして、離転職者に対しては「訓練待機給付」等が実施されて、離転職者の場合も運営的に合理化できるために、4月入校が一般化したのである。

5．財源の確立と理念の課題

　職業訓練はその目的によって財源が政策目的の原資から出ている。例えば、石炭鉱労働者対策や農業離職者のための転職訓練の資金などがある。最近ではフリーターのための日本版デュアルシステムには一般財源から出ている。しかし、最も大きな財源は「失業保険」であり「雇用保険」である。この財源と職業訓練の発展をみてみよう。

　経済の高度成長が続くと、戦後の不況下で整備された「失業保険法」体制は雇用労働界

において時代と合わなくなり、「完全雇用」の時代といわれた。そこで、「失業保険法」に代わり「雇用保険法」が1974（昭和49）年に制定された。「失業保険法」の保険財源は雇用促進事業団の運営する職業訓練には全額、都道府県の職業訓練にはおよそ半額が運用されていた。しかし、「失業保険法」には職業訓練への運用規定は明記されていなかった。

新たに制定された「雇用保険法」ではその第63条に「能力開発事業」を規定した。能力開発事業では職業訓練を含む労働者のための職業能力開発を規定した。「雇用保険法」は従来の職業訓練に加え、「有給教育訓練休暇」制度の設定、職業訓練短期大学校と技能開発センターの設置などの各種の新たな制度も確立した。

さて、「雇用保険法」に職業訓練の事業を規定したことは、それまでの「失業保険法」が職業訓練について規定していなかったことに対して、財源側の政策により職業訓練のあり方を規制することになる。したがって、「雇用保険法」を受けてその理念により「職業訓練法」は改正されるべきであった。しかし、1978（昭和53）年に改正された「職業訓練法」は、オイルショックによる不況対策が優先され、本格的な改正は1985（昭和60）年の「職業能力開発促進法」まで待たなければならなかった。

（1） 在職者訓練の重視

「雇用保険法」において財源の立場から職業訓練を規定したことで、従来の「職業訓練法」にあった在職者訓練としての「向上訓練」は飛躍的に拡大することになった。そのようなことが生じる理由は、法令の条文の順序による。つまり、第63条の「能力開発事業」の第1項には次のように記されている。

> 職業能力開発促進法第13条に規定する事業主及び職業訓練の促進のための活動を行う者に対して、同法第11条に規定する計画に基づく職業訓練法第24条第3項に規定する認定職業訓練その他当該事業主等の行う職業訓練を振興するために必要な助成及び援助を行うこと並びに当該職業訓練を振興するために必要な助成、及び援助を行う都道府県に対して、これらに要する経費の一部又は全部の補助を行うこと。

要は、事業内職業訓練への援助・助成について規定されているのであり、これが「能力開発事業」の第1番の重要な施策であることを財源の立場で明らかにしたことにある。事業内職業訓練の中心は当然社員の訓練、すなわち在職者訓練である。よって「雇用保険法」の制定により、一気に在職者訓練が重視されることになった。

ちなみに、公共職業訓練については第2項に規定されている。したがって、公共職業訓練は事業内職業訓練の支援のために行うことが暗黙に指示されていることになる。このことから専らの施設として、雇用促進事業団が設置していた総合高等職業訓練校の一部を技

能開発センターに再編し（他は職業訓練短期大学校）、在職者訓練を行うように指示したのである。「雇用保険法」の公布以降に在職者訓練が飛躍的に拡大したのはこのような背景があった。

> **雇用保険の負担率と在職者訓練拡大についてのメモ**
>
> 高度経済成長を続け、わが国は経済的な先進国の仲間入りを果たした。当時、ヨーロッパの先進国では職業訓練のための「訓練税」や「訓練賦課金」の制度が定着し、先進国が援助していた開発途上国にも既に波及していた。「雇用保険法」の制定にあたり、訓練税や訓練賦課金の構想をわが国にも導入することが意図された。
>
> そのため、それまでの失業保険の負担率が労働者賃金の6.5／1,000％ずつの労使折半であったのに比べ、雇用保険の負担率を事業主側に1.5／1,000％多く負担させることになった。つまり、事業主は8／1,000％、労働者は5／1,000％となった。（2005［平成17］年より、事業主は9／1,000、労働者は6／1,000となっている。）
>
> 上の事業主が多く負担する財源を「能力開発事業」、「雇用改善事業」および「雇用福祉事業」に使用することにしたため、「能力開発事業」は事業主の求める職業訓練を展開すべきである、という論になったのである。

なお、「有給教育訓練休暇」については、「雇用保険法」案の検討の当時、ILOにおいて「有給教育休暇に関する条約」と同勧告が審議中であり（1974（昭和49）年採択・未批准）、わが国もその体制を導入すべく、同法に盛り込んだのであった。ただ、わが国での同規定は、事業主の届出によって事業主に支給されているという課題が残っているといえる。

以上のように、「雇用保険法」の「能力開発事業」を基にして、今日の「職業能力開発促進法」は制定されているということになる。このような理由から、最初に紹介した時代区分図で、「再編成期」の始まりを「雇用保険法」の制定としたのである。

（2）「生涯訓練」への再編

再編成期の職業訓練の課題として、近年叫ばれている「生涯学習」がある。先に述べたように、新訓練法によって「生涯訓練」体系が確立したが、わが国で定着したとはいえない。このときの制度は社会的にはあまり浸透せず、「生涯訓練」が実態的に普及するのは、臨時教育審議会（以下「臨教審」という）の第二次答申以降といえる。その前に労働大臣の私的諮問機関として1980（昭和55）年に設置された「日本人の職業生涯と能力開発を考える懇談会」の報告があったが、これが重要な役割を果たしたのであった。

懇談会の委員は労働省関係者ばかりでなく、文部省・社会教育関係者、財界・労働組合関係者など各界から14名が選ばれた。座長は元文部次官の天城勲氏であり、その後臨教審で活躍される高梨昌氏も参加されていた。懇談会は①人口の高齢化と社会的・経済的環境の大幅な変化に対応した基本的考え方の転換、②中高年者の生きがい、働きがいを確保するための能力開発と活力維持の方策、③女性の職場への進出増加に対応した能力活用のための法途、④見直されるべき青少年に対する教育訓練、⑤職業生涯の変化に即応した職業能力の開発、向上と職業能力評価体制の整備を提言した。これらの提言に対して、各新聞も「"やり直し"きく職業制度を」（日本経済新聞・7月4日）、「"やり直し人生"へ環境づくり」（サンケイ新聞・7月4日）、「転職可能な環境作れ」（毎日新聞・7月4日）、「在職中高年に焦点」（読売新聞・7月4日）、「複線人生のすすめ」（朝日新聞・7月10日）などの社説・論評を加え、基本的には懇談会の報告を支持していた。

　この延長上に臨教審の答申がある。答申では生涯学習の重要な内容として職業能力開発を位置づけていた。このことは当然である。生涯学習が生涯の学習であれば、最も長い期間は就業期であり、人が働いている時期だからである。

　臨教審が1986（昭和61）年答申した第2次答申の「生涯学習社会の建設」は、職業訓練が社会に浸透しなければ不可能なはずである。このことは臨教審も認識しているようであり、その中核的な課題として"職業能力開発"を据えていることからも理解できる。その職業能力開発は、前年に制定された「職業能力開発促進法」の内容とほとんど重なる内容であったことは論をまたない。

　生涯学習が重視されているのであれば、職業訓練の重要性が認識されるべきである。職業訓練は最も古い教育形態でありながら、これまでその意義が一般国民に十分には理解されてこなかった。このような状況から近年本格的に「職業能力開発」の重要性が再評価されつつあるといえる。

> **臨時教育審議会に関するメモ**
> 　一般に教育に関する審議会として文部大臣の下に中央教育審議会が常設されているが、臨教審が総理大臣の下に設置されると同時にこの中央教育審議会は休止された。
> 　そして、21世紀を目指した教育改革が諮問されたが、当然ながら、学校教育だけではなく、労働者の教育訓練問題も対象になった。
> 　なお、「生涯学習」の答申は、1872（明治5）年の「学制」、1885（明治18）年の第3次「教育令」、戦後1947（昭和22）年の「教育基本法」に続く第4の教育改革と呼ばれていた。

6. 民活化と個人主導

　「職業能力開発促進法」は1997（平成9）年に改正され、2年制の「応用課程」が新たに設定された。これにともない、職業能力開発短期大学校を再編して、「専門課程」と合わせると4年となる、いわゆる2＋2年制の職業能力開発大学校として沖縄県と地域ブロックごとに10校が1999（平成11）年に開設された（職業能力開発総合大学校東京校も実質的にこの職業能力開発大学校である）。これにより高卒後4年間の職業訓練に関する大学校が設立されたことになる。この制度は、職業訓練の高度化のためという目的であった。

　「応用課程」はもとは企業における短期大学校卒業者レベルの経験者を対象にした課程であった。しかし、折からの平成不況のあおりで、企業からの応募者は極めて少なく、実質的に「専門課程」に在学している学生が主たる進学者となった。

　ところで、1997（平成9）年の「職業能力開発促進法」の改正は、上の職業訓練の高度化だけでなく、重要な語句の追加が行われた。例えば、第1条の目的には「労働者が自ら職業に関する教育訓練又は職業能力検定を受ける機会を確保するための施策」が追加された。上の追加された文に極めて類似した規定が第1条のほか、同改正法の6カ所に追加された。追加条文から明らかなように、労働者の職業能力開発の自主的な受講の援助が同法では強調された。

　今後の労働者の職業能力開発のあり方として、「職業能力開発促進法」は企業内教育の場合も、公共職業訓練の場合も"労働者が教育訓練を受ける機会を確保"すべきことが重視されたのである。職業訓練の時代区分で1997（平成9）年をその画期としたことは上のような理由による。最も、この時代区分の妥当性はより時を経て検証する必要がある。

　この「労働者が教育訓練を受ける機会を確保」するということは、労働者のいや、国民の一人ひとりの職業的個性を尊重すべきである、ということを訴えている。しかし、この思想には臨教審の「生涯学習」論の方策を窺わせる。労働者の職業能力開発の機会を「確保するための施策」は当然ながら国の施策として追究されなければならないはずである。また、職業能力開発を個人の立場から自己啓発的に実施すべきという側面も同時に内包しているといえる。

> 「職業能力開発」と、「教育訓練給付金」制度についてのメモ
>
> 　まず大きな違いは職業能力開発は「雇用保険法」の「能力開発事業」を受けて実施されているが、「教育訓練給付金」制度は付帯事業ではなく、平成10年に整備された「雇用保険法」第10条の「失業等給付」である。したがって「教育訓練給付」は「失業予防」のための事業である。この「教育訓練給付」を受けて労働者は様々な教育訓練施設で自らの能力を開発できることになっている。「職業能力開発促進法」に「労働者が自ら……」が追加されたのと、平成10年に「教育訓練給付金」が整備されたことは関係がありそうである。

　以上のように、職業訓練は常に時代の実情に合わせたり、社会の変化を見越して体制を変化させてきた。この現象をみて、職業訓練は社会の変化に常に迎合している、との批判的な評価をする人もいる。しかし、すべてが後づけではなかった。また、たとえ後づけであっても何も悪いことではないはずである。最終的な意義は時の労働者の職業能力開発に役立つか否かである。その働く人の職業能力の形成によって産業界を支え、国の基盤が形作られているのである。この視点で歴史を見、職業訓練を考えねばならないといえよう。

補—1　職業訓練指導員養成の概史

（1）　戦前の職業訓練指導員養成

　昭和初頭の産業の振興と産業の合理化問題によって、それまでの単なる親方的職長ではない、新たな職長として、部下を教導訓練する「指導責務」が生じたことにより職業訓練指導員の養成が要請されるに至った。その指導責務の範囲は、当初 O. J. T から、作業改善に従わせる訓練、さらには、「教育施設を特設していない事業所」の職長は、「数学の知識その他の一般常識をも教へる必要がある」とされ一般教養学科をも指導するように拡大されてきたのである。このような時代的背景の下に、「多能的熟練工」の養成を主張する人々により「職長的指導員」の養成が、また「単能的熟練工」養成の主張者により「専門職的指導員」の養成が提起された。それらの養成方法を整理すると表5—2のようになる。

　戦前の職業訓練指導員の養成方式は二種に大別できる。ひとつめは、主として企業内の指導員養成を目的したものであり、職長（あるいはその候補）に指導員を兼ねさせるという考え方であった。この方式はその内実から「職長的指導員」の養成と呼ぶことができる。この職長的指導員養成の施設は、1940（昭和15）年以降各地に設立される「幹部機械工養成所」である。ふたつめは、主として公共職業訓練施設の指導員養成をめざしたもの

であり、中等教育修了者に熟練工的素養を附与した上に、指導員としての教育を行う方式であった。この方式は、いわば「専門職的指導員」の養成とも呼ぶことができる。この専門職的指導員養成の施設は、1938（昭和13）年に設立される（官立）「機械工養成所」である。戦前における職業訓練指導員の養成は、昭和10年代に設立される二種の施設に結実するのである。

表5－2のように、二種の指導員養成方式の両者ともが、直接・間接的に中小企業対策にあったことは極めて興味深い。一方、両者の大きな差異は入所資格であり、この入所資格の差が、両者の養成方式における内容・方法の差異を決定づけた主要な要因といえよう。これらの二種の職業訓練指導員の養成は、戦後の職業訓練大学校における二種の養成制度、すなわち、長期課程と短期課程とに類似していることが分かる。

表5－2　二種の指導員養成施設の対比

類　型	職長的指導員の養成	専門職的指導員の養成
施　設　名	幹部機械工養成所	機械工養成所11専攻科
設　置　主　体	道府県（厚生省所管）	国（商工省所管）
設　置　場　所	東京、大阪、愛知、福岡、神奈川、兵庫、広島、北海道、新潟	東京、大阪、愛知
養　成　の　目　的	中小企業の技能者養成担当指導員	中小企業のための機械工養成担当者の指導員
入　所　資　格	5年以上の経験工、21才以上の男子	本科卒業生（本科入所資格17～25才の中等学校卒業以上）
雇　用　関　係	有（工場主の推薦者）	無
訓　練　期　間	6ヶ月	6ヶ月（本科：1年）
訓　練　時　間	600時間（パートタイム制）	1296時間（本科：2592時間）
指　導　学　科	技術指導法　25時間	教育学大要　　10時間 実地指導練習　306時間
修了後の資格	幹部職工または技能者養成指導員	役付工または実技指導者

（2）　戦後の職業訓練指導員規定

公共職業補導を担当する「指導員の資格基準」は「職業安定法」下において「指導員の資格基準は別表の通りであるから適格優秀な指導員、（助手を含まない）の任用に万全を期さなければならない。」と規定された。「職業補導所指導資格基準」は訓練科の種類により三種に分かれ、機械工や電気工などの近代工業に関する「指導員の資格」は、

1. 当該技能に関係ある徒弟契約（従来の慣習による）完成後10年以上の実地経験を有する者。

2. 当該技能に関係ある職業補導所修了後6年以上の実地経験を有する者。
3. 当該技能に関係ある実業学校、工場事業場、技能者養成令による養成施設の課程を修了した後5年以上の実地経験を有する者。
4. 大学又は専門学校に於て当該技能に関係ある学科を修め卒業した後3年以上の実地経験を有する者。

であり、英文タイプや竹籐細工などの手作業に関する「指導員の資格」は、

1. 当該技能に関係ある徒弟契約（従来の慣習による）完成後8年以上の実地経験を有する者。
2. 当該技能に関係ある実業学校、各種学校、職業補導所修了後5年以上の実地経験を有する者。
3. 当該技能に関係ある専門学校卒業後3年以上の実地経験を有する者。

であり、通訳および翻訳の「指導員の資格」は、

1. 当該技能に関係ある職業補導所修了後6年以上の実地経験を有する者。
2. 大学又は専門学校に於て当該技能に関係ある学科を修め卒業した後3年以上の実地経験を有する者。
3. 通訳の指導員については特に当該外国語を自由に話すことができる者。

としていた。このように、学歴とキャリアにより資格を認定していたのであった。

一方、企業内の技能者養成担当者の資格は「労働基準法」下の「技能者養成規程」の第18条において「次の各号の一に該当する使用者でなければ、技能者の養成をすることができない。」として、

1 労働大臣の行う指導員資格の検定に合格した者。
2 当該技能について、別表第4に定める経験年数、学歴または資格を有する者。
3 労働大臣の指定する同業組合または技能者の団体によって技能者の養成の資格があることを証明された者。
4 労働大臣の指定する他の法令によって、当該法令に定める技能についての指導員の資格を有する者。

と規定していた。表5—3は「使用者資格表」である。これは、技能者養成をする事業主の資格であり、指導員の資格とはなっていない。ただ、事業内訓練にあっては、使用者は親方でもあり養成工の指導者でもあった、と考えれば指導員の資格ともいえるのである。

以上のように、戦後の養成制度はいまだ確立せず、公共も企業内も認定制度であった。やがて、公共職業補導と技能者養成を統合する案が臨時職業訓練審議会において「職業

表5－3　使用者資格表

技　能	使　用　者　の　資　格
1　理科学機械工 2　精密機械工 3　電気機械組立工 4　鋳物工 5　鍛工	1　従来の慣習による徒弟契約完了後10年以上の実地経験を有する者 2　当該技能に関係ある実業学校、工場事業場技能者養成令による養成施設の教育又は課程を修了した後5年以上の実地経験を有する者 3　大学又は専門学校において当該技能に関係ある学科を修め卒業した後3年以上の実地経験を有する者又は幹部機械工養成所の課程を修了した者 4　機械技術者検定令による検定に合格した者
6　刻版工 7　精密印刷工 8　鎚金工 9　カットグラス工 10　レンズ研磨工 11　陶工 12　漆工 13　竹籐細工職 14　手捺染職 15　手織工	1　従来の慣習による徒弟契約完了後10年以上の実地経験を有する者 2　当該技能に関係ある実業学校卒業後5年以上の実地経験を有する者 3　大学又は専門学校において当該技能に関係ある学科を修め卒業した後3年以上の実地経験を有する者 4　機械技術者検定令による検定に合格した者

訓練制度の確立に関する答申」（昭和32年12月6日）として答申された。答申では「職業訓練指導員の資格とその養成」において「職業訓練の実効をおさめるためには、優秀な指導員の確保を図ることが肝要であるが、現状においては、その質、量ともに十分とはいい難いので、その待遇改善と相まって、積極的にこれが養成を図るとともに、指導員に対する研修制度を設け、権威ある免許制を確立する必要がある。……なお、職業訓練指導員の資格は、政府および企業の行う職業訓練の両者について共通なものとすべきである。」そして、中央職業訓練指導所において「職業訓練指導員の養成および再訓練を行うもの」とする、としていた。

　中央職業訓練所（現在の職業能力開発総合大学校）は1961（昭和36）年に設立され、今日の職業訓練指導員の養成制度へと発展した。またその他の職業訓練指導員に関する試験制度、免許制度が確立されたのである。

> 「職業訓練指導員」に関するメモ
> 　特に公共の職業訓練指導員の理想的キャリアは、学校を卒業後に民間企業で2～3年または数年働いた後に（あるいは働きつつ）職業訓練指導員になることが最も良いキャリアといえる。しかし、現実的にはこれは困難なので、このキャリアに少しでも近づける工夫を本人も行政も努力すべきである。それは指導員研修としての生涯訓練の体系を個別に必要とするということになる。

補—2　モノづくり学習軽視の歴史的背景

　わが国で職業訓練が尊重されない理由を歴史的に考察してみよう。職業訓練は「モノづくり学習」でもあり、モノづくりが軽視されてきた経過ともいえる。この問題にはどのような背景があるのだろうか。

（1）　身分制による差別観の残存

　職業をめぐる標語に「職業に貴賎なし」がある。これはいつ頃から唱えられ始めたのかは定かでないが、戦後になってからではなかろうか。福沢諭吉の「天は人の上に人をつくらず、人の下に人をつくらず」に基づくかもしれない。しかしこのような標語が唱えられるということは、職業に貴賎をつける観念が一般的であったことを認めていることになる。

　それは江戸時代までの封建社会の中で士農工商の身分制として成立してきたことが宿痾として今日までに国民の観念の奥底に引き継がれている、ということであろう。この「職業に貴賎なし」ということを表明しなくてもよいような社会が来ることを願わずにはいられない。

（2）　近代化の過程における軽視

　モノづくり教育はわが国が封建時代から近代化する時点で、様々な立場から排除、軽視されてきた。

　それは、「立身出世」観と知育偏重教育が一体化して喧伝され、国民に理解されたことにある。わが国の学校教育制度のもととなっている1872（明治5）年の「学制」において政府は国民の学校教育批判をかわすために「学問は立身のため」として立身出世を唱導した。「学制」成立前後の文部省以外の省庁では実学が重視されたが、学校制度の中では手間と金がかかるため後回しになり、知育だけで立身出世が可能なような観念の社会を形作ってしまった。

　初期の大学には官僚の養成機関としての役割が与えられ、官僚になることが立身出世であり、その根拠はサラリーの高給にあった。さらに、企業における事務職も当初は中世からの伝承としての徒弟制度的養成であったが、外国との交易に利便であり、国内でアピールできるために、大学卒者を高級官僚と同様な高給で採用するようになり、モノづくり職人＝技能労働者とホワイトカラーとの格差を広げ、モノづくりへの関心を次第に遠のかせていったのである。

今日の職業訓練は、教育制度がほぼ完成した後に遅れて制度化されたため、立身出世が伴わない労働者のための教育と位置づけられた。そのため受講者としてはそのような職業訓練を自己の教育・学習の中に位置づけたくないという心情が醸成されてきたと思われる。

　そして、近代化は日本人の産業製品に対する崇拝の観念を醸成し、「新しモノ好き」の意識を形成した。それは徒弟制度による職人養成の軽視となって現れ、モノづくりそのものへの意識の離反を誘引した。先進国にも徒弟制度があり社会的に機能しているが、日本ではついにその社会的意味づけについて評価されることはなかった。徒弟制度においては「仕事の指導は教育である」といえるが、その営みの様態は極めて実習と似ている。徒弟制度の批判はそのままモノづくり学習・実習の敬遠へとつながった。

　例えば、東京工業大学の前身である職工学校の卒業生は、「学生としては到底耐え難き労苦を嘗めさせられ…小石川砲兵工廠の職工と同様の扱いを受け、…近所の子供達（に）は…可笑しいな、可笑しいな袴をはいた職人が学校に行くと…からかわれた」と回想している（『東京工業大学五十年史』）。この回想は実学に対する社会的評価が既に低く位置づいていたことと、その考えは職工学校の生徒にも定着していたことを示している。

（3）　戦後の民主化過程における軽視

　モノづくりに対する軽視は、戦後の民主化過程においてもいくつかの偏見の結果として現れてきた。まず、戦時中の技能者養成政策に対する批判という形で表わされた。戦時下で制定された「国家総動員法」の下、「学校技能者養成令」および「工場事業場技能者養成令」が施行されていたが、その政策が軍国主義政策の下で制定されたため、戦後これらは直ちに廃止された。「勤労動員」はその典型である。その結果、戦後の反動として反民主的だった「技能者養成制度」に対する嫌悪感が育ったものと思われる。しかし、「教育」の言葉は変わらずに残った。

　その結果、「民主化」という運動の下で徒弟制度の封建制が批判された。徒弟制度には封建的な雇用関係ばかりではなく、教育の原点としての論理もたくさん含まれているにもかかわらず、わが国ではこの面は省みられなかった。例えば、「労働基準法」には制定時から今日まで「徒弟の弊害排除」というタイトルが関係条項に付されていることがそれを表している。

　教育の分野では、デューイの「経験主義」が紹介され、戦後初期には大きな影響を与えたが、教育の科学的体系化の立場から「経験主義教育」批判が展開され、経験主義はわが国では根づかなかった。職業訓練といおうが、モノづくりといおうが、さらに技能の習得

といおうが、これらは「経験」なくして成り立たない。つまり、経験主義の批判の延長に正しい職業訓練の理論は展開するはずがないといえよう。

(4) 好景気化による教育論の変節

戦後の物資の欠乏と不況を目の当たりにして、わが国の社会教育学の第一人者であった宮原誠一氏は、「生産主義教育論」を展開し、特に「大胆にすべての教育は職業を目的とする教育と考えたいのです。人間教育すなわち職業教育です。」と提起した。しかし、景気の好況化とともに宮原氏の教育論は教育界から無視されていった。景気向上の基盤についての教育学的整理もなく、宮原論に反論もなく、「生産主義教育論」は要らないという批判もなく無吟味のうちに葬り去られた。

晩年、宮原氏はアメリカのコミュニティカレッジを紹介したことが注目される。コミュニティカレッジとはわが国での公共職業訓練のような内容で運営されているからである。

モノづくりの教育・学習の意義は一部の研究者を除けば十分に理解されていない。モノづくり学習への誤解や偏見は、結果的に教育の発展を阻害しているのである。

(5) 普通教育論の強調と妄信

宮原氏の「生産主義教育論」が忘れられると同時に、教育界では"子供達の多様な将来の変化に備えるためには普通教育が必要"という論が強調され、同時に職業教育への離反が加速された。しかし、普通教育で就職できることはなく、それは単なる「就社」であることは考えられなかった。普通教育で就社してきた子供達を有能な人材に養成するために企業は職業教育・職業訓練をせざるを得なかった。その教育内容は企業の人事配置・労務管理の方針の下に行われることが当然である。しかし、教育界ではこの論理は検討されず、職業教育は軽視され、職業訓練も眼中に入らなくなった。

このことに関して、ようやく問題を気づかさせてくれたのが、今日の不況の中で増加するフリーター、ニートである。企業の体力が落ち、教育訓練を実施する余裕が無くなった企業は職業能力のない若者を雇うはずがないのである。このような事態の現出は、わが国では企業内訓練が義務ではないことにも要因がある。

(6) 科学至上主義の蔓延

第二次大戦は原子爆弾の広島・長崎への投下という悲惨な結末により終わった。その原爆は近代科学の産物であり、従来の生産物とは根本的な差異があった。つまり、科学の産物であった。このことが日本人に科学への観念を一変させたといえる。原爆以前の科学は、モノづくりの技能を体系化した技術から構築されていた。しかし、原子爆弾の観念は、技術は科学の応用である、という論理を信じさせるのに大きな役割を果たし、その結

果、科学の過信へと連なった。

　コンピュータ神話もその延長線上に生じた。例えば、わが国が世界に先駆けて成功した製鉄や発電のコンピュータ化の裏に、それまでの熟練労働者の知識の集積があったということを考えず、コンピュータの能力であるかのように考えている。それは、一面では技能を技術化することが工学者の使命であるという考えと相まって、国民に誤解されてきた。そして、技術者の過信と国民の無理解が、モノづくりへの軽視を促進させてきた。先に述べた教育界における経験主義教育の批判としての科学主義も、この一環であるといえよう。しかし、モノづくりの能力伝承は一朝一夕にはできず、一度その教育効果の遅速あるいは測定不能を問題として合理化（中止）すると、何年か後のモノづくりが全く不可能になる。産業界ではこのことにいち早く気づいて手を打ち始めた企業もあるが、十分とはいえない。このことはわが国の焦眉の課題だといえる。

第5章問題

問1　「工場法」、「職業紹介法」が戦後に廃止されなかったのはなぜか。

問2　戦後の「職業安定法」下の公共職業補導において、受講者の年齢を規定していなかったが、失業者を対象にしていた公共職業訓練であったはずである。長年わが国では「失業者」は中高年齢者という実態と合意があった。すると、1950（昭和25）年頃には、18歳以下（新規中学校卒業者が主だった）が19歳以上よりも多く受講していたのはなぜか。

問3　1958（昭和33）年に制定された「職業訓練法」には高卒者の規定はなかった。高卒者の規定が設定されたのは1969（昭和44）年に新たに制定された「職業訓練法」であった。ところが、既に1958（昭和33）年時点で、高卒者の職業訓練を実施していた企業があった。どのような企業が高卒者の訓練を実施していたのだろうか。

第6章　職業訓練の内容
──何を選ぶべきか──

　まだ中学校卒業者が訓練の中心であった頃の話である。職業訓練所の指導員が中学校の教師にこのままでは就職させられないから、何とか面倒をみてやって欲しい、と頼まれてS君を引き受けた。S君は評判に違わない子であった。ところが、ある体育のソフトボールの時間に見ていると、S君がバットを極めて水平に振っていることに指導員は気づいた。「これだ！」と思って、S君にそれから水準の取り方を徹底して指導した。そして油圧機のメーカーに「騙されたと思って採用してみてくれ」とS君を就職させた。その後S君はその油圧機メーカーにとってなくてはならない機械の据え付け職人になったという。

　職業訓練とはなんとすばらしい営みではないか。上の話は職業訓練のあり方のすべてを語っている。

　近年の話であれば、中学校での不登校児が職業訓練校で皆勤賞をとり、指導員の持っていないような資格にも挑戦し、就職した会社でなくてはならない人材に成長した話がいくつもある。高等学校で"不良"だった子が退学させられ、職業訓練校ではまじめに学び、社会で立派に活躍している話も少なくない。

　上の事例は公共職業訓練校の話であるが、その基本は職業訓練であり、実技の重要性を意味している。実技・実習を重視しているという点では企業内訓練校でも同じである。

　本章では上のように人間的な成長を可能としている、訓練内容の選択の視座を整理してみたい。

1.「能力」としての技能

　職業訓練は技能の訓練を省くことはできない。しかしながら、「技能」とはなにか、についての明確な説明はない。様々な辞書の説明によっても理解できない。1958（昭和33）年の「職業訓練法」制定時の解釈は、

　　「技能」とは、個人が自己の経験又は実地の訓練によって得る現実的かつ具体的な能力であって、学術的素養をもととし、専門的知識理論を実地に応用する能力たる「技術」に対する語と考えられるが、具体的にはその区別が明瞭でない場合が多い。またここにいう技能には技能に関連する知識も当然含まれる。

としていた。このように明確な定義ではないが、その後1969（昭和44）年の新「職業訓練法」のコメンタールでは、

　　技能とは、後述のように、経験修練や教育訓練によって得られる「うで前」をいうものであるが、単に実技能力にとどまらず、技能を習得し、発揮するために直接・間接に必要な関連学科等の知識も含まれることとされている。

とした。ところで、新「職業訓練法」では目的を「能力の開発」としたが、「技能」とは上のように、「経験修練や教育訓練によって得られる『うで前』をいうものである」のように限定していた。目的の拡大に反し、「技能」の定義に関しては後退しているといえる。

　「技能」とは「能力」の一部である。また、憲法第26条には「能力に応じて教育を受ける権利」とある。この条文の「能力」については十分に検討されておらず、ただ進学を目指すだけの学力だけが追究されている。わが国では「能力」＝「学力」と考えられているようである。

　「能力」論を検討した研究者に勝田守一氏がいる。勝田氏は図6―1のような能力構造図を記して解説している。

　図のように勝田氏は、第一に「労働の能力」を挙げ、これを中央に置いている。次に「社会的能力」、第三に「認識の能力」、そして「感応・表現の能力」を挙げている。これらの四つの能力がまず基本的な能力であることを示している。そしてこれらの能力は独自的な能力であるとしている。つまりそれぞれが特殊的に発達しうることを意味している。しかし、注記③にあるように、相互に影響しあってもいるとしている。それは助け合うことも当然であるが、逆に干渉し合うこともあるという意味である。

　「干渉し合う」ということは、お互いに他の能力の発達をじゃましたり、さらに減殺する、という意味である。知育偏重の教育が、健全な心身豊かな子どもの発達にとって有害である、ということを示唆している。

　昔の職人は、「あまり勉強をするなよ、頭が悪くなるから」とよく言ったそうだ。これは、モノづくりに必要な「頭」が知識だけの頭と異なること、知識だけを詰め込みすぎると「反教育」として機能し、モノづくりの「頭」がうまく働かなくなることを意味している。このような職人の解釈は、勝田氏の能力構造図でも理解できる。

　労働の能力が認識の能力と無関係にはあり得ないのであり、認識の能力のない技能はあり得ないことを示している。そして、勝田氏によれば技能、特に仕事に関する技能とは人間の能力の中で最も核心的な重要な能力であることを意味している。

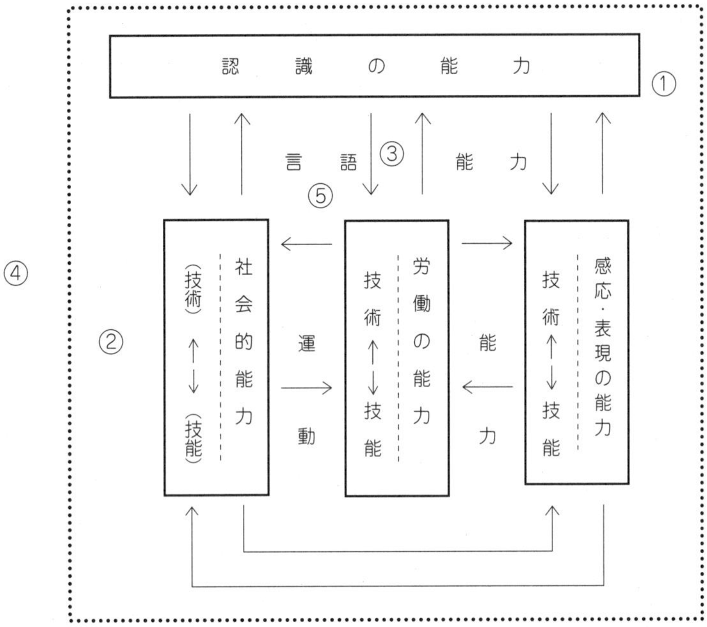

第6章　職業訓練の内容──何を選ぶべきか── 129

```
                  ┌─────────────────────────┐
                  │     認　識　の　能　力     │①
                  └─────────────────────────┘
                    ↓   ↑  言語 ③ 能力  ↓   ↑
                           ⑤   ↓
             ┌──────────┐  ┌──────────┐  ┌──────────┐
             │社│(    (│  │労│技    能│  │感│技    能│
             │会│技    技│← │働│術 ↑ ↓ │→ │応│術 ↑ ↓ │
        ④   │的│術  ←  │  │の│  ↑ ↓ │← │・│  ↑ ↓ │
             │能│↑ ↓技 │運 │能│  ↓ 技│能 │表│  ↓ 技│
        ②   │力│↓ ↑能 │動 │力│     能│力 │現│     能│
             │  │   )  )│  │  │      │  │の│      │
             │  │      │  │  │      │  │能│      │
             │  │      │  │  │      │  │力│      │
             └──────────┘  └──────────┘  └──────────┘
                    ↑              ↑           ↑
                    └──────────────┴───────────┘
```

① 認識の能力は他の三つに対して、特殊な位置に立つことを示したつもりである。
② 社会的能力を技術・技能とするのは、多分に比喩的である。それでカッコに入れた。
③ 矢印は相互に影響しあい滲透しあっていることを示す。
④ 点線の囲みは、全体が体制化していることを支える。
⑤ 言語能力・運動能力は全体制を支える。

図6−1　勝田守一『能力と発達と学習』より

　また、注記⑤にあるように、運動能力は当然重要である。運動の能力とは筋肉を動かす能力であり、運動能力がなければ表現もできないことはすぐに分かる。モノづくりができるのも運動能力がなくてはならない。そして、言語能力がなければ労働の能力であるいわゆる技能も十分に認識できない。ここでの言語の能力とは、その人の基本的な能力なのである。
　この場合、例えば技能を高めるためにも単に反復練習するだけではなく、その行動（作業）を言葉に置き換えることができるように自分で認識しなければならないということを意味している。そうすれば、技能として確実に修得したことになるわけである。
　大事なことは、労働の能力、つまり技能の発達のためには言語の能力が必要なのであ

り、認識の能力との相互関係が必要だ、ということである。このことは、技能を向上させるためには言葉が大事であり、その技能を明確に認識しなければならないことを意味している。技能は簡単に身につくことではない、ということである。

以前はよく「不言実行」が美徳とされていたが、組織で仕事を行う上からもすべて「有言実行」でなければならないことが分かる。

このような全体が「能力」という考えである。つまり、職業訓練で指導しようとしている「技能」とは「職業能力」の最も中核的な能力であり、他の能力と重要な関係がある、ということである。

なお、注記②の説明であるが、近年では"Social Skill"（社会的技能）が重視されており、勝田氏の謙遜は今日では不要といえる。

ところで、ある企業内訓練校の方針に「ものづくりは手作りから」というのがある。この訓練校だけでなく、企業内訓練校はどこでも手作業の実習を今日でも重視している。訓練科を問わず、全員に手作業の実習を課している訓練校が多い。鵤工舎で鉋の「刃研ぎ」を重視していることも類似している。この手作業を重視していることは、モノづくりの精神を学ぶことができるだけではない。手作業はすべての技能の基本である「手の労働」であるからである。

手作業が重要であることは柳宗悦が唱えていた。サトウサンペイ氏がドイツを「職の国」と表していた（『朝日新聞』1992年11月17日）が、柳が既にわが国を「手の国」と読んでいたことは注目すべきである。

柳はその著『手仕事の日本』で手仕事が日本にとっていかに大切かを指摘し、この力が衰えたら日本は特色のない国となるため、日本を守っているのは手仕事であることを強調している。柳の手仕事論は、主として伝統工芸に限られているが、今日の近代的な機械工業においても優れた機械を作り出しているのが手仕事であることから、柳の主張は顧みられるべきだといえよう。

ところで、「技能」を遂行した結果として"モノ"が完成する。特に第二次産業職種の場合は、"モノづくり"としてイメージを浮かべることが可能である。しかし「技能訓練」という場合は、モノが完成する場合に限る、というのでは狭すぎる。このことは宗像元介氏が、例えば王選手が編み出した「一本足打法」のように、あるフォームや「型」というのも技能である、と述べていることからも検討しなければならない。確かにいくらフォームが良くてもホームランが打てる訳ではない。しかし、フォームが悪ければモノづくりが上手くいかないことも少なくないのである。

つまり、「技能」をめぐる問題は「能力」としてとらえてこそ、その意義が分かるといえる。

2.「単位」としての実習

　教育訓練における「単位」は一般には教授＝学習の量を表す言葉と理解されている。例えば『教育学大事典』（第一法規出版・平成2年）では「単位時間」として「小学校、中学校および高等学校の授業時間として、学習指導要領に定められている1単位時間のこと」としており、「単位制」として「履修量を測定する基準として単位を用い、卒業のための最低必要用件として所定の単位数を定め、その下で必修教科と選択教科を履修させる履修方法で、選択科目の増大とともに案出された」としている。上の後者の説明のように、単位の基本は「選択制」と表裏の関係にあることが分かる。しかし、その「単位」の意味についてまでは解説していない。なぜ「単位」と「選択制」とが表裏の関係にあるのかも分からない。このことは「単位」単独の用語の解説が無いことが示している。

　それでは、教育訓練における「単位」とはどのように考えるべきであろうか。上の第二の解説のように、近代化とともに教えるべき内容が増大したことが単位を考えるべきとなった要因である。つまり、学習量が増大すると、限られた期間、時間の中で教育すべき内容のすべてを教育できないので、教科目の選択制が発想されるのは必然である。例えば、今日の学校教育をみても体育、英語、理科のように全く異質な科目が選ばれていることがそれを物語っている。これらは週に1時間学ぶといずれも1単位である。このような全く異なることを学んでも同じ単位を得るという論理は何故生まれるのであろうか。

　つまり、学習している内容が全く異なるのに、なぜ同じ時間を学ぶと同じ評価（単位）が得られるのだろうか、という疑問である。ここには近代教育の前提がある。その前提とは、「異質な内容を等価と見る」という教育観である。この思想がなければ単位制は成り立たない。

　ところで、わが国の高等学校は戦後の新体制で単位制により運営されている。しかし、わが国では高等学校は普通と専門に分かれ、専門高校（職業高校）はさらに専門ごとの高等学校に分かれている。先の事典にも紹介してあるが、戦後の日本が単位制を学んだのはアメリカからという。そのアメリカには、日本のように明確に高等学校は分かれていない。大半はハイスクールというだけである。しかし、そのハイスクールでは選択科目が幅広く準備されており、選択の仕方ではわが国の普通高校のようにも専門高校のようにも単

位が取れるのである。そして、いずれの場合も同じハイスクールの卒業生である。

「異質な内容を等価と見る」のであれば、英語と実習は同じ単位を与えるべきであり、どちらが意味があるとか無いとか、あるいは価値が高いとか低いとかという見方ではないことである。極論すれば、実習だけの教育訓練であっても何も問題はない、ということになる。この考え方についてはわが国の論は誤解していると言わざるを得ない。

また、単位制は学年制ではないため、「進級」や「落第」の概念が無いことは自明の理である。

一方、職業訓練の単位は「労働時間」単位からスタートしている。職業訓練は働くための予備的な教育であったからである。それは、工場における見習工を考えれば分かる。見習工の訓練は労働時間内に行っているのである。

上のような考えにより、わが国の企業内の職業訓練の単位は「職業訓練法」で年間1,800時間から始まった。ただし、公共職業訓練の場合は、戦後当初はより短期であるため、1日7時間、1週38時間で算出していた。

以上のような労働時間単位が職業訓練界では長年続いた中で、全く新たな課題単位としてのモジュール訓練が1978（昭和53）年より能力再開発訓練にて開始された。このモジュールも「単位」であり、これも「単位制訓練」と呼んでいた。しかし、課題単位の考え方はこれまでと全く考え方が異なるので説明を要する。

その前に、学校教育のように学年や学期が決まっている方式を期間主義とすれば、課題単位は無期間主義が前提となる。無期間主義の方式による教育訓練はわが国では失業者を対象とした職業訓練として戦前からあった。戦後に「自由入所制」と呼んでいたその思想は就職が優先されるという考えであり、就職の可能性があれば訓練は終了する。

公共職業訓練の場合、中でも離転職者・失業者を対象とした訓練の場合は、「修了」は訓練期間の終了ではなく、就職の決定が「修了」となる、と考えている。このことは、憲法で「職業選択の自由」が保障されている、とはいっても、就職を保障した制度がいまだ整備されていないためのやむを得ない措置だと考えるからである。

モジュール訓練による無期間主義は、到達目標としての職業技能が修得できると訓練を終える、という考えである。逆に、到達すべき能力の水準に至っていなければ修了できないことになる。なぜ無期間主義になるかというと、職業技能の課題を修得する時間は、個々の受講者の個性により異なるためである。個人により修得する時間が異なるにもかかわらず、教育期間を一律に規定しているのが学校教育だといえる。

換言すれば、モジュール訓練は厳格な到達度主義、あるいは能力主義の教育訓練制度で

あるといえる。わが国では「能力主義」というと批判されるが、その理念では「失業するのは職業能力が無いため」であるとして、能力を身につけて就職することを目標としているのである。

モジュール訓練はカリキュラムとしての時間割が先行するのではなく、課題の作業に求められる能力の習得によって単位を与える方式である点が、課題単位といういわれである。

以上のように、職業訓練の単位を時間単位で考えるか、課題単位とするかは大きくその教育訓練の立場が異なり、そして訓練の方式を変えることになるのである。

3. 人間的学習としての実習

仕事が人の成長に重要な役割をしていることについては昔から唱えられている。例えば、ルソーは「エミールになにか学ばせることにしたい。……いたるところで徒弟になるがいい、……（それは）人間修業をしているのだ」と言っていた。また、ペスタロッチが極貧のスイスで職業教育を説き今日のスイス産業の基礎をつくったことは教育関係者では知らない者がいないほどである。

実習、つまり実際の学習は人間生活の原点の学習である。人間生活とは集団生活であり、共同生活である。この人間的な関係で職業が成り立っている。その職業に関することを学ぶことが実習であり、人間的な学習であるはずである。そのことは、ほとんどの人が実際の労働を学ぶことに喜びを感じることに表れている。それではなぜ実習は楽しいのであろうか。このことはモノづくりや実習そのものの性格であるといってもよいであろう。

モノづくり学習は軽視されているが、モノづくりをしている子供達は生き生きと活動し、楽しいという。学科よりも実習に興味を示す訓練生が多いことは誰でも知っている。大学生であっても同じである。大人であってもモノづくりは楽しい。

（1） モノづくり学習が楽しい要因

『広辞苑』では、「実技」とは「（理論に対して）実地の技術・演技」であり、「実習」とは「実地または実物について学習すること」とある。いずれも実際的な学習のことであり、意味として大差はないといえる。また、『教育学大事典』（第一法規出版、平成2年）では、

> 実習とは、技術の教育において、技法を身につけたり、機械の使用法に慣れたり、知識を応用実践するために、加工や処理という実際にはたらきかける教育方法の一形式

である。
としている。しかし、これらの説明からは実技・実習が楽しい理由や実習が重要であるという学習目標が出てこない。それでは、モノづくり学習、実技・実習がなぜ受講者に喜ばれるのかを考えてみよう。

（2） 初めて体験する喜び

人間だけでなく動物は、初めて接することに大きな興味を示す。逆に警戒し、恐怖心も生じるが、危険なものでない限り関心の方が強い。そして、初めて体験することには今までにない経験をするという喜びが生じる。ただ、人間にはそれまでの生育歴から個別の器用さが備わっており、指示通りにできる者とできない者がいる。もし、不器用な者で課題がうまくできなければ、モノづくりや実技・実習がいやになる者もいる。この点に十分注意した、学習者がモノづくりに興味を持ち続けて学ぼうとするような課題の工夫が必要である。

（3） 具体化の喜び

モノづくり（プログラム作成を含む）、実技・実習は当然ながら具体物の作成を目的にしている。その作成が人間の活動の成果として完成するわけであり、無から有形が出来るという完成の喜びとなる。当然、材料が、モノづくりにより全く別の形の異なる完成品となるわけであり、そのことに対する喜びである。これは、"モノの創造の喜び"ということもできる。しかし、思った通りにモノは完成しないし、また思うよりも時間がかかる。そのギャップを乗り越えようとすることが努力目標となる。その目標を達成することがまた喜びとなる。

（4） 発見をする喜び

モノづくりを成功させるためには一定の法則がある。そのモノづくりをしているプロセスで自然の不思議さを学ぶことができ、それは知識として学ぶこととは異なり、実際の目の前で起こる自然現象を発見することである。人は新たな発見をすることに喜びを感じる。モノづくり、実技・実習においてもそのような発見が連続する。モノづくりによる発見は、手で学ぶことであり、あるいは体で学ぶことである。しかし、頭を使わないモノづくりがあるわけがなく、当然同時に頭も使う。

（5） 個性を発揮できる喜び

理論の学習は誰がやっても同じ答えになるし、ならなければ間違いである。しかし、モノづくりによる製品は絶対に同じモノは出来ない。NC機器で作成しても厳密にいえば同じモノではない（ただ、プログラムの場合は同じモノになる可能性がある）。完成したモ

ノは作成者の器用さや、様々な知識、経験などの集大成としての製品であるため、まさにその個人の個性の結果であるといえる。自分自身をその製品に表わすことによる喜びがあふれてくる。これが「モノをつくる」喜びである。

今日の学校教育で非行や暴力に走る子供達は、自己主張をしているのだ、という論を心理学者が解説するが、このことは今日の学校教育では個々人の主張が尊重されていないということを証言していることにもなる。

(6) 人間的喜び

人間は自分のすべての機能を使うことに喜びを感じる。つまり、一部の器官だけではなく、全身の五感を働かせる活動が気持ちを豊かにする。大脳でいえば感性をつかさどる右脳と知識をつかさどる左脳の両者を利用しなければモノづくりはできない。モノづくりや実技・実習は、全身を使わなければうまくいかないことが多い。したがって、モノづくりや実技・実習は自分の全身を使えたことに喜びが生じる。つまり、モノづくりとは全人的な能力を発揮するほど可能性が高くなり、そのために喜びが湧き出るものであると思われる。そして、上達の程度を自己確認できることも自分の行為をモノという現実で評価できる喜びとなる。

4. 実習＝「モノづくり学習」の意義

「学ぶ」という言葉は「まねる」から発達したという。知識をまねる、とはいわない。「まねる」対象は行動であろう。人間社会の初期において大事な行動は仕事の行動である。「学ぶ」という言葉には当初から仕事を学ぶという意味が含まれていたと解釈できる。

モノづくりや実技・実習を学習する最も大事な意義が、意外にも理解されていない。『教育学大事典』の定義は「方法の一形式」としている。これでは実習の意義を述べているとはいえない。実習が「方法の一形式」というとらえ方は、実習に代わる方法が考案されれば「実習」は無くなる、ということである。このような整理では実習の意義が明らかになるはずはない。

日本でも企業の訓練施設では、実技・実習を重視している。大企業の企業内訓練が手作業に始まる実技・実習を重視していることは、ドイツの職業訓練でも実技・実習が今でも手作業を重視していることと相通じるものがある。

企業の職業訓練施設で実技・実習を重視しているのは将来の中堅工として育ってもらう

ために必要だと考えているからである。ME化を発展させていく能力もモノづくりの経験があればこそ可能である。また、裏返せば手仕事でモノづくりが十分にできない者にはME化の機器を使いこなせないことになる。これは企業の現場指導者の意見としても常に語られることである。

良い面での「職人気質」という言葉には、この人間としての完成された面を指摘しているといえる。

上に述べたように実習には優れた側面が多々ある。つまり、実習を重視する職業訓練が優れた人間形成の過程を内包していることになる。その側面の意義を整理してみよう。

4-1 内容的意義
(1) 技能の修得

実習の第一の目的は技能の修得である。実技・実習の目的の一つは技能の修得であることは揺るぎない。このことから、職業訓練は技能の修得だけを目的のように主張してきた。そのため、偏見や誤解を生む根拠となった。もちろん、技能の解釈も多様にあるが、少なくともただ手を動かしていれば技能が身につくというようなことはない。技能を身につけるためには意識的な努力が必要である。この技能の考え方は、はじめに紹介した勝田氏の能力論として考えるべきであろう。

中学校の技術科でプロジェクト法により考案させた設計をもとにモノづくりさせても、"考案"を重視して短い時間でその論を応用するため、技能を修得していない子供達に自信のつくモノづくりは困難であり、むしろ失敗することが多く、逆に技術科を敬遠する要因になっている。

(2) 知識の習得

実習の目的は技能の修得だけではなく、実習をしていく過程において知識そのものを印象深く学ぶことができるのである。知識の理解は頭脳だけの暗記的方法では習得しにくいものであっても、実習によって学ぶ場合はよく理解できるものである。この理論は知識の学習法においても五感を同時に利用して指導する方法に応用されている。

(3) 全体の把握

モノづくり、実習を行い製品をつくっていく過程で全体のイメージが次第に湧いてくる。したがって、部分の仕事をしていてもどうすればよいかが分かる。つまり、理論はその部分だけの理論に過ぎないが、モノづくりは一つの理論だけではできず、複数の理論が複雑に関係しているのである。しかも理論はモノづくりに応用しても理論通りには完成し

ない。したがって、モノの完成のためにはモノ全体のイメージがなければ決して良いモノはできず、そのためには全体の理解が必要だということである。

モノづくりは初めから終わりまで全体にわたっての仕事ができなければならない。徒弟制度だけでなく、近代産業に関わる実技・実習にしても同じことである。頭による構想と手による実行が無ければモノづくりは完成しない。

（4） 創造性発揮の源泉

創造性発揮のためには、モノづくりの様々な経験が極めて重要であるが、このことはどのような意味であろうか。

大企業の技術者が創意工夫した真の創造的な開発というものはあまりないといわれる。なぜかというと、大学出の技術者は理論を頼りにする、つまり教科書をモデルにして物事を考えるからである。そのため理論以上の創造的なことを開発できないのである。しかし、中小企業で苦労した経営者や現場技能者などが創造的な開発をしていることがある。中小企業の職場には大学で教えられるような理論も、大学で使われるような教科書もない。それ以上に重要なものとしてモノづくりの多様な経験がある。その体験の中から理論にも教科書にもない経験を集大成し、工夫し、創造的な開発に繋いでいる。その開発した技術を大企業が買い上げたり、模倣している例は枚挙にいとまがない。最近話題になっている"蚊の針"と同じほどの細い「痛くない針」を開発したのは岡野雅之さんである。岡野さんは大手の企業が開発できなかったこの仕事を引き受け、成功させたのである。

たたき上げの家具職人であった乾三郎氏は、それまで不可能であった椀形の二次曲面を厚薄なく出せる木工用の巨大な多方向プレスを考案・設計・製造した。理論を学んだ技術者ができないことを乾氏は経験の蓄積の中から「可能性」を見い出し、創意工夫して成し遂げた。

このように、経験は創造性を発揮するための源泉となっている。求められた課題の解決には、問題の現場で直接に本人がその問題を確認することが大切である。人を介すれば人には感覚の差があり、それがニュアンスの差異となって問題が正しく伝わらないからである。また、状況を正しく把握しなければ方策を誤る可能性があるからである。この点がないことが技術者に創造性を発揮することが困難な理由である。

モノづくりの実技・実習は、理論化されていないこと、教科書にないことを実感させる意味がここにある。職業訓練施設の場合、その経験を積むために学習することが実習であり、実習場は重要な経験を積む道場ということになる。その経験は誰からも学べないものであり、自分でやるしかない。ここが知識との大きな違いである。

実習には以上のような意味があることを理解しなければならない。

4－2　方法的意義
（1）　実物教授
よく言われるように、「好きこそモノの上手なれ」の古今東西の諺により指導できる。それは、実物教授という本来人間が興味を示すことを教育訓練することである。このことはペスタロッチによってその有効性が古くから推奨されていたことである。

実習は興味・関心を引きやすく、興味を持たせるための努力を必要としない学習の方法である、といえる。

（2）　具体から抽象へ
上の（1）の特徴は、実物教授は「具体から抽象へ」という教育心理学に沿った指導に自然になることである。これは実習の特長である。この特長を生かしたカリキュラムを考えると、技能→技術→知識（科学）のカリキュラム論となる。このカリキュラム論は、科学主義のカリキュラム論とは逆になっている。科学主義のカリキュラム論で学習できる子供もいるが、「具体から抽象へ」の方法がより理解されやすいといえる。

（3）　仕事の模倣（シミュレーション）
モノづくり学習の場は、生産現場における仕事場を模擬した実習場である。したがって、モノづくり学習や実習は実際の仕事の模倣として実施することになる。そこで、その学習のための材料、道具あるいは機械は可能なら現実に使用されている機材がベストだということになる。つまり、実際の機材に働きかける学習だということになる。この方法の最も原初的な形態が、生産現場における現場実習である。実習はすぐ役立つ面があるが、逆に学習者の将来の発達を阻害するとの議論がこれまでは強かった。しかし、その議論は教育訓練期間修了後のフォローアップの問題であり、今日的にいえば生涯学習の問題であり、すり替えられた議論であるといえる。

（4）　モノとのコミュニケーション
たたき上げの職人が、技術者ができない創造的開発を可能とする要因はここにある。それは、職人が技術者にできない材料、道具および機械と職人のコミュニケーションを行っているからである。

旋盤工作家の小関智宏氏は『鉄を削る』の中扉に「鉄とのコミュニケーション」という言葉を記している。このことは、コミュニケーションは人だけ、動物だけが行うことではない、ということを意味している。つまり、仕事をしているときに、人は鉄などの材料と

コミュニケーションしながらモノづくりをしている、ということである。当然、材料だけではなく、機械や道具ともコミュニケーションをしなければ良い品物はできない。

テキストによる知識の学習では知識の習得で終わる。テキストにない新たな知見を想像することは困難である。しかし、実習を体験し、モノづくりを経験していく過程で、テキストにない、様々な知識に気づくのである。

（5） 理論は現実とは異なるということの確認

モノづくり学習・実習の役割は、理論や知識を実際のモノづくりに応用し、その理論の正否を確認することである、といわれる。しかし、実技・実習が理論通りにできないことを考えれば、この目的の実証は極めて困難であり、やや理想主義的である。つまり、実習やモノづくりは理論通りには進まない、ことを理解させる意味としてとらえた方がよいであろう。

（6） 技能の伝承

直接に作業を経験することの重要性は明らかである。このことは以前は当たり前であったはずである。法隆寺宮大工の口伝に、「諸々の技法は一日にして成らず、祖神たちの神徳の恵みなり」というのがあるそうだが、この意味を考えれば明らかである。日本建築の柱の継ぎ手である「渡顎技法」は法隆寺に始まるとされていたが、その前から"祖神"たちが創意工夫して考案していたに違いない。そのことが4000年も前の富山県小矢部市の桜町縄文遺跡から出土した柱によって証明された。法隆寺は建築工学がない時代に創建されたのだから、当然である。何千年も受け継がれてきた創意工夫とその知識を集大成して法隆寺は建造されたのだといえる。

また、伊勢神宮の遷宮をなぜ20年ごとに行うかといえば、宗教的意味合いは不明だが、20年ごとに行うことで技術・技能の伝承を可能にしているという論（永六輔『職人』）を支持できるといえる。

法隆寺宮大工の口伝は百ほどあるそうだが、西岡氏によれば、
○堂塔建立の用材は木を買わず山を買え。
○木は生育の方位のままに使え。
○堂塔の木組みは寸法で組まず木の癖で組め。
○木の癖組は工人たちの心組み。
などと極めて重要な言葉が残されている。このような思想（理論と言ってもよい）が現存する世界最古の木造建築物である法隆寺をつくり、今日まで守り続けてきたのだといえよう。

たたき上げの機械工である大友さんのプログラムと、学校で勉強した息子の"対話式NC機"のプログラムはどちらがどれほど優れているのだろうか。もちろん大友さんの方が息子のよりも優れていたが、ステップ数ではほぼ半分という実績なのである。このことは様々な経験をした大友さんが最新式のNC機器よりもはるかに優れていることを示している。マザーマシンをつくるグランドマザーマシンなどないのである。最終的にマザーマシンをつくるのは熟練工である。

このようなことを小関さんの言葉から借りると、

〇ME化されたノウハウは自分で体験しないと見えない。

〇ロボットのツメは何万回繰り返しても決して新しい工夫をしない。

などの言葉により整理することができる。

職業能力開発総合大学校に「専門課程」という主として企業の在職者を対象にした指導員養成課程があるが、ある大企業の受講生の一人は、「困難（時間がかかり面倒という意味）な仕事は下請けに出します。そのため、技術は中小企業の労働者の方が上です」と発言している。複雑な試作品などが下請けに流れて、日本の工業を支えている。このようなことが可能なのは、中小企業では経験を重視し、時間をいとわずに創意工夫するからである。

建築家の安藤忠雄氏はアメリカの「吊り橋技術」がゴールデンブリッジ以降は発展していない例を紹介している。つまり、単に技術のデータを記録として残しただけではモノづくりはできないことを指摘している（日本経済新聞1997年10月14日）。安藤氏は「技術の継承」には経験の継承が必要であることを説いている。換言すれば「モノづくりの継承がなければ技術は枯れる」ということになる。産業の空洞化よりも技能の空洞化が問題だということである。モノづくり学習の重要な意味である。

（7） 個別指導になること

実習の課題を完全に一人ひとりに習得させるためには、最終的には手取り・足取りの指導になる。ここが、知識の指導との違いである。手取り・足取りの指導は極めて人間的なスキンシップでもあり、そこに人間としての信頼関係が生まれる。実習では個人教授にならざるを得ないのである。実習の指導で、どんなにうるさく言われても受講者が指導員には反発しないことはここにある。

すると、実技の個別指導の原点は、徒弟制度であることが分かる。徒弟制度こそ、職業訓練の方法的な原点である、といえる。徒弟制度は"教えない"との批判もあるが、そのような批判はことの本質を見ていないためにする批判であることが分かる。職業訓練、特

に実習の指導は、最も人間形成の方法としての原点を実践することなのである。

(8) 組織人としての態度の形成

　実習には一人で出来るものもあるが、他の者と協力しなければ完成しないものもある。近年の仕事はほとんどが組織人として他人との協力関係によって遂行されているが、このような他人との協力関係の態度を習得することが実習では可能である。しかし、知識の学習では「学び合い」というような特別の方法を用いなければこの学習は困難である。

　ここで注意が必要なことは、受講者への「生活指導」の意味である。それは「精神指導」でなく「職業生活の指導」であるといえる。"生活指導"といえば単なるしつけ教育のように聞こえるが、これは「職業人生活」の指導と考えるべきである。つまり、「職業人」としての"生活指導"も実習を通じて展開すべきであるということになる。社会に出て働くことは職業人になることであり、その生活態度を職業訓練校で身につけておくべきとすることである。

　実技による職業生活の指導の究極は、職業人としての倫理観の育成であろう。例えば職人用の『往来物』に聖徳太子像を載せ、職人は手抜きをせずにきちんと仕事をしなければならない、と説いていたことは、この職業人としての倫理観を期待していたのだといえよう。

　そして、柳宗悦は「働くものは弱い体を有ってはいられません。」と述べている。健康と体力にも注意しなければ組織人、職業人にはなれないといえよう。このようなことを理解させることが本来の「生活指導」のはずである。

　実習は現実の労働のシミュレーションの側面を有しているのは、組織人としての職業人の形成に最も近い方法であるからである。

> **不況と教育に関するメモ**
>
> 　筆者は度々「不況は良いことだ」と暴言を吐いてきたが、その意図は、フリーター、ニートの増加を背景に職業問題が日本社会の問題として注目され、様々な立場からの改革がもたらされているからである。例えば、多くの大学で就職やキャリア形成を教育目標に掲げていることも良いことである。ただ、この場合、大学教育の目的との関係がいまだ整理されていない不十分さが残っている。この問題の打開のためにも真の職業訓練の意義が理解されるように努力すべきことが今の日本に課せられている。

5.「モノこわし学習」の重要性

　昔から、特に何かを成し遂げた人々からよく聞く言葉として、「子供の頃に時計を分解して親から怒られたものだ」というような話がある。この話の裏では、「モノこわし」の経験がその後の発明・発見の基礎として重要な経験だったということが語られる。

　また、様々な機械などを分解して部品を素材別に分類させることはリサイクル学習の第一歩でもある。その過程から、時計を壊して怒られた熟練工や研究者の卵が産まれるかもしれない。

　かつては職業訓練のカリキュラム基準の実習には多くの職種で「分解－組立て」という科目があった。今日では自動車整備科でさえ無くなっている。「モノづくり」は強調されているが「モノこわし」の意味も再認識すべきである。つまり、「モノづくり」は「モノこわし」とセットで意味が増すといえよう。「モノこわし」は「モノづくり」の、さらに発明・発見のスタートになるはずである。

　ところが、最近の訓練基準から「分解・組立て」や「修理・保全」という実習の科目名が消えている。だからといって、これらが職業訓練にとって不要なはずはない。また、現に仕事の現場では無くなっていない。「修理・保全」は次の時代のための環境問題を考えても、むしろ今後は最も脚光を浴びる重要な課題である。

　環境のための対策として5Rsが唱えられている。

　　　　Reduce　　　減量
　　　　Reuse　　　　再利用
　　　　Recycle　　　リサイクル
　　　　Repay　　　　返済
　　　　Renewable　更新

日本テレビの『伊東家の食卓』で人気の「おもしろリサイクル」から始まり、再生利用の重要性が唱えられている。例えば使い捨てカメラも"Reuse"されている。上のような5つの対策を可能にするモノづくりが求められている。その基本には、モノを大切にすることや、モノづくりを尊ぶ心が求められる。

　分解・組立て、修理、調整などの実習から学ぶことは少なくない。また、各種の資格試験にも「修理」があるのであり、職業訓練として無視することはできない。

(1) 「モノこわし」の定義

まず、「モノこわし」とは自然にあるモノを壊すのではなく、人の手によりつくられた様々なモノを壊したり、分解したりすることである。そして、元に復元することである。また、修理することが可能なときは修理を行うことである。

(2) 「モノこわし」の意味

戦前の旋盤工は、まず自分に与えられた旋盤を分解し、組み立てることができなければ一人前とは認められなかった、という。その「分解－組立て」の過程において、与えられた旋盤の性能や癖を見抜くことができ、それができなければ精密な加工ができない、ということになるからである。

最近のコンピュータ制御のME機器であっても、その機器の性能を最大限に出すためには機械の癖を知って労働者（職人）がちょっとした機器の癖を利用して工夫することが大事だということを小関智宏さんは書いている。また、どのように時代を隔てても、完成されたモノがあれば、新たな時代の職人はそのモノを分解することによって昔の技術の意味を理解することができるだろう、と宮大工の小川三夫さんは言っている。

伝えられる古代の巨大な出雲大社は現代の技術では考えられない空想の社殿であるといわれていた。しかし、3本の丸太で組んだ大きな柱の基礎の部分が最近見つかり、その周囲の工事の様子が明らかになるにつれ、それらを様々な角度から検討し、推論を立ててみると、巨大神殿も可能であったようだ。このような考察から先の小川さんの発言は証明された。このように出雲大社の造営に見る技術は今日では忘れられているが、優れた技術が多く含まれていたのである。壊れたモノであってもそこから技術・技能を学ぶことができるのである。

(3) 分析的作業の訓練的意味

「型」や"フォーム"の「モノ」の分解は、古くから「作業分解」、「動作分析」といわれてきたが、これは訓練の方法論となるので、ここでの対象から除外する。しかし、受講者に「作業分析」させることは、学習の意味としても重要な方法になることが既に明らかにされている。例えば職業訓練指導員の花田登氏は、「作業分析表」を訓練生に作成させ、その分析結果により実習させる方法を試みた。この結果、訓練生は「この過程で思考することの要素ともよばれる判断、構想または推論の能力を働かせている」と述べている（「開発的技能教育法に関する一考察」、『技能・技術』、4／1971）。モノの分解だけでなく、受講者に作業分析を行わせることが極めて有効であることを意味している。

(4)「分解－組立て」学習の内容

このように、「モノこわし」・「分解－組立て」のプロセスには実は多くの重要な技術を学ぶきっかけが隠れている。

「モノこわし」、分解による第1の学習テーマは、機構を学ぶことである。様々な部品がどのような関係で作用し、働いているのかという機構を実地に学習できるのである。

第2は、その分解の過程で、それぞれの部品の性能や意味を学習できるのである。他の素材では駄目なのか、なぜこのような形なのか、などである。

このような学習は、モノ＝機械＝装置が故障した場合の修理の方法、手順の理解あるいは設計の条件設定に役立ち、さらに頻繁に故障する箇所についてはその改善の方略を与えるはずである。現場経験者の設計図は経験のない技術者のものよりも優れているとよくいわれていることと関係する。

(5)「モノこわし」学習は「環境教育」の基本

かつての人達はモノを捨てられず、最低でも分解して何かに応用して使えるだろうと思ってどこかにしまっている。それらは思いも掛けないときに、本来の目的とは全く違った箇所に再利用できることもあるのである。

大量生産＝大量消費はモノをそのまま"廃棄"する観念を醸成した。そして環境破壊が進んだ。モノの廃棄からは新たな「モノづくり」の意味を考えることができないだけでなく、何も学習できない。大量消費の時代は過ぎ、今や環境を大切にするリサイクルの時代である。この「モノこわし」学習はリサイクルのためにも重要となる。

(6) 技能展に"機械分解"のコーナーを

アイボを開発したソニーの大槻正さんは、小学校でアイボを解体しながら授業を実施した。小学生は興味と関心を示し、熱心に聞き入っていた。やがて、小学生もアイボを解体してロボットの学習をしたという(『朝日新聞』、2004年12月1日)。

モノに興味を持たせることは、組立て＝修理ができなくても、修理不要なモノを「壊す」ことだけでも可能であろう。「モノづくり」が困難でも「モノこわし」は最初の学習としては容易だからである。

職業能力開発の施設で開催されている「技能展」などで、修理できない自転車やミニバイクを子供達に分解させるコーナーは、必ずや好評を博すのではなかろうか。可能なら、数台の分解した自転車の部品を集めて再生車を組み立てることができればさらに喜びは増すはずである。

（7） 古い「技術・技能」が必要であること

特にメンテナンスや修理・修繕が生産現場では不可欠である。この場合、例えばメンテナンスとは古い技術・技能で成り立っている組織や機構、機械を再度整備して現状に復帰し、利用することが目的となっている。すると今日の教育訓練においてもメンテナンスを前提とした分野では、古い技術・技能が重要である、ということを示している。

技術革新の進行が早いために、新たな技術・技能だけが注目されやすいが、古い技術・技能が不要になるのではない、ということを理解しなければならない。一般に新たな技術・技能には注目が集まるが、新たな技術・技能にしても古い技術・技能の基礎の上に成り立っているのであり、この視点を見失ってはならない。

特に、リサイクルの精神を現実に生かすためには、近代以前の社会にあったようにモノを捨てずに必ず何かに再利用していたことを見倣うべきである。

6. 問題解決の態度

ある産業の大手数社に同様な部品を納入している中堅粉末合金メーカーの社長は、「A社のように図面だけをよこして値段だけを安くしろというのではこちらもやる気が起きません。しかし、B社のように現場に来て共に考え、悩み、うまくいったら一緒に喜んでくれると工夫もしたくなる。このように思っていたら、最近A社はB社に追い越されてしまいました。」と筆者に語ってくれた。

このように、問題解決は命令だけで可能にならない。そのためには上のような人間関係と、相談も重要である。また、自分の課題として解決するためには「既存の価値観のブレーク・スルー」が必要である。具体的にはなぜ技術者が成し得なかった開発を現場の技能者が可能としたかを考えればよい。そのためには次の5点が重要であろう。

① 理論にこだわらない
② マニュアルにとらわれない
③ 常識に頼らない
④ 発想を切り替える
⑤ 問題の中に解決法が無いかを考える

そして問題の解決には経験（五感）して得た知識を総動員することと、その総動員して得た情報を基に第六感を働かせることである。ベテラン刑事が働かせる第六感のことである。このためには、経験が極めて重要であることが分かる。熟練工ができて、技術者がで

きない理由はここにある。

なお、様々な経験を体験させるという意味では、危険を伴わない限り、失敗する実習も意味があることになる。うまく終えた実習よりも、逆に様々な失敗をする過程で得た発見や経験はいつまでもよく覚えているからである。「失敗は創造の母である」のだ。そのようなプロセスから「危険の余地」のための指導も望まれる。

7．実習の評価の困難性

（1）「評価」とは

評価の対象はあくまでも教育訓練の効果であるはずである。効果とは、単純には教育訓練の開始前後における能力の差によって求められる。ただ、現実には四六時中職業訓練施設にいるわけではなく、外部からの様々な情報を得て受講者は成長する。とはいっても、職業能力のみに限定すれば大部分は職業訓練施設で受けた教育訓練の効果であろう。

しかし、近年の職業訓練を評価する基準は上のような純粋な意味だけでなく、様々な社会的立場からの要望にも応えられるように努力することが求められている。

（2）「技能照査」の評価基準

さて、「職業能力開発促進法施行規則」の各課程の基準には「試験」が規定されている。普通課程の場合、「学科試験及び実技試験に区分し、訓練期間１年以内ごとに１回行うこと。ただし、最終の回の試験は、法第21条第１項（法第26条の２において準用する場合を含む。）の規定による技能照査（以下「技能照査」という。）をもって代えることができる。」とされている。

試験の実施はあらゆる指導者にとって重要な業務である。試験はよいとして、修了試験に相当する「技能照査」とは何だろうか。その「技能照査」について「職業能力開発促進法」では次のように規定している。

（技能照査）

第21条　公共職業能力開発施設の長は、公共職業訓練（長期間の訓練課程のものに限る。）を受ける者に対して、技能及びこれに関する知識の照査（以下この条において「技能照査」という。）を行わなければならない。

2　技能照査に合格した者は、技能士補と称することができる。

3　技能照査の基準その他技能照査の実施に関し必要な事項は、厚生労働省令で定める。

このように、職業訓練の修了資格が「技能士補」となっている。この「技能士補」の資格は、訓練効果を上げるためにも、また、技能検定2級の受検資格の免除となるので極めて重要である。この技能検定2級の受検資格の免除は受講生にインセンティブを与えるためにも有効であろう。技能士補の資格試験については「職業能力開発促進法施行規則」で次のように規定している。

(技能照査の基準)
第29条　技能照査は、普通課程の普通職業訓練又は専門課程若しくは応用課程の高度職業訓練を受ける者に対して、それぞれの訓練課程の職業訓練において習得すべき技能及びこれに関する知識を有するかどうかを判定するため、教科の各科目について行うものとする。

(合格証書)
第29条の2　公共職業能力開発施設の長は、技能照査に合格した者に技能照査合格証書(様式第3号)を交付しなければならない。

(技能照査の届出等)
第35条の3　認定職業訓練を行うものは、技能照査を行おうとするときは、その行おうとする日の14日前までに当該技能照査に係る訓練課程、訓練科の名称、試験問題、合格判定の基準、実施年月日及び実施場所を管轄都道府県知事に届け出なければならない。
　2　都道府県知事は、認定職業訓練を行うもので技能照査合格証書を交付したもの又は技能照査合格証書の交付を受けた者の申請があった場合において、当該技能照査合格証書に係る技能照査が的確に行われたものと認めるときは、当該技能照査合格証書にその旨の証明を行うことができる。

第29条の規定によれば「技能照査」が試験となっている。また、認定訓練の場合は技能照査を行う「判定の基準」を事前に届け出なければならないとなっている。ただし、法第21条第3項の「基準その他技能照査の実施に関し必要な事項は、厚生労働省令で定める。」については明確ではない。

試験問題の評価方法については、「細目」によれば、学科については「…について知っていること」と、「…についてよく知っていること」、また実技については「…ができること」と、「…がよくできること」と、言葉で2段階に分けられている。学科の場合は、ある範囲が示されているので、その内容を細分化して問題をつくればよい。知識は正誤で評価できるからである。

要は実技の評価である。このことについて検討してみよう。

（3） 実習の評価の困難性

さて、職業訓練の中で評価の対象として最も核心的なことは実習である。しかしながら、この分野の評価法は十分に発達してきたわけではない。そのため、学校教育的な感覚で実習を評価することには問題があることを理解しておかねばならない。それは、わが国の学校教育が「科学」を必要以上に信奉していることから派生するものである。

科学主義の延長線上に評価の単純性がある。すなわち科学は「正」か「誤」の二者択一であり、その中間もそれ以外もない。知識の学習の評価はしたがって簡単である。しかし、モノづくりの評価は、「うまい」か「へた」であり、「うまさ」も千差万別ということになる。設計図の指示を守っていてもモノの評価は無限にある。それを評して「主観的」という批判もある。

宗像元介氏は知識の評価が正か誤（オンかオフ）のデジタル信号とすれば、モノの評価はアナログ信号だ、と述べている。デジタル信号の評価は簡単であるが、アナログ信号の評価は困難である、と述べている。近代化の過程で科学志向的になった評価は、正か否の評価を尊重して、その評価軸に乗らないモノづくりを排除・軽視するようになったといえる。

また、知識の学習に比べ、モノづくりの学習は理論通りには進まないため、その評価が簡単ではない。このような理由からモノづくり学習が軽視されるようになった。

第7章で詳述するように、学校の評価が学年制である以上は"相対評価"であるが、モジュール訓練の評価は"絶対評価"の立場で訓練システムが成立している。その絶対評価であっても、モノづくりの評価は困難であることが分かる。

サービス産業職種の場合はさらに複雑になる。なぜなら、モノの完成が最終目的ではなく、仕事のプロセスにおける相手（お客）の満足度が評価の対象であるからである。同じサービスをしても、相手の心理的状況により満足度が変わってくるからである。急いでいる人と時間を気にしない人、価格で決めたいと思っている人と質で決めたいと思っている人、等々多様である。しかし、このようなサービスの評価であっても、先にフォームも技能だ、と言ったことを考えれば同じように対処できるはずである。評価の視点が異なる、というだけである。

要は、評価は客観的でなければならない、というのは理想であり、特に実習の評価は客観的には困難である、と理解しておかねばならないということである。評価は主観でもやむを得ないのである。実技に関しては、どのように点数化しても知識でないので正否には

ならない。体操競技の演技を点数化して数名で評価し、最低と最高点を除外して平均化しているが、それでも観客とのずれがしばしばあることがそれを物語っている。

そして、技能照査に連動する技能検定の実技の評価も似たようなことがいえる。

ところで、「技能検定」は全国・全産業で統一すべき職種につき「職業能力検定」の中の国が行う検定であり、「試験の実施に関する技術的指導その他技能検定試験に関する業務の一部を中央職業能力開発協会に行わせる」（技能検定の実施）としている。しかし、わが国における職業の種類、技能の数は無限大であろう。その中の主要な技能のいくつかについて国が「技能検定」を実施しているに過ぎない。そこで、事業主（団体）において必要な「技能審査認定制度」を厚生労働省が認定する方式を採用している。または個別企業の「社内検定認定制度」も認定している。

「技能審査認定制度」としては鎌倉彫、山梨県宝石研磨、富山県井波木彫刻などの伝統工芸から、近年の新たなサービス産業職種までが認定されている。このようにして、職業訓練を受けた受講者の技能、または職業能力の評価をしている。

実習、モノづくりの評価は知識の評価のように単純ではないことを理解しておかねばならない。

技能検定の評価基準に関するメモ

国家検定である技能検定の基準は、法第62条第3項に「実技試験及び学科試験の基準その他技能検定の実施に関し必要な事項は、厚生労働省令で定める。」となっており、施行規則第62条に「実技試験及び学科試験」について、等級ごとの基準を別表に定める、としている。ちなみに2級の基準は別表第13である。

別表には「検定職種」ごとに「学科試験」と「実技試験」の「試験科目及びその範囲」が規定されている。

また、試験問題の作成、及び試験実施要領の作成については法第64条第3項において中央職業能力開発協会に行わせる、としている。その評価については施行規則第62条の3において、技能検定委員に行わせなければならない、と規定している。

しかしながら、評価の基準については法令では規定されていない。

第6章問題

多くの企業は社員を募集するときに「創造性」を発揮することが求められるが、一方では社会や企業における組織人でなければならないことが求められる。この両者は矛盾することにならないか。

第7章　職業訓練の計画
―― どのように構想するべきか ――

1. 社会の動向と職業訓練

　職業訓練は常に社会の動向に従って変革されなければならない。より積極的にいえば、社会の動向の先手を打って改革しなければならない。それは職業が時間と共に変化するからである。社会の動向とは①技術革新の動向をみること、②経済の動向をみること、そして③（地域）社会の動向をみることである。

　職業訓練指導員はまず指導員の技術的専門の立場から技術を見守らなければならない。その技術の革新を常に追い求め、日々の訓練に反映させるべきである。また、技術の変化によって変化する産業の動向を見守らなければならない。その結果、業界がどのような方向にあるかを見通す必要がある。それが企業のニーズとなり職業訓練の目標に変化が生ずるからである。そして、業界の変化は社会のあるいは地域の変化のニーズとなる。それらのニーズをきちんと把握していなければならない。

　以上の変化とニーズの把握は在職者の訓練コース開発のためには直接的に求められる。そのためのニーズ把握の研究もあるが、職業訓練指導員は地域の企業訪問による様々な聞き取りが一番であることを忘れてはならない。若年者の訓練の場合も、困難であるが企業から意向をくみ取る努力が必要である。多くの企業の要望は、「基礎をしっかり訓練して欲しい」ということであろう。これもまた真実であり、基礎を無視した訓練はあり得ない。

　それでは、職業訓練はどのように社会の動向に応えるべきなのであろうか。

2. 職業訓練カリキュラムの視点

2―1　訓練基準の拘束性と弾力性

　ところで、公的な職業訓練を実施するためには職業訓練の基準が必要となる。この基準も大局的には社会のニーズに従って設定されていることになる。社会のニーズをくみ取ることは第一義的に職業訓練の計画にとって重要であるからである。

さらに、公的な職業訓練の場合、その職業訓練を受けたいとする受講者のニーズにも沿っていなければ応募者が集まらないことになる。つまり、受講者のニーズも考えなければ教育訓練制度は成立し得ない。受講者が集まらない訓練を開設しても無意味だからである。

ところで、戦後の公共職業訓練の基準の当初は、職種別にその枠組みも自由に定められていたため、職種の特色をだせるカリキュラム編成が可能となっていた。

さて、社会のニーズであってもそれをひとたび基準として設定すれば、基準は「基準としての拘束性」を内包するという性格がある。しかし、この拘束性は、第5章で紹介した戦後の職業訓練の歴史の過程で、戦後第Ⅱ期の確立期以降において弾力化の道をたどってきた。そして、今日の基準の体系は1985（昭和60）年の「職業能力開発促進法」への改正の際に「B型訓練」となり、完成した。

その前後の訓練基準の体系を普通課程を例にとると表7―1のようになる。

表7―1　基準の変化

「普通訓練課程の訓練基準」（昭和53年基準）	「普通課程の訓練基準」（昭和60年基準）
第四条　普通訓練課程の新卒者訓練に関する基準は、次の通りとする。 一　教科、訓練期間、訓練時間及び設備は、別表第三に定めるところによること。 二　訓練を行う一単位の訓練生（訓練を受ける者をいう。以下同じ。）の数は、訓練科ごとに五十人以下とすること。 三　職業訓練指導員の数は、訓練を行う一単位の訓練生につき三人（三十人を超える訓練生を一単位とする場合には、四人）を標準とし、訓練生の数、訓練の実施に伴う危険の程度又は指導の難易に応じて増減した数とすること。 四　試験は、学科試験及び実技試験に区分し、教科の各科目について訓練期間一年につき一回以上行うこと（普通学科の科目については省略することができる）。ただし、最終の回の試験は、法第十二条第一項の技能の照査をもって代えることができる。	第十一条　普通課程の新卒者訓練に係わる法第十九条第一項の労働省令で定める事項では、次の各号に掲げる通りとし、同項の労働省令で定める基準は、それぞれ当該各号に定める通りとする。 一　訓練の対象者　（以下略） 二　教科の科目　（以下略） 三　訓練の実施方法　（以下略） 四　訓練期間　（以下略） 五　訓練時間　（以下略） 六　設備　（以下略） 七　訓練生の数　（以下略） 八　職業訓練指導員　（以下略） 九　試験　（以下略） 2　別表第三の訓練科の欄に掲げる訓練科に係わる訓練については、前項第一号、第三号及び第七号から第九号までに定めるところによるほか、同表に定めるところにより行われるものを標準とする。

上の表から、昭和53年の基準（旧基準という）と、昭和60年の基準（新基準という）の差異を整理してみると表7―2のようになる。

職業訓練を展開する場合、まずどのような職種の訓練を行うのかが問題となる。いわゆる訓練科である。この訓練科については旧基準では別表に規定されることが最初に明記さ

れている。多い時で168訓練科が規定されていた。つまり、旧基準では別表に規定された訓練科しか法令による訓練は不可能であったことを意味している。

表7－2　基準の変化の概要

旧基準	新基準
○　1項で整理 ○　第1号に「別表」を規定 ○　別表に教科、訓練期間、訓練時間及び設備を規定	○　2項に整理 ○　訓練の対象者を第1号に新設 ○　教科、訓練期間、訓練時間及び設備は独立して第1項に整理 ○　第2項に「別表」を規定し、訓練科を明記

これに対し、新基準では訓練科は第2項に規定した別表にあるとしている。そしてその訓練科は「標準とする」としている。このような規定は旧基準の訓練科の規定の方法と基本的な差異があることになる。訓練を実施するときはどのように考えればよいのであろうか。

法令は先行する規定が優先することになる。すると、新基準で第1項に訓練科が無いということは、訓練科は第1項を満たせば自由に設定できることを意味している。つまり、第1号の訓練の対象者から第9号の試験までを満たせばよいことになる。あるいは、「標準」としての別表の訓練科を実施するときは別表の規定を守ればよい、ということになるのである。

このような基準の体系の変化の概念を図示すれば図7－1のようになる。図のように基準の対象とする範囲が広がり、設定される訓練科が無限に増大可能となった。このように

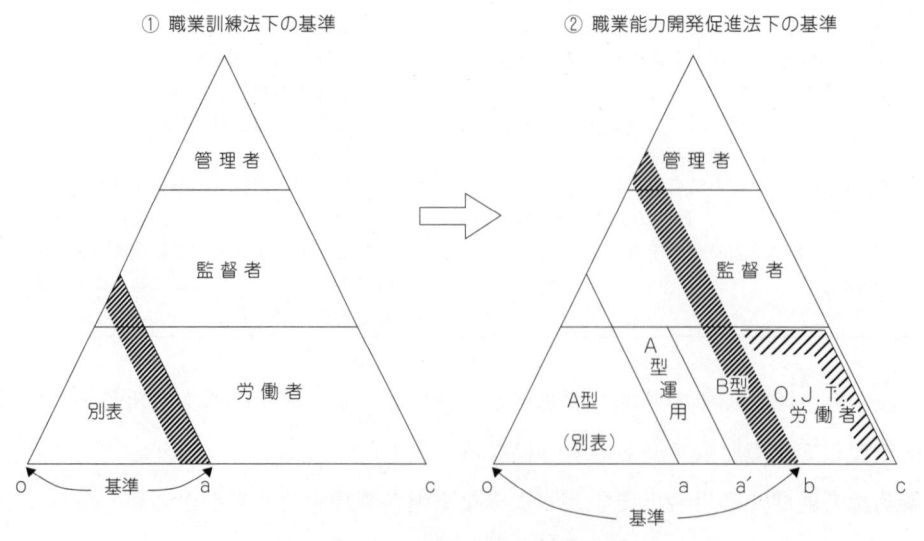

図7－1　基準の変化の概念図

なった理由は、「職業能力開発促進法」が事業主のための職業能力開発を展開するように目的が転換したことにある。すなわち、技術革新に素早く対応できるための訓練科の改廃を訓練実施者が独自に可能とするためであった。

ところで、企業内教育訓練は、わが国では個別企業の社員教育という性格を有している。したがって、その訓練は企業が必要としている人材を養成する制度である。そのような制度に最も適することは、技術革新によって変化する職種に合わせた訓練だが、その新たな訓練基準を設定することには年数を要する。それでは技術革新の進展に間に合わないことも生ずるのである。そこで、訓練科を訓練の実施者が開設できる「B型訓練」が求められたといえよう。

この新基準の枠組みにより、技術革新に対応できるように訓練現場で即座に訓練科を改廃できることになった。このことは、訓練の一貫性が揺らぐという問題を伴うが、企業内教育訓練においては社員を対象とした訓練であるために、わが国では許されるという判断であろう。「職業能力開発促進法」は第5章で詳述したように、企業内訓練の支援・拡大を第一義にするために改正されたので、このような基準の弾力化はその具体策であった、といえる。

こうした新たな基準の枠組みを当時労働省は「B型訓練」と呼び、旧来の別表により規定されていた訓練科などの基準を「A型訓練」と呼んでいた。近年では、指導員養成訓練と在職者のための課程などの例外を除いて、ほとんどの課程が上のB型訓練の枠組みであり、あえてB型訓練といわなくなったが、制定時の背景を理解しておかねばならない。

ところで、公共職業訓練の修了者はどの企業にも就職できなければならない。このことはどのような職場にも対応できるように訓練の内容としては基礎的・共通的内容であるべきことが明らかである。つまり公共職業訓練では本来はA型訓練であるべき、ということになる。

ただし、都道府県立の職業能力開発施設では、およそ半額が都道府県の費用でまかなわれており、運営する都道府県民の付託を受けていることになる。つまり、設立されている都道府県民のための職業訓練をB型訓練で実施することの意味はあるのである。公共職業訓練がB型訓練を実施する意味は地域への貢献が認められる場合である。

もし、公共施設において都道府県を超えた施設で実施している同一のB型訓練の訓練科があるとすれば、それはA型訓練として基準を設定すべきことを意味している。

さて、基準が設定されても様々な職業訓練をより効果的にするためには、カリキュラムの編成の工夫が必要となる。その方針が「実学一体」訓練であり、職業訓練が始まると共

に検討されてきた課題である。

2－2 「実学一体」の職業訓練

　教育の分野では「合科教授」という考え方がある。いくつかの科目を合体してカリキュラムを編成する、という理論である。似たことは、職業訓練界においても昔から追究されてきた。それは実習と学科を統合する、という考え方である。職業訓練の歴史は「実・学一体」、あるいは「実学融合」の歴史である、ともいえる。つまり、実技と理論、実習と学科をどのように関連づけるか、ということが常に検討され、様々な工夫がされてきた。

　例えば、1899（明治32）年に設立された三菱工業予備学校の「要綱」の第3条では、「本校ハ造船造機ノ業ニ従事スル技士技工ヲ養成スルノ目的ヲ以テ之ニ必要ノ学科ヲ備フ」としていたように、「造船造機ノ業ニ従事スル」ために「必要ノ学科」を訓練していたのである。

　次に、1925（大正14）年に設立された東京府家具工養成所では「講習ハ短期間ナルヲ以テ、特ニ教授作業ノ工程ニ留意シ、加工法ノ原理ト基本作業ノ錬磨ヲ目的トシ、制作品ハ易ヨリ、難ヘノ継承作業ヲ課シツヽアリ」としていた。

　また、1939（昭和14）年より拡大した公共職業訓練施設であった機械工補導所のテキストを写真に紹介した。ここでは、「本書1冊にて足りるように、……合科教授を応用し、学科と実習……との連絡補益に……適切を期」して作成したとしていた。

機械工補導所用教科書（昭和15年発行）

　そして、戦後の企業内における技能者養成指導員のために編集・発行された職種別の『技能者養成指導員指導書』は「実技関連学科対照索引表」を掲げ、これは「各実技課題の教習を行う際、必要とされる関連学科の要目と項目を示したものである。関連学科の

技能者養成指導員指導書（昭和25～32年刊）

主旨はあくまで実技と併行に教習されることが理想的であるので、この索引表は実技中心のカリキュラムを構成する上の資料として編さんしたものである」としていた。

1962（昭和37）年の「職業訓練指導員業務指針」では、「訓練過程」の「第1過程」は、「訓練の最初の過程で、主として学科と基本実技がとり上げられ、通常、午前は学科、午後は基本実技の訓練が実施される。実施にあたっては両者の科目の配列を密接に関連づけて行なう必要がある。」としていた。

そのような状況でドイツのＡＢＢ（アーベーベー）方式がわが国にも紹介され、公共職業訓練においても、企業内職業訓練においてもその方式を取り入れようとした。ABBとは西ドイツの事業内職業訓練局の略称であり、戦前に日本工業協会が大量に翻訳出版した「DATCH（ダッチ）実習教程」を開発したDATCHドイツ工業教育委員会を引き継いだ組織であった。

ABBが見習工の養成システムとして開発した教材の体系は図7―2のようになっている。つまり、全体を4段階に分け、第1段階は初歩訓練課程、第2段階は上構訓練課程、第3段階は適用課程、第4段階は現職補習教育である。ABB教材の初歩訓練課程では課題票、指導票（知識票）、視覚教材・教具、指導者用手引、テスト問題などをセットにしたものとなっている。その中で、特色があるのがわが国でも普及した初歩訓練課程の「基礎金属課程」であった。その構成は平面ヤスリ、測定、けがき（罫書き）から始まり、硬ろうづけ、組立までの20の仕事（実習課題といえる）を並べ、それらを順次に学習すると技能と知識が次第に拡大し、43の課題（技能といえる）の目標を達成でき、最終的にはマイクロメーターのホルダーを完成できるという構成になっている。この基礎金属課程は半年または1年で修了し、その後は専門の職種に分化していくのである。

そして、労働省による1978（昭和53）年の「実学一体訓練」の提唱がある。「実学一体訓練」は先に紹介した「職業訓練指導員業務指針」において「学科と基本実技」の「両者の科目の配列を密接に関連づけて行う必要がある。」となっていることをふまえて構想された。この「実学一体訓練」は新卒者の養成訓練のための訓練方式として唱導された。そして、「教科編成指導要領」もこの「実学一体訓練」方式で発行されたのである。

同時に、オイルショックによる不況を背景として離転職者訓練ための新たな施策として導入された「モジュール訓練」がある。このカリキュラム編成理論は訓練目標とする技能の到達度を厳密に評価する理念を持つが、その理念を実施するために特別の訓練制度を提案していた。

```
             ┌─────────┐ ┌─────────┐ ┌─────────┐
             │ 指導内容 │─│  教 材  │─│ 直観教材 │
             └─────────┘ └─────────┘ └─────────┘
```

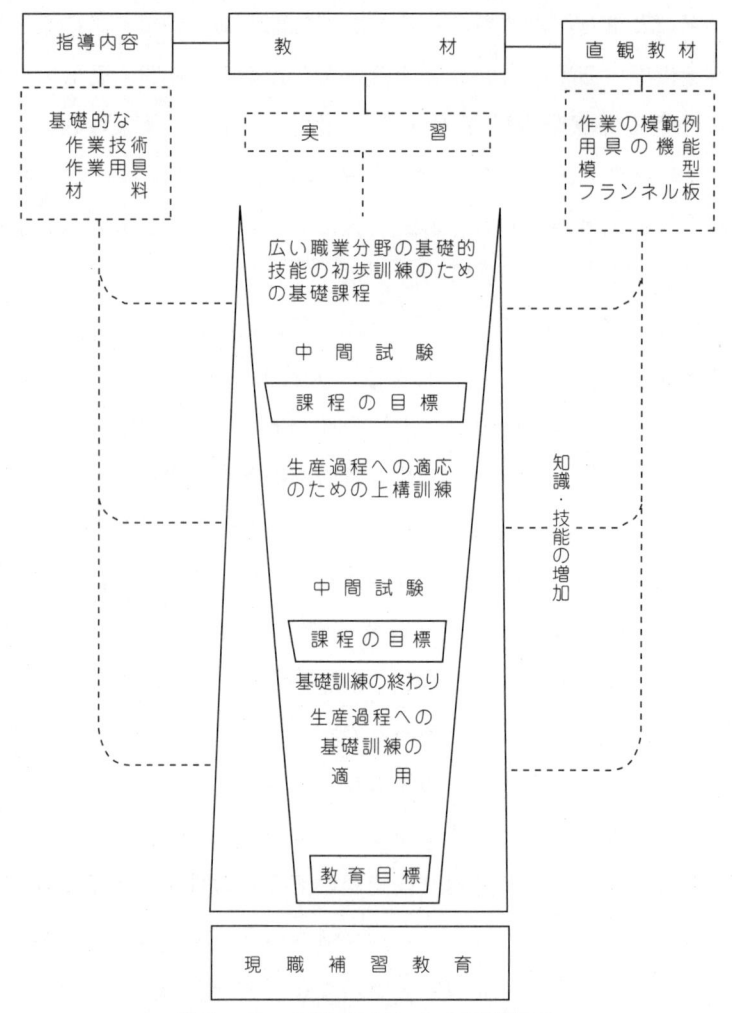

図の構成：

- 指導内容：基礎的な作業技術／作業用具／材料
- 教材：実習
- 直観教材：作業の模範例／用具の機能／模型／フランネル板

（漏斗状の図）
- 広い職業分野の基礎的技能の初歩訓練のための基礎課程
- 中間試験　課程の目標
- 生産過程への適応のための上構訓練
- 中間試験　課程の目標
- 基礎訓練の終わり　生産過程への基礎訓練の適用
- 教育目標
- 現職補習教育

右側：知識・技能の増加

図7－2　ABB教材による訓練体系

　その制度は図7－3のように、「給油所サービス工」というMES（メス；Modules of Employable Skills）を完成目標とした「ガレージ設備」や「車の構造」などのMU（モジュールユニット）を複合させた制度である。それぞれのMUは知識、技能、テストを含んだ完結したカリキュラムとなっている。「完結カリキュラム」とは、そのMUのテストを合格すれば、そのMU単独の修了資格が得られる、という意味である。MUは完結しているために技術革新や地域的特性によりどのMUを取り替えてもよく、他のMUに影響しないため、時代にマッチしたカリキュラムに再編することが簡単である。
　MUにテストが含まれているということはこのMUが独立したカリキュラムを構成していることになる。つまり、このMUで単位が与えられるのであり、その単位を取れば

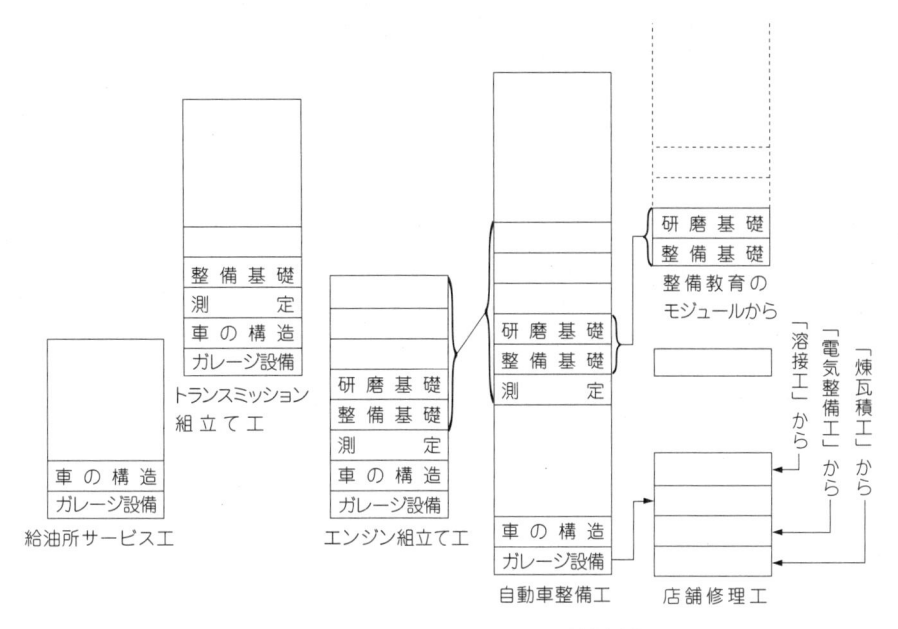

図7—3　ILOのモジュール訓練制度

他のどのMESにも有効に使え、新たな「エンジン組立て工」のMESを取ろうとするときに既に取ったMUを再度受けることは不要となるのである。

　ILOのモジュール訓練はこのように個々のMUの修了にはそのMUに含まれる知識と技能についてのテストに合格しなければならないという厳格な能力主義により成立している。この結果、一人ひとりの受講者により、そのMUの修得速度が異なることになり、集団を対象とした一斉訓練は困難になる。つまり、個別訓練、個別学習の方法を取らねばならないことになる。すると、同じMESを目指して訓練を受けても、受講者によっては修了時期が異なることになる。つまり、随時修了にせざるを得ないのである。また、一方では個別指導が可能なようなテキストを備えたMUごとの実学一体的な教材が必要になるのである。

　訓練を随時修了で行えるということは、失業者に対する訓練に最適である。オイルショックによる折りからの失業者の氾濫に対処するために、わが国でもモジュール訓練を転職訓練に応用することになった。しかし、わが国での職業訓練の制度は「転職訓練」としての基準が定められていた。そこで訓練期間が限定されていないというILOのモジュール訓練を期間が定まっている転職訓練に応用するために、炭鉱離職者のために考案された「等差循環方式」を再構成した図7—4のような日本的な制度が考案された。

　図にみるように、入所回数を増やすことが望ましく、日本的モジュール訓練では入所時

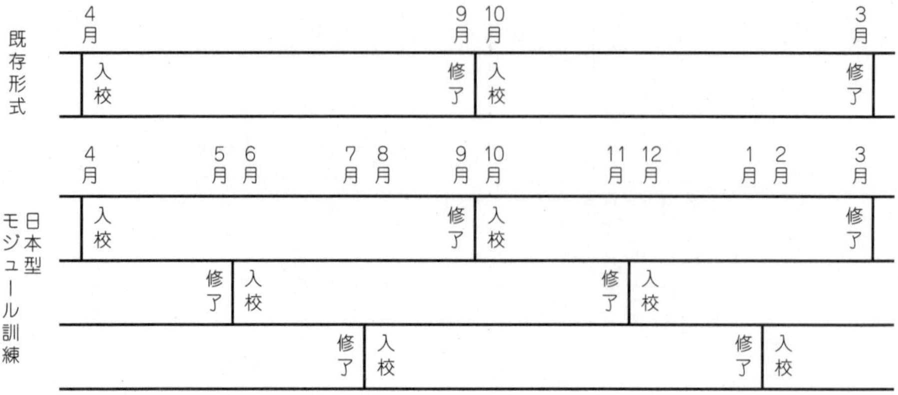

図7—4　従来型と"日本的モジュール訓練"の訓練形態

期を2ヶ月ごとにすることにした。つまり、失業者の入所が年に6回まで可能なようにしたのである。しかし、訓練期間は従来の転職訓練と同様な6ヶ月としたのであった。このことにより、常時3コースの受講者が在籍していることになる。そして、3コースはそれぞれの進度が異なり、指導員は実質的に3つのクラスの指導を担当するという困難な事態になる。この課題は、教材を個別学習に合うように整備することによって解決を図ることが目指された。しかし、わが国ではモジュール訓練の導入と教材の開発は同時に開始されたため、教材の開発が十分に間に合わず、訓練現場での混乱が生じる問題もあった。

　ILOのモジュール訓練の理念は失業者を無くすことにあった。換言すれば就職促進の訓練システムである。日本的モジュール訓練もこの点を重視していたことに変わりはない。その日本的工夫の制度が「雇用予約制」によるモジュール訓練の改編であった。すなわち、訓練の最終段階で、雇用予約をしてくれた企業の職場に特に必要な訓練内容を訓練の修了までに訓練する、という計画である。

　このような方法は、一見、企業の恣意に左右されるように見えるが、失業者にとっては再就職が最大の目的であり、また公共職業訓練としてもその再就職の援助が目的であるためベターな方法であったといえる。

企業実習の意味

　公共職業訓練では、その成立の当初から企業実習を取り入れていたことは第5章で学んだ。近年の日本版デュアルシステムでは、モジュール訓練より積極的に企業実習をして成功している。このように「雇用予約制」は就職のための有効な方式である。

その後、東京都や神奈川県などで進められた「単位制訓練」は、「単位」の定義にそれぞれの特徴があるが、このモジュール訓練の理論の応用といえる。

そして、岩手技能開発センターが「ブロック訓練システム」を開発した。この「ブロック訓練システム」は訓練の単位を３ヶ月として組む新たな編成法であった。この方式により、日本的モジュール訓練では同時に複数コースの指導が必要になるのに対し、入所時期を多様化しても指導は１コースの指導のみで可能という集団指導方式を採用することが可能となった。３ヶ月を単位とするブロックは、独立したカリキュラムを構成している。

したがって、図７－５のように設定したとすると、４月に入所した受講者は６月、９月、１２月、そして３月のいずれでも修了できることになり、また、４月のみでなく、７、１０、１月の時点で入所しても訓練の受講に問題はないことになるのである。

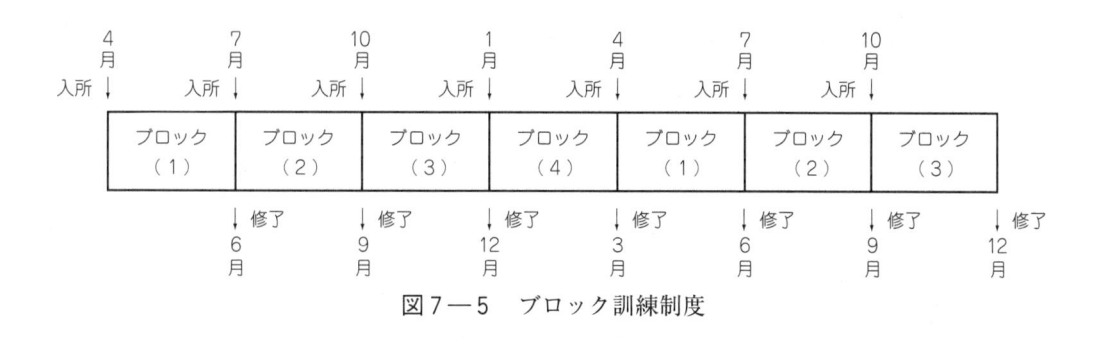

図７－５　ブロック訓練制度

上のように、ブロック訓練システムのメリットは、既存の訓練期間が定まった制度を生かし、指導の立場は従来の集団指導方式を採用しながら、入所の時期を年４回にしたことである。ブロックの期間を短くすれば、入所回数を増やすことができるのは自明の理である。換言すれば、日本的モジュール訓練が同一の訓練目標を定めているのに対し、ブロック訓練では修了時の修得した技術・技能は入所した時期、修了した時期により異なることになる。

ブロック訓練システムはある特定の訓練科のみではなく、訓練センター全体で取り組めばより効果の上がるシステムとなる。その一例を示したのが図７－６である。受講者の入所時期、修了時期、修得ブロックの種類によりブロックを組み合わせた訓練のコース数は無数に成立することが分かる。

このブロック訓練システムを応用したのが今日の雇用・能力開発機構で推進している「ユニット・システム訓練」だといえる。

ユニット・システム訓練は図７－７のように、６ヶ月の訓練科を二つの目標によって構

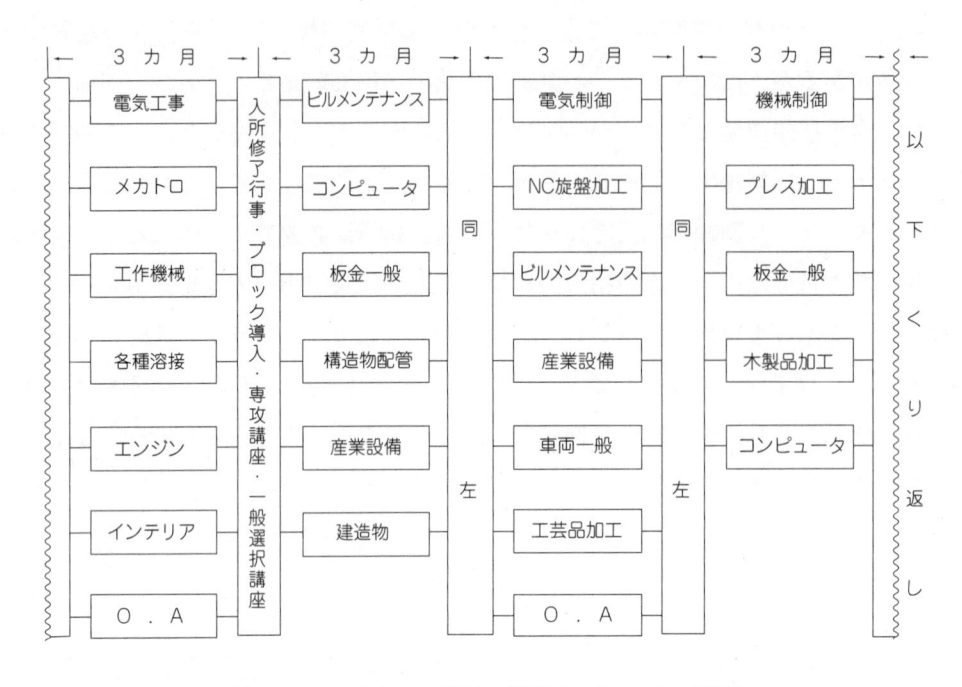

図7-6 ブロック訓練の構造とブロックの配列

成し、それぞれ1ヶ月ごとのシステムで構成している。そのシステムを構成するカリキュラムをユニットと呼んでいる。このように、ユニット・システムは期間と訓練科が定まっているため、ILOのモジュール訓練のような理念とは異なることが分かる。ただ、ユニットのカリキュラムの構成が完結している単位になっている。

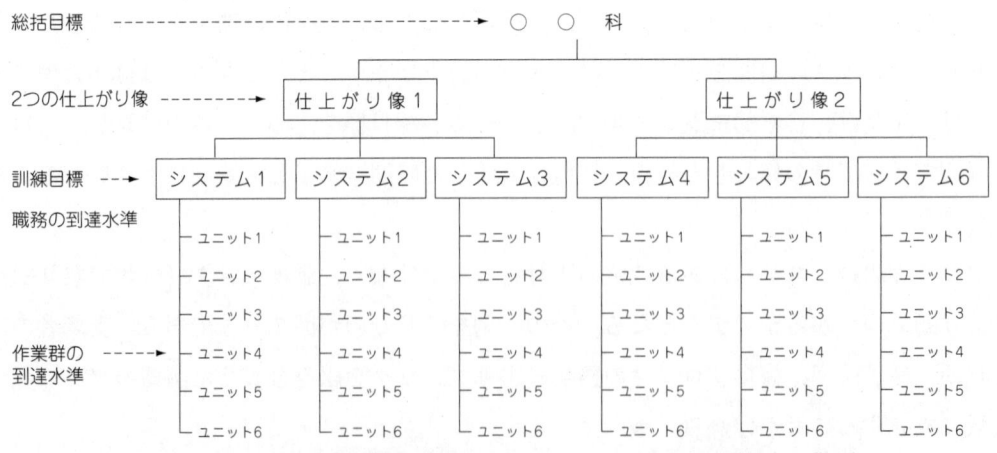

図7-7 雇用・能力開発機構の「ユニット・システム訓練」の体系

以上のような実学一体のカリキュラム論は「日本的モジュール訓練システム」を経て、雇用・能力開発機構のユニット・システム訓練に受け継がれているといえる。

2-3　実技中核の方法

　実技と理論を融合するカリキュラム論は前節のように展開してきたが、もう一方では職業訓練の意味を訓練の方法として追究してきた流れがあった。つまり、職業訓練界での「実技を中核とする」という考え方である。以前から職業訓練指導員もその考えを実践するように努力してきた。しかし、そのカリキュラム編成の理論は明確とはいえない。

　そのような中で、「生産を中核としたカリキュラム」として理論化したのが教育学者の元木健氏の「ラウンド方式」であった。元木氏は従来のカリキュラムは普通科目と専門科目、学科（座学）と実習という、二元論的な立場で編成されているとし、技術の教育は、その技術が展開される場において行われるべきであり、生産的活動を中心として、必要な知識を同心円的に位置づけたカリキュラムを編成すべきである。また、従来のカリキュラムにおいては、座学にせよ実習にせよ、おのおのの内容は羅列的で、その教育期間中には生徒にそれぞれ1回しか提出されないのが普通であるが、しかし、技術行動の形成には、むしろ同一教材の繰り返しが必要である場合が多いとする。そして、生産的活動を中核として、座学・実習を一元的に組み合わせ、技術習得の発展段階に応じ、何回も同じ教材が提出され、回を重ねることによってその内容を深めていくカリキュラムを構想したのである。このカリキュラムの構造は図7-8のように、技術・技能習得の段階に応じて、作業と知識のユニットを繰り返し、第1ラウンド、第2ラウンドというように、円錐式に展開するようになっている。

　このように、ラウンド方式とは、生産的活動を中核として繰り返し指導するカリキュラ

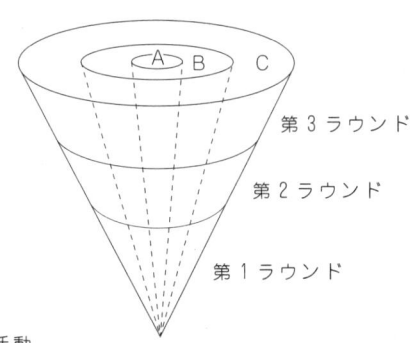

A　生産的活動
　　単純作業、仕事の説明・注意、独立作業・管理および判断的業務、整備・修理作業
B　関連的内容の学習
C　法則、一般的内容の学習
　　計算、作図、説明、講義、テスト（口頭の質問を含む）

図7-8　ラウンド方式による教育課程の形態

ム構造である。「生産的活動」とは実習ともいえる。このことからラウンド方式は職業訓練のカリキュラム理論として最適であることが分かる。

カリキュラムは時間経過による進度を表す計画である。したがって、図7－8では、A_1→B_1→C_1→A_2→B_2→C_2．．．と進むこととなる。このような教育訓練の進行は、ある単位で区切られた時間割でできるわけではない。つまり、期間は定めても時間を定めないカリキュラムを考えなければならないことになる。このことも職業訓練の場合は困難ではない。

ラウンド方式はある"固まり"としての一つの課題を与える場合には極めて有効である。しかし、1年、2年と長期の訓練の場合は与えるべき課題は複数となり、その場合のカリキュラムは単純には編成できない。複数の領域を併行して訓練を計画するときには年間訓練計画上の工夫が必要となる。

2－4　実技と理論の組合わせ法

職業訓練界では昔から実践してきた「年間訓練計画」の立て方の工夫で、ラウンド方式の問題を克服できるのである。職業訓練の考え方に「集中実習」がある。つまり、ある期間を定めて、特定の実習を実施してきた。この方法と類似した、実習だけではなく他の科目も中核的な教科に合わせてカリキュラムを編成するという方式をスイスやドイツの学校では「期間教授法」といっていた。

日本の学校の時間割は一枚を作成すればそれで一年間のカリキュラムが編成されたことを意味する。期間教授法の場合はわが国の職業訓練のように一年間に数枚の時間割を準備することとなる。しかし、期間教授法ではその一枚ごとの時間割で最も重視するカリキュラムの重点領域を定め、他の科目も重点領域の科目に関連づけて指導内容を計画するという方法である。職業訓練の時間割では重点領域の実習は定めても、他の教科目はやはり独立していた。しかし、時間割の編成は極めて似ており、期間教授法の考え方を応用することは困難ではない。

例えば、電気の理論は一般に直流回路を学び、その後に交流回路を学ぶ。一方、電気機器の実習では交流機器を最初に訓練し、直流機器を後に学ぶ。このような学科と実習との関連性の順序が逆転している場合は、実学一体は直ちには困難である。

しかし、期間教授法の考え方を応用すれば、上のような問題やラウンド方式の欠点も補うことができるのである。ラウンド方式は単独の作業領域の理論であったが、期間教授法はいくつかの作業領域を交互に並べて考える理論であるからである。

ラウンド方式と期間教授法を応用して、長崎総合高等職業訓練校の中学校卒業者を対象

とした2年制の電気機器科において、カリキュラム改善研究を行った。最終年度に表7—3のようなカリキュラム構造に改善した。表でSはサイクルを表すが、サイクルとは期間教授の期間のことであり、Sの欄はその番号である。領域とは、当時の電気機器科において指導すべき教育訓練の内容を分類して6領域に分けた科目群のことである。

表のように、2年間を4ラウンドに区分し、都合10期の期間（サイクル）とした。施設・設備の都合から、1・2年生のサイクルの画期の時期は同一にしなければならない。この表の構造に合わせて、各サイクルごとの「教科目目標表」と「教科目計画表」を作成し、サイクルごとの時間割が作成されることになる。

表7—3　改善カリキュラムの実習テーマとその構造(昭和49年度)

期間(週)	1年次			2年次		
	R	S	実習科目（領域）	R	S	実習科目（領域）
1～10	1	1	入門実験　　（※） 電気工事Ⅰ　（工事）	2	6	計測実験Ⅱ　（理論） 機器実験　　（機器）
11～17		2	電気工事Ⅱ　（工事） 制御装置Ⅰ　（制御）		7	高圧実験　　（理論） 電気工事Ⅲ　（工事）
18～20			（夏休み）			（夏休み）
21～27	2	3	変圧器　　　（機器）	3	8	高圧技術実験（※） 電子実験Ⅱ　（電子）
28～31		4	手仕上げ加工（工作）		9	溶　接　　　（工作）
32～51 (冬休み)		5	計測実験Ⅰ　（理論） 誘導電動機　（機器） 制御装置Ⅱ　（制御） 電子実験Ⅰ　（電子）	4	10	卒業制作 　電気機器　（機器） 　電気工事　（工事） 　制御装置　（制御） 　電子実験　（電子）

Rはラウンド、Sは「期間」のサイクルを意味する。
※印の実習は複数の領域にまたがる内容を含む。

上の表のような実技・実習の意義を生かすためのカリキュラム編成の考え方として、次の2—5に記すような構想も考えることが望ましい。

2—5　受講者の興味・関心と計画

教育は生徒の興味を興すように指導すべきといわれている。このことは職業訓練も同じである。あまり意識せずに実技・実習を生かすことによりそれは可能である。しかし、学校教育を真似て職業訓練の特長を相殺するようなカリキュラムの編成を無意識のうちに実施している場合がある。このような誤りをしないように、職業訓練カリキュラムの新たな改善の視点を整理してみたい。

第一点は、「専門先修制」と名づけていることである。つまり、入校してきた職種の専門に関係する実技・実習を入校の初めから計画する、という考えである。この点は、表7―3のカリキュラム構造表で第1サイクルの「入門実験」と「電気工事Ⅰ」がその専門を意味している。従来は戦前からの伝統で、電気科であっても入所当初は仕事の基本であるとしてヤスリとハツリ作業を課していたのであった。確かに手仕事が基本であることは事実であり、今日でも企業内訓練において実施している。このことは否定しないが、このような伝統的カリキュラムに代わって公共職業訓練の場合は専門性を実感できる電気工事の基礎と電気の実験を重視したわけである。このことにより、専門を学習しているという実感（喜び）を与えることが可能だと考えた。自分が選択した専門であれば、次の日も出てこようと思わせるであろうからである。

　第二点は、「指導の適時性」の再検討である。これは、従来の常識的な教育訓練内容、あるいは課題の順序を見直して、大胆に順序を入れ替えることも意味がある、という考えである。この点は、表7―3のカリキュラム構造表で第2サイクルの「制御装置Ⅰ」がそれを意味している。制御装置は今では誰でもが必要な技術であるが、当時は出始めの時代であり、電気科であっても2年生に課す実習課題であった。しかし、課題の内容をみると、その基本的な部分は1年生でも可能である、として設定したのであった。このことにより、電気という「専門を学びたい」という意欲と「専門を応用したい」、「上達したい」という意欲を強めることが可能と考えた。このことは、換言すれば「より高度な内容であっても初期に訓練できる」という考えである。また「基礎だからといって最初に訓練する必要はない」ということになる。

　上のことは一般教養にも応用できる。つまり仕事に関係する職業を学んでからでも教養は学べる、ということになる。このことは昔ながらの職人の教養の深さに舌を巻くことがしばしばであることが物語っている。

　第三の考慮点は資格試験の時期をカリキュラムに組み込むことである。このことは多くの職業能力開発施設で実施していることであり、取り立てて強調することでもない。要はその指導の意味である。つまり、資格取得のためには当然ながら実技がつきものであるが、その「実技を重視すれば知識も伸びる」という事実をいかすことである。表7―3のカリキュラム構造表で第1サイクルの「電気工事Ⅰ」がその目的を意味している。1年生ですぐに合格できる者は多くないが、専門の資格を目指した訓練への意欲は高く、その効果は極めて高いために、その意欲喚起を応用するのである。職業訓練は学歴ではなく、職業能力、職業資格の訓練に意味があるからである。

第四点は、生徒の興味や就職先の業務に合わせた卒業制作（実習）の課題を修了直前に計画することも有効であるということである。
　なお、職業能力の向上が目的であり、指導の方法としての訓練の形式を重視することはあまり重要ではない。つまり、学科を教室でしなければならないという決まりはないのであり、知識をテキストで教えなければならない、ということもない。最も良い指導は、実物教授であることを応用することであり、そのための創意工夫をすべきといえよう。

2－6　古い伝統・経験と新しい技術との統合

　技術・技能の革新が止まったら、国としての発展も止まる可能性が高い。この立場に立てば、職業訓練の内容として新技術・技能を追い求めなければならない。その視点が技術・技能の動向を見守り、先手を打つことが期待される理由である。
　しかし、職業訓練という限られた期間と時間で次々に増える新たな技術・技能を追加して訓練することは不可能である。また、必然的に古くなった、あるいは伝統的な技術・技能を排除、あるいは削除せざるを得ないことになる。このことは訓練職種の改廃につらなる。
　これまでも訓練科の改廃は行われてきた。それが職業訓練に課せられた生き残り策のようにとらえられてきた。これは先端的技術・技能で生産を上げている企業の場合には当てはまるであろう。しかし、そのような企業がすべてではない。技術・技能は先端的なものもあるがその基には基礎的・基本的な技術・技能があるのである。それらはピラミッドのようになる。職業訓練は、そのピラミッドのあらゆる分野の仕事を担当している労働者、または労働者になろうとする人たちに対して行うものである。
　このように考えると、職業訓練の訓練科はすべての科が技術・技能の革新に合わせて改廃するだけでは駄目なことが分かる。やはり、地域の実情に合わせて、訓練科を選定することが重要だといえる。
　また、ある分野の技術革新は、他の分野にも影響を及ぼす。訓練科の改廃だけではなく、カリキュラムの改革として対応することが必要な場合もある。例えば、情報技術の発展は情報科の新設としてとらえられているが、むしろ、すべての科の「情報化」として考えるべきであろう。このように考えると、訓練の再編の方向が見えるかもしれない。
　また、「モノこわし」学習で述べたように、これからは「使い捨て」の時代ではない。すると既存の技術・技能を伝承しなければならないという側面もある。リサイクルを有効にするためにも既存の技術・技能が分からなければならない。職業訓練の内容計画の困難な面であるが、複眼的に過去と未来を見定めねばならないといえよう。

3. 長期的な計画戦略の視点

　教育訓練は失敗の許されない「実験研究」である、といえる。何事も仕事はプロセス管理で行うべきであるが、職業訓練も同じである。カリキュラムも常に P_1（計画）→D（実行）→C（評価）→A（改善）→P_2（計画）と進歩するようにしなければならない。したがって、カリキュラムは編成するのではなく、改善するのである。つまり、「カリキュラム改善」というのが正しい。

　ところで、職業訓練の中でカリキュラムは訓練期間中の計画だけでなく、より長期的な計画も重要となる。それは1969（昭和44）年の新「職業訓練法」以降に定められることになった5年ごとの「職業訓練基本計画」、「職業能力開発基本計画」である。近年は行政改革との絡みで、短期計画、中期計画、長期計画の設定が叫ばれているが、その基本をなす立場は大きくは変わらないと思われる。その理念は職業訓練の成立時にみることができる。

　例えば、技術・技能を指導している職業訓練の営みが、学校における技術教育と似ているために、職業訓練は学校教育の亜流としてみる見方がある。しかし、戦後の公共職業補導所で主張された「自由入所制」の理念とその方法はわが国では学校的ではない初めての職業訓練の制度を表すことを自覚した言葉であったといえよう。職業訓練は決して学校教育の補足機関ではないことを指導員自らが自覚した言葉であったのである。公共職業訓練が失業者のために制度化されたことを考えれば、それは必然的なことであった。

　新卒者を対象とした職業訓練のみは、入所の時期を4月にしても悪くはないが、訓練の展開方法、カリキュラムについて学校教育を真似る必要はないのである。なぜなら、新卒の受講者が職業能力開発施設を学校とは考えておらず、職業訓練を教育とは考えていないからである。このことは「職業訓練学」の形成にとっても重要な視点となる。

　また、戦後当初の公共職業訓練の基準では「完成教育によらず、修了後の自奮自励により」職業を完成させるべきとするように、今日的な生涯訓練的な規定となっていたのである。職業能力の完成は日々変化する企業の職場でしか完成させることは不可能である。このことを考えれば、上の規定もまた当然な方針といえよう。

「完成教育」に関するメモ
　今日の学校教育は、普通・一般教育をもって「完成教育」としているため、その卒業段階で

の「就職」が困難であることは明らかである。このことが「就社」になる大きな理由であるが、このことを社会一般が是認していたともいえる。しかしそれでは一人ひとりの個性を尊重するという教育は成立しないといえるのではなかろうか。

　学校後の職業訓練として企業内教育訓練が最も大きな割合を占めている制度であることは事実である。ただ、日本では企業内教育訓練は社員教育であり、社員教育ではない職業訓練を学校が行っていない点がむしろ問題になる。職業を求め、労働の場を求めて職業訓練を受けようとしている人々のための職業訓練を公共職業訓練施設が創意工夫して展開すべき重要性がここにある。また、第3章で示したように、主要三大対象者（新規学校卒業者、在職者、離転職者）だけでなく、その他の対象者（障害者、女性など）についての職業訓練のあり方について方策が求められる理由でもある。時代により重視すべき対象者の重心はずれるが、重点対象者だけではなく、他の対象者のことを忘れてはならない。つまり、生涯職業能力開発、生涯学習として職業訓練をとらえるべきなのである。

　しかし、現状では上記のような「生涯訓練」の体制に問題が無い訳ではない。その第一は、今日のように進学率が上昇している中での「新卒者訓練」とはいかにあるべきなのかという点であり、第二は今日のように技術革新が進展する中での在職労働者に対しての「在職者訓練」というのは企業内で実施するものはともかく、公共訓練で行うことにいかなる意味があるのかという点であり、そして第三に高齢化しつつある転失業者が果たして真に職業を「再開発」（転職）し得るのかという点である。これまでの職業訓練の概念では、これからの真の「生涯訓練」体系を確立しえないのではないかということを、これらの問題は示している。そこで、今後の「生涯訓練」における各種訓練の目的・概念を次のようにとらえ直すことが必要になるのではなかろうか。

　職業訓練関係法令による職業訓練の目的については第8章で詳述するが、1978（昭和53）年までの目的は、新卒者は「基礎的訓練」、在職者は「向上訓練」、失業者は「転職訓練」ととらえられていた。基準上、これらの枠組みは既に解消しているが、今日にもそのような考え方が続いているように思われる。しかし、今日のわが国の社会を前提にすれば、以下のように視点を変更することが望ましいと思われる。

（1）　新規学校卒業者

　わが国の学校教育のように職業生活を教育目的とせず、普通教育を中心としている中では、若者の就職は「就職」ではなく「就社」となるため、仕事や人間関係がうまくいかない場合、自分に適性な職業を求めて転々とすることになる。そこで新規学校卒業者に対し

ては従来の「基礎的訓練」ではなく、「職業探索的訓練」ととらえた再構成が望ましいといえる。

「職業探索的訓練」は本来転失業者に対する「転職訓練」であるが、自分に最もフィットした職業を探索するための訓練として、新規学校卒業者への訓練と位置づけることができる。フリーターなどを対象としている「日本版デュアルシステム」はその可能性を秘めている。

もっとも、企業内訓練においてはこれまでのような新卒者訓練の定義でよい。

(2) 在職者訓練

「在職者訓練」は、在職者の技術・技能を向上させるための制度であったが、真に在職者の技術・技能を向上させるということはどのようなことであろうか。すなわち、今日の技術は企業の方が公共機関よりも進んでいることは明らかであり、公共訓練施設が在職者の「在職者訓練」を実施することが可能かということである。ただ、企業内の教育・訓練として実施する「在職者訓練」は特にその問題はない。我々の調査だけでなく、労働省（現厚生労働省）の調査によっても、在職労働者が公共訓練施設に期待している内容は、先端的な技術・技能に対しても当然あるが、より大きな期待はその先端的な技術・技能の原理・基礎を理解することにある。換言すれば、生産現場において進んでいるブラックボックス化した技術革新の「カラクリ」を理解することによって、日々使用している生産システムを自信を持って使いこなしたいという人間としての当然の要求に根差している。

このことは、最近、企業においては技術・技能の伝承を一昔前のように時間をかけて行うことが困難になっているため、と解することができる。図7－9に示すように事業主に対する調査の結果からも納得できる。

したがって、これからの公共訓練施設における「在職者訓練」は、生産労働の作業に関する基礎的な知識

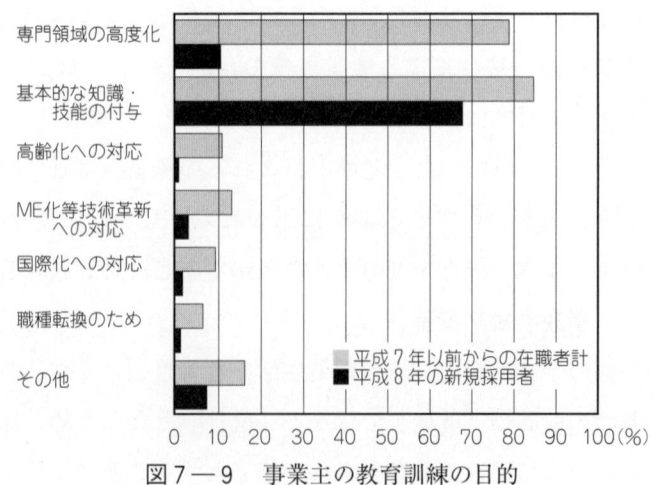

図7－9　事業主の教育訓練の目的

第7章　職業訓練の計画——どのように構想するべきか——　169

および技術・技能を訓練するという「基礎訓練」的な位置づけを与えることが好ましいといえる。もちろん、このときの「基礎」が、従来の新卒者訓練における「基礎」と異なることは明らかである。

(3) 転失業者訓練

　転失業者を対象としていた訓練であるが、「転職」がいかに大変であり、かつ困難であるかということは誰にでも理解できる。それまでの職業に関係なく、全く新たな職業に就職することは公共職業訓練を修了しても同じことである。むしろ、その人が歩んできた経験と、習得してきた技術・技能を生かせるような職業に就くことが有利であることが分かる。それがキャリアを生かすことなのである。

　この「転職訓練」の用語は、炭鉱労働者の再就職のために用いられ始めた経過がある。そして、現実に再就職の経過が好ましい人は、元の職業に類似した、あるいは関連する職業に就いた人である。前職に類似した、あるいは関連する職業に就くためには、訓練期間中に前職に比べ技術革新している内容を付加的に習得しなければならない。現在の能力よりも新たな技術・技能を追加・向上させて、それまでの職業に可能な限り近い職業に「再就職」させる。つまり、転失業者は「職業転換訓練」というよりも「向上訓練」的な発想で再構築することが望まれる。

　以上をまとめると図7—10のように、対象者別の職業訓練の目的が従来意図していた対象者別目的と入れ替わっていることが分かる。今後は

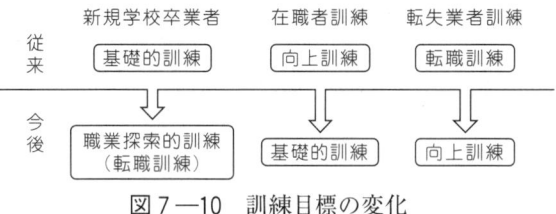

	新規学校卒業者	在職者訓練	転失業者訓練
従来	基礎的訓練	向上訓練	転職訓練
今後	職業探索的訓練 （転職訓練）	基礎的訓練	向上訓練

図7—10　訓練目標の変化

このような構想で職業訓練を検討することが望まれるといえる。

　次に、職業能力開発施設としての方略が求められる。まず、本章の初めに述べたように、技術革新の動向、経済の動向、そして地域社会の状況などの検討が常になされなければならない。この立場から「役割分担」の正しい理解と応用が必要である。昭和53年の「職業訓練法」改正法において、雇用促進事業団の施設を再編して職業訓練短期大学校と技能開発センターを設置したことは、法第15条第2項で「国は職業訓練短期大学校、技能開発センター及び身体障害者職業訓練校を設置し、都道府県は職業訓練校を設置する。」と記されていたことに由来する。

　短大の設立は都道府県も可能であったが、新たに設立する短大を国、すなわち雇用促進事業団に任せた理由は、当時の職業訓練局長であった岩崎隆造氏が、職業訓練短期大学校の運営が「質的に都道府県において実施することは通常困難である」と判断したからだっ

た。その結果、具体的には都道府県は基礎的職業訓練を、雇用促進事業団の施設では職業訓練短期大学校での"高度な職業訓練"とポリテクセンターでの在職者訓練を行う、とされることになった。このような分担は53年法で新設した職業訓練短期大学校とポリテクセンターの意義を強調するための解説だったと解釈すべきである。

しかし、条文においては施設の「役割分担」だけが規定されていたのであり、訓練内容の水準についてのことは記されていない。さらに、上の整理でも分かるように、ここには、都道府県の施設で在職者訓練や離転職者訓練を実施してはいけないとはされていなかったのであるが、都道府県の施設では新卒者の訓練に特化する傾向となった。

このような「役割分担」は昭和60年の「職業能力開発促進法」では解消しているのであり、あらゆる施設が、多様な受講者のための職業訓練を計画すべきことが求められている。ただ、雇用・能力開発機構立と都道府県立の施設が隣り合わせに設立されている場合はその分担もきめ細かく検討すべきであろう。「役割分担」とはそれ以上の意味はなかろう。

例えば、公立高校と私立高校で役割に何が異なるのか、というようなことを求めてもナンセンスなことであろう。大学の数より少ないわが国の公共職業能力開発施設で、通校圏が重ならなければ基本的に地域の要望に添うべきである。つまりセンターの立脚する地域の要望に沿うべきである。それは対象者と、要望される技術・技能によって異なることは明らかであり、抽象的な「高度化」か否かで差別化をしてもどれほどの意味があるのかは明らかではない。

「地域」については具体的な要望を把握する必要がある。一方は事業主であり、他方は労働者である。事業主としては商工会や様々な事業主団体があり、あるいは修了生を採用してもらっている個別の企業である。労働者としての要望を聞くのは難しいが、技能士会がその代表である。場合によっては企業の社員の意見を聞くことも必要であろう。

地域に密着した、職業訓練の特色を発揮すべきことを怠ってはいけない。

4. 新たな可能性の模索

4－1　日本版デュアルシステムの有効性

近年の不況下で、若年者の未就職者が増大してきた。政府は、若者のフリーター（Free Arbeiter）、ニート（Not Employment Education and Training）が増加し、社会問題となるに従い、放置できなくなった。そこで若者を対象とした日本版デュアルシステムを2004

(平成16) 年より開始した。

　第9章で紹介するが、デュアルシステムはドイツにおける独特の学校システムである。その意味では本来は工業高校が適切な制度である。工業高校においても試行しているが、工業高校においては困難をきたしているようである。推測だが、職業問題や企業内教育を受けさせる意味を理解させることがわが国の中学校卒業生には困難であるからではなかろうか。それに対し、職業能力開発施設でのデュアルシステムは従来の新規学校卒業者を対象とした訓練とは異なったメリットが出ているようである。

　厚生労働省は次のように説明している。

　　日本版デュアルシステムとは、「働きながら学ぶ、学びながら働く」ことにより若者を一人前の職業人に育てる新しい職業訓練システムです。具体的には、企業における実習訓練と教育訓練機関における座学（企業における実習訓練に関連した内容）を並行的に実施します。

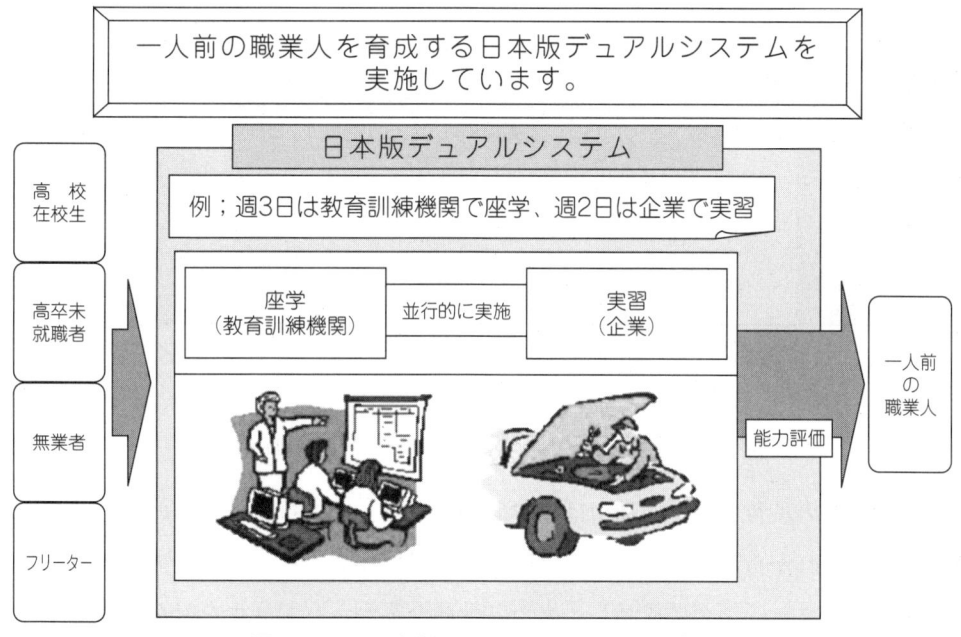

図7—11　日本版デュアルシステムの概念図

　職業能力開発施設では上のように、基本は第一期として能力開発施設での基本的な教育訓練、第二期として企業現場での実習と能力開発施設での教育訓練を組み合わせた教育訓練、第三期として企業現場での試用的雇用という三段階で雇用に結びつけようとしていることである。

　上のような「日本版デュアルシステム」の制度構想で特に注目すべきことは生産現場で

ある企業内における実習を位置づけていることである。これはドイツのデュアルシステムの原則である企業実習を見做したのであった。しかし、本来職業訓練での実習は現場実習があってもおかしくはなく、企業内訓練では必ず組み込んでいる（例外的な企業もあったが）。また、公共職業訓練においても「受託実習」として同様な訓練を実施していたのであり、学校主義的教育観の下でその理論化が遅れたことを示しているだけである。

厚生労働省関係では、雇用・能力開発機構の職業能力開発大学校において専門課程として5校で、普通課程として10センターで、19道府県の27施設で普通課程または短期課程として実施している。専門課程は2年であるが、普通課程では最長1年半、最短9月で計画されている。定員は合計700人である。

その一例として沖縄県が実施しているものを紹介すれば次のようになっている。その実施報告によれば「デュアルシステム訓練生は社会経験もあり「常識」を持ち、目的意識を明確にしている。」とのことである。

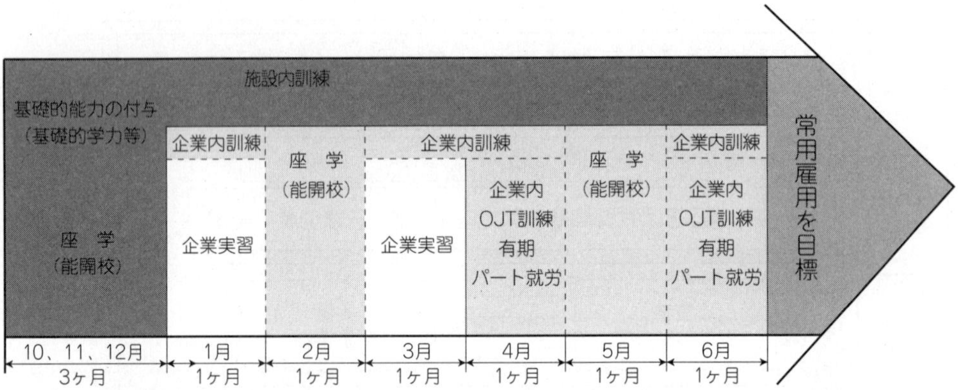

（沖縄県立浦添職業能力開発校）
図7—12 日本版デュアルシステムOA事務科の概要

また、愛媛県の試行では①訓練生は企業研修などで、身を持って企業の厳しさの体験ができ、自分がこれから身を置く社会を実際に近い形で体験できること、②11名中10名の訓練生と企業とのマッチングに成功し、また各受託企業からも訓練生を暖かく迎えていただいていること、一方企業からは、専門校での訓練は非常に高い訓練効果が得られており、新入社員教育の一部が省ける、との評価を得ているという（鈴木康弘「デュアルシステム訓練を実施して」、『技能と技術』2006年1月）。

フリーターなどの若者は世間から様々な見方があるが、ひとたび職業訓練を受けている若者の姿は既に変わっているのである。問題は、このような教育訓練さえ受けようとしない若者にどのように対応するかである。それはひとえに序論で述べた職業観の育成に関す

る学校教育の問題であるといえよう。

　日本版デュアルシステムはかなりの有効性があるといえる。その理由は、若者達が職場の経験を通して学ぶことの目的意識を明確に持つためであろう。つまり、職場経験の意味であるが、具体的には職場実習の意義であり、職業を中核とする教育訓練の意義である。この方式でフリーター・ニートを脱出することも不可能ではないようである。

　試行校の調査によれば、訓練が修了していない段階で現場実習を経験後に就職が決まっている受講者が少なくない。このことは、職業訓練の目的である就職のための訓練ということが達成されているのであり、学校における「中退」とは全く異なる。

　ただ、その実施課程は様々である。同じ課程であっても都道府県立の職業能力開発施設で行っている訓練期間には差異がある。職業能力開発短期大学校で実施している場合は「専門課程」の修了資格を付与するようになっているが、上のことは、修了時の資格をどのように設定しているのか、という点に問題が残りそうである。ドイツのデュアルシステムとは対照的な点といえよう。

　なお、日本版デュアルシステムには従来の職業訓練とは制度的な相違点がある。それはこのデュアルシステムの財源が「雇用保険法」会計ではなく一般税による施策である、ということである。第5章で詳述したように、職業能力開発の財源は主として雇用保険によってまかなわれてきた。雇用保険ではなく一般会計でまかなわれているということは、国による国民への施策として実施されていることになる。つまり、一人ひとりの国民の職業能力開発は単にその人の職業を保障しているだけではなく、産業のためにもなり、ひいては国の基盤を支える人材の養成として機能していることになり、一般税からの支出は当然ではないか、という解釈である。このことは、従来の職業能力開発は国民への施策ではないのか、という問題を提起しているといえよう。

　また、フリーター、ニートはどちらかといえば女性が多いが、日本版デュアルシステム受講者に女性が少ないことも課題である。善処を求められる点といえよう。

日本版デュアルシステムに関するメモ

　日本版デュアルシステムは工業高校などにおいても実施されている。こちらは3年間の専門高校のコースとして実施されている。ただし、企業実習は最大で2ヶ月であり、多くは20日〜1ヶ月程度を実施しているに過ぎない。

　その他、専門学校などに委託している形態もあり、定員としてはこの方式が圧倒的に多いが、その成果については明確になっていない。

4－2 "生き甲斐訓練"の重要性

　若者のフリーター・ニートの増大が社会問題であるように、高齢者の増大も問題となっている。高齢者はリタイヤした人々のことであるが、職業能力がゼロになったわけではない。また、その人々は生活のためよりも生き甲斐として仕事をしたい、働きたいと望んでいる人が多い。このような膨大な数になる人材を見捨てることは社会としても大きな損失となる。現実に技能流出をしており、技術・技能の空洞化の要因となっている。

　まだ働ける人を「シルバー人材センター」などに登録してもらい、不定期な仕事などを担当してもらうことは有用である。その登録のために職業能力を確認し、維持し、あるいは向上してもらうための職業訓練が整備されるべきではなかろうか。

　これは「雇用保険法」の財源の主旨には合わないから、一般財源にて行うべきである。若者のための日本版デュアルシステムに対しては一般財源から支出されていることをみれば不可能なことではない。要は、その訓練が社会のためになるか、という評価の問題であるが、高齢者は何もしないよりも体を動かし働いている方が健康の維持にもなることは明らかである。その上に、なにがしかの労働・作業にも従事してもらえる、ということであれば、有効性は明らかである。

　「生き甲斐訓練」を修了した後は、シルバー人材センターのほかにも、次代を担う子供達のために、地域で「モノづくり塾」を開講してもらうことも意味がある。社会の人間関係が断絶すれば、社会機構が崩壊する。それを防ぐためにも次代のモノづくりを担当する若者を育てるためにも極めて重要な社会的営みになると思われる。

　職業訓練は今後とも社会の連続性を担う重要な営みになれると確信する。

第7章問題

問1　「職業能力開発促進法」の制定に合わせて「B型訓練」の基準が設定される直前に設定されていた訓練科は、「普通課程」と「職業転換課程」を合わせ、重複を除いて193科の訓練科であった。では、B型訓練にするとどれほどの訓練科を開設することができるか。

問2　北欧のある国の小学校の時間割はすべてのコマが等しい時間で割りつけられていない。つまり、科目によって1コマの実質時間が異なるのである。このようにしている理由と、授業運営のための方策はどうあるべきだろうか。

問3　日本版デュアルシステムは主として若年失業者などを対象に職業訓練を実施しているが、従来の失業者・離転職者を対象とした訓練と何が異なるのだろうか。

第8章　職業訓練の目的
―― どのような意義があるか ――

1. 人間形成の一方法

　第4章に紹介したように、ルソー、ペスタロッチ、そしてデューイなどの哲学者達も労働、あるいは労働のためのEducationを重視し、人間形成にとって極めて重要な意味があることを指摘している。

　ところで、人材の養成は、職業訓練の占有ではない。近代化の過程で学校が設立されたが、学校も人材養成の制度であった。明治の人材養成策の端緒は明治5年の「学制」といえる。「学制」は序論で紹介したように実学の学問を方針に制定された。その学問を目指させるために「学制序文」では立身を目標に鼓舞したが、その意図が近代的な人材養成にあったことは明らかである。

　しかし、職業教育は困難であり、普通教育の強制に反発した親たちは学校を焼き討ちしたが、やがて政府のいう立身をめざして子弟の教育に賭けるようになった。そして、わが国の学校は進学のための学校制度を形作ってきたのであった。学校が進学のための普通教育を中心に発展してきたことについて評論家の佐藤忠男氏は次のように述べている。

　　　所詮、学校でやる職業教育には限界がある。ある一定の職業にはっきりと目標を見定めた者だけを集めて、半年なり一年なり、集中的にやる職業教育なら効果はあるが、ふつうの学科の合間にときどき職業科目をまじえるというような授業では効果は知れたものである。それよりも、直接、職業の現場で教えることを考えたほうがよい。職業教育を集中的にやる学校と、直接、職業の現場に行って学ぶことと、その二本立てで職業教育をすすめるべきであろう。……

　　　その現場での体験というものをこそ、きちんと評価し、それを学校での学習に勝るとも劣らないものとして意義づけてゆくことが重要なのであろう。

　上の佐藤氏の意見は、第9章で紹介するドイツのデュアルシステムを想起する。デュアルシステムを前提にした意見ではなかろうが、それは一つの教育制度としての提案であり、また、日本の教育制度に対する大きなアンチテーゼであるといえる。そして、佐藤氏の主張は職業訓練による人材養成の重要性を説いているといえる。

さて、歴史的に人材の養成は様々な方法が無意識的に試みられてきた。換言すれば、意識的に行われたのは近代以降であり、それ以前には無意識的に行われていた。なぜなら、教育訓練という言葉がなくとも、人間社会の継続のために技術・技能の伝承は必要であり、行われなければならないからである。「職業訓練」、「教育」、「教育訓練」、「教育・訓練」、「職業能力開発」など類似の言葉はいろいろとあるがいずれもその本質に差異は無いといえよう。

> **明治5年の「学制」における人材育成の目的に関するメモ**
> 　1872（明治5）年に制定された「学制」を解説した「学制序文」では「学ばざる事と思ひ一生を自棄するもの少からず」のように、学問をしないとフリーター、ホームレスになると警鐘を鳴らしてもいたのである。

2. 職業訓練関係法の目的規定の変遷

まず、職業訓練の目的を職業訓練関係法によって戦後に限りたどってみよう。そこから法的な目的が明らかになると思われる。ちなみに、戦前の各種規定の目的は、「工場法」のように労働者の立場の法もあったし、「工場事業場技能者養成令」のように国家目的が優先していた法令もあった。

戦後の法令は新たに制定された「日本国憲法」との関係で始まる。職業訓練関係法を根拠づける「日本国憲法」の条文は公共職業訓練が第22条の「職業選択の自由」であり、企業内訓練が第27条の「児童はこれを酷使してはならない」の規定である。

（1）　憲法と公共職業訓練

戦後の公共職業訓練は「職業安定法」によって再発足した。「職業安定法」の国会上程において時の大臣は次のように解説している。

　　　本法案の目的とするところは、その第1条に明かな如く、公共職業安定所その他の職業安定機関が、憲法第22条の職業選択の自由の趣旨を尊重しつつ、各人の有する能力に適当な職業に就く機会を与えることによって産業に必要な労働力を充足し、以て職業の安定を図るとともに、経済の興隆に寄与することにあるのであります。（中略）
　　　又職業補導につきましては、都道府県知事が主体となってこれを行なうことを原則と定めた外、都道府県知事に対する労働大臣の援助の義務について規定を設けてあり

ます。(後略)

このように「職業安定法」は新憲法の基本的人権の尊重の主旨に則って、1947 (昭和22) 年11月30日に公布され、同時に1938 (昭和13) 年の「職業紹介法」は廃止された。
「職業安定法」の関連条項は次のように記されていた。

 第1条　この法律は、公共に奉仕する公共職業安定所その他の職業安定機関が、関係行政庁又は関係団体の協力を得て、各人に、その有する能力に適当な職業に就く機会を与えることによって、工業その他の産業に必要な労働力を充足し、以て職業の安定を図るとともに、経済の興隆に寄与することを目的とする。

 第5条　職業補導とは、特別の知識技能を要する職業に就こうとする者に対し、その職業に就くことを容易にさせるために必要な知識技能を授けることをいう。

その職業補導の目標として、「所謂完成教育に依らず」に訓練し、「修了並びに就職後の自奮自励に依り大成せしめること」と定めていた (昭和23年基準) ことは、今日の「生涯教育」の構想にも通ずるものがあり、教育・訓練のあり方として注目すべきといえよう。

(2) 憲法と企業内職業訓練

戦後の企業内訓練は「労働基準法」によって再発足した。「労働基準法」の国会上程において大臣は次のように解説した。

 本法案は労働条件の最低基準を定める法律であります。憲法第27条の趣旨並に現下の労働情勢に鑑み、労働者の基本的権利と目すべき最低労働条件を法律で規定することは我国の再建にとって必要欠くべからざる所であります。本法案はかかる要請に基いて提出されて居るのでありますが、その規定するところの概要は次の通りであります。即ち (中略)

 第7章は技能者の養成に関する規定であります。従来徒弟制度は我が国に於ける劣悪労働の一事例とされて居るのでありますが、ここには其の弊害を除去すると共に労働の過程に於て技能者を養成する特殊の必要がある場合には技能者養成委員会に諮って特別の規程を作りこの規程に於て技能者養成の為の必要と、この法律の最低基準との調整を図ることと致しました。而してこの規程によって技能者たらんとする者を使用する場合には行政庁の認可を要することとして、産業の必要を充足すると共に弊害の防止に遺憾なからんことを期したのであります。(後略)

上のような「労働者の基本的権利」の立場により、1947 (昭和22) 年4月に「労働基準法」が制定され、次のような「技能者の養成」を規定し、「工場法」などは廃止された。

第7章　技能者の養成

（徒弟の弊害排除）

第69条　使用者は、徒弟、見習、養成工その他名称の如何を問わず、技能の習得を目的とする者であることを理由として、労働者を酷使してはならない。

　　使用者は、技能の習得を目的とする労働者を家事その他技能の習得に関係のない作業に従事させてはならない。

（技能者の養成）

第70条　長期の教習を必要とする特定の技能者を労働の過程において養成するために必要がある場合においては、その教習の方法、使用者の資格、契約時間、労働時間及び賃金に関する規程は、命令で定める。

上の「命令」として「技能者養成規程」が1947（昭和22）年10月に制定され、次のような「内容」論を規定した。

第13条　使用者は、必要な知識、技能を習得させるために労働大臣の定めるところによって、技能教程、関連学科及びその教習時間その他の教習事項を定めなければならない。

上のような「労働基準法」と関連法令により戦後の企業内訓練としての技能者養成の制度は再発足した。それではこれらの新たな制度が提起した課題を解明してみよう。

技能者養成の具体策として、まず第1に養成期間については「技能者養成規程」別表第2に定める期間を超えてはならないとした。この規定は、実質的な訓練をせずに、徒に雇用期間を延ばし、養成工を低賃金労働力として使用することが不可能となるように、養成工の保護の立場から定めた。第2に、教習事項は最低限度であることを明確化した（昭和23年6月告示備考1）。この規定により最低の訓練内容を定めて、「養成工」に対する教育訓練を保障した。しかし、戦後初期の企業内職業訓練は、経済の低迷を反映して、実質的にはあまりみるべきものはなく、伝統産業職種の育成に力点がおかれていたといえる。

以上のように、戦後の職業訓練は、公共、企業内訓練とも「労働権の保障」として成立したといえる。

（3）「職業訓練法」における目的

朝鮮戦争による特需を契機にわが国の産業界が活況を呈すると、戦後初期に設定した職業訓練の目標と方法は、時代の要望に合わなくなってきた。そこで、公共職業補導と企業内の技能者養成を統合して「職業訓練法」を1958（昭和33）年5月に制定した。その目的関連条文は次のように規定された。

第1条　この法律は、労働者に対して、必要な技能を習得させ、及び向上させるために、職業訓練及び技能検定を行うことにより、工業その他の産業に必要な技能労働者を養成し、もって、職業の安定と労働者の地位の向上を図るとともに、経済の発展に寄与することを目的とする。

第2条　この法律で「労働者」とは、事業主に雇用される者及び求職者をいう。

　2　この法律で「職業訓練」とは、労働者に対して職業に必要な技能を習得させ、又は向上させるために行う訓練をいう。

第3条　公共職業訓練と事業内職業訓練とは、相互に密接な関連のもとに行われなければならない。

　2　公共職業訓練及び事業内職業訓練は、学校教育法（昭和22年法律第26号）による学校教育との重複を避け、かつ、これとの密接な関連のもとに行われなければならない。

　3　公共職業訓練と青年学級振興法（昭和28年法律第211号）による教育とは、重複しないように行われなければならない。

　この「職業訓練法」で「労働者」とは、第2条第1項のように「労働基準法」でいう概念とは異なり、求職者も含まれる。したがって、新規学校卒業者であっても就職を希望する者はその法の対象者になりうるのである。

　上の「職業訓練法」の目的が「労働者に対して必要な技能を習得させ」ることとなり、従前の「職業安定法」および「技能者養成規程」との変化を指摘できる。このことは、第3条第2項のように学校教育との重複を避けるために強調されたのかもしれない。

　職業訓練と学校教育との重複を避けるべきとする規定は今日まで続いている。

（4）（新）「職業訓練法」における目的

　やや強調していうと新規中学校卒業者を対象として制度化された「職業訓練法」は、経済の高度成長が進み、在職者の訓練や離転職者の訓練をも含めたまさに字の如く「労働者」のための職業訓練を再構成する必要が生じた。そこで、旧来の「職業訓練法」を廃止し、新たな「職業訓練法」が1969（昭和44）年7月に制定された。ここで、法律の名称は同じであったためこれらを区別して、旧法あるいは昭和33年法、新法あるいは昭和44年法と呼んでいる。新法の目的は次のように規定された。

第1条　この法律は雇用対策法（昭和41年法律第132号）と相まって、技能労働者の職業に必要な能力を開発し、及び向上させるために職業訓練及び技能検定を行うことにより、職業人として有為な労働者を養成し、もって、職業の安定と労働者の地

位の向上を図るとともに、経済及び社会の発展に寄与することを目的とする。
　　第3条　職業訓練は、労働者の職業生活の全期間を通じて段階的かつ体系的に行われなければならない。

　上の第1条のように、職業訓練の目的が「職業に必要な能力を開発し、及び向上させる」ことのように極めて幅広く設定されたことが新法の特徴の一つである。これは、旧法の「技能の訓練」という幅が狭い目的では、技術革新の時代に対応できないとの判断があったのであろう。

　また、第3条にあるように、職業訓練は「段階的かつ体系的」に行うこととして、新規学校卒業者のための「養成訓練」、在職者のための「向上訓練」および離転職者のための「能力再開発訓練」の訓練の種類を設定し、それぞれに訓練課程を設けたのである。このことにより、あらゆる労働者の職業訓練に対応できるとした。これを総称して「生涯訓練」と標榜したのであった。

（5）オイルショックによる改正

　1973（昭和48）年のオイルショックの発生で、それまでの順調な経済成長が破綻し、思いも掛けない不況の嵐が吹き荒れた。職業訓練も経済成長を前提にして体系化されていたため、失業者の氾濫に対処することが緊急の対策として求められた。そこで、1978（昭和53）年5月に「職業訓練法」は改正され、目的は次のように変更された。

　　第1条　この法律は、雇用対策法（昭和41年法律第132号）と相まって、労働者の職業に必要な能力を開発し、及び向上させるため、その内容の充実強化及びその実施の円滑化のための施策を講ずることにより、職業訓練及び技能検定を普及し、及び振興し、もって、職業の安定と労働者の地位の向上を図るとともに、経済及び社会の発展に寄与することを目的とする。

　不況対策のための改正と想像される用語は、「実施の円滑化」である。つまり、それまでは職業訓練の運営体制がやや硬直化していたことを物語っている。このことをより詳しく述べたのが、第7章で述べたように、第9条第3項に追加された、職業訓練の開始時期などの弾力化を求めたことである。つまり、不況期の職業訓練が再度重視されたのである。

（6）「雇用保険法」による改正

　オイルショックは「雇用保険法」の成立と相前後したため、緊急な施策として失業対策が優先された。その失業対策が一段落すると、「職業訓練法」にとって重要な財源法である「雇用保険法」の規定に沿った改正が必要になった。その改正が1985（昭和60）年6月

に実施され、法の名称は「職業能力開発促進法」と改正され、目的も次のようになった。

> 第1条　この法律は、雇用対策法（昭和41年法律第132号）と相まって、職業訓練及び技能検定の内容の充実強化及びその実施の円滑化のための施策等を総合的かつ計画的に講ずることにより、職業に必要な労働者の能力を開発し、及び向上させることを促進し、もって、職業の安定と労働者の地位の向上を図るとともに、経済及び社会の発展に寄与することを目的とする。

上の新たな条文は、1978（昭和53）年の内容とあまり変わらないように思える。既に44年法にて骨格が完成していた法律を、「雇用保険法」の規定により職業訓練を再整備した、というような意味であろう。

法の名称に関するメモ

　昭和33年法から昭和44年法への変更の時点では、同じ法律名称であっても旧法の廃止＝新法の制定であった。ところが、1985（昭和60）年の場合は昭和44年法の改正であったが法律名称が「職業能力開発促進法」と変わった。つまり、法律は廃止ではなく改正であり、継続していることになる。

---

(7)　個人主導の支援への改正

技術革新はさらに進み、一方、人々の生活スタイルも多様化してきた。このような時代に対応して、一人ひとりの職業能力開発に関する個別の要望に応えるために、1997（平成9）年5月に「職業能力開発促進法」は改正され、その目的条項は次のようになった。

> 第1条　この法律は、雇用対策法（昭和41年法律第132号）と相まって、職業訓練及び職業能力検定の内容の充実強化及びその実施の円滑化のための施策並びに労働者が自ら職業に関する教育訓練又は職業能力検定を受ける機会を確保するための施策等を総合的かつ計画的に講ずることにより、職業に必要な労働者の能力を開発し、及び向上させることを促進し、もって、職業の安定と労働者の地位の向上を図るとともに、経済及び社会の発展に寄与することを目的とする。

上の第1条にあるように、このとき「労働者が自ら職業に関する教育訓練又は職業能力検定を受ける機会を確保するための施策」が追加されている。そしてこの文とほぼ同様な文がほかにも6条文に追加され、都合7条文に規定された。このことは、平成9年の改正の主要な目的が、職業能力開発の援助体制を個人主導へ重点を移すという方針転換の意味もあるように感じられるのである。

改正法は同時に、ブロックごとと沖縄に10校の職業能力開発大学校を設置した。この職

業訓練の高度化について対外的には上の個人主導よりも強調されて周知されたきらいがあるが、目的の改正は大きな意味があったといえる。

以上、職業訓練関係法の目的規定を概略してきたが、「職業訓練」とは「職業を遂行する能力を身につけさせること」が第一の目的である。簡単にいえば「仕事の伝授」であり、人材の養成であった。そのことにより、産業の発展と国の基盤を形成する役割を果たしている、ことになるといえよう。

3. 職業人の養成

職業訓練の原型的な姿は、日々の労働、あるいは仕事を子弟に伝授することであった。仕事が営業として成り立つようになると、それは企業へと発展し、仕事の伝授は企業の死活を左右する重要な営みとなった。仕事の伝授は、初心者が仕事をできるようになって初めて企業にとって意味のある活動になるのである。すなわち、企業内教育訓練の重要性はここにある。

ここで、最近の不況を反映して以前のようには強く聞こえなくなったが、一部の人々による「職業訓練は企業のための教育である」という指摘を検討してみよう。この意見には職業訓練は労働者のためにならないので、助成すべきではない、という批判が込められている。果たしてこの意見は正しいであろうか。

上の意見には、労働者個人の能力開発による成果が生じるが、その成果は企業主のためにしかならない、という意味である。しかし、よく考えると、労働者が職業能力を習得してその成果を労働者が最初に発揮しなければならないことが分かる。つまり、企業にとってだけの成果にはならないのである。いや、労働者が職業能力を習得しなければ企業は労働者の労働による仕事の成果を得ることはできない。このことは、労働者がある企業で修得した職業能力を別の企業において利用することが不可能ではないことをみても分かる。

職業訓練はまずは労働者個人のための営みである。このことをジャーナリストの楠原祖一郎氏は大正期の職業訓練である職業輔導について第6章で紹介したように、「社会的技能を向上、進化せしめんことを目的」とする政策であると主張していた。その技能の向上とは「人的存在の助長」のためとしていたのであった。このように、楠原氏は職業訓練は人として生きるための技能を向上させ、新たにすることがその意味であり、目的である、とした。

また、宗像元介氏は「人は本来職業志向的である」として、人びとはそれぞれ何らかの

理由で、職業人たることを、結局は自主的に選択し、探索しているとした。その自主性に濃淡はあっても人はその職業を志向している。その職業能力を身につけることによって、自分の人生を開くことができないかと考えているからである。人は所詮は職業人になる。したがって生涯のいつかの時点では、必ず職業志向的になるはずである。そのような、職業を志向する人々を援助することが公共職業訓練の意味である、としたのである。

このことによって、公共職業訓練は単に個人を守る以上に積極的な社会・経済的意味をもつ、という。さらに、職業志向性それ自身についていえば、われわれの多くの文化遺産が結局は職業志向的な人々の手になることを忘れるわけにはいかない。その意味も含めて「職業志向を援助する」公共職業訓練は、やはり欠くことのできない「国づくり」の営みである、とした。

さらに佐々木輝雄氏は「生きること・働くこと・学ぶこと」を保障することが職業訓練である、としている。つまり、職業訓練というのは、人間社会の本質に触れている。人間が、生き、働くというものに、触れている限り、職業訓練というのは必要である。人間の生き、働くということとかかわった部分で避けることのできない教育とか訓練に立脚点を置かねばならない、と。

具体的には、「失業者の教育訓練について、一般の学校が責任を持って再就職させてくれるのか。……あるいは在職労働者の教育訓練を大学はやってくれるのか。……そして、選別機能で傷つけられた若い子供達を、学校は悔い改めてそういう子供を引き受けてくれるであろうか。学校中心の社会から見放された養成訓練生を抱えて、社会に巣立たせて、ある役割を持っている。……そのような、教育訓練を保障するノウハウを職業訓練校はたくさん持っている。」として職業訓練による人間形成の可能性が高いことを主張している。

以上のように、先人の主張する職業訓練の意味として、人間形成、職業人の形成としての重要な意義があることを指摘している。もちろん、その目的の保障のためには、受講者が技能をきちんと習得しなければならないのはいうまでもない。

ここで、わが国の企業内訓練制度としては独自の発達と特長を先導し、わが国では最も整備された企業内訓練制度を有しているといわれている日立製作所の方針をみてみよう。

日立製作所は1908（明治41）年に鉱山の電動機修理から業を起こした企業であったが、教育訓練にも創立者である小平浪平氏の思想が流れているといえる。日立では海外の先進企業との提携による技術の導入ではなく、自主技術の開発に努力して発達を遂げた特色を持っている。また、都会から遠く離れた日立の地では優秀な職人を集めることが困難だっ

たため、内部での将来の中堅工の養成をせざるを得なかったことがあった。このような状況と方針から、「自主技術、自主営業、自主教育」というスローガンで企業を経営してきたという。

日立では、創業時代から小平浪平社長は「工場の生産を盛んにし且つ純真な工場の気風を養成する」上から、従業員の教育が非常に重要なことに着眼し、明治43年に徒弟養成所を創設して、主として鋳物、仕上、旋盤、電工などの実習をさせていた。大正になってからは単に実習だけでなく、修身、国語、外国語、数学、製図というような一般の普通教育と工学の基礎になるものを指導した。1917（大正6）年4月には工場の生産が益々多忙になったため、徒弟を全国から募集し3百余名を養成する施設となった。大正7年には、体操科を設けるなど、規律や体育にも重きをおくこととした。

この企業内教育の精神を如実に語る創業者の逸話がある。

それは、日立の教育を受けた生徒が卒業後義務年限を満了しないうち、甚だしいのは在学中に東京や大阪の高い給料の工場へ転職するものがしきりに出たときの話である。これに対して工揚からは学校に対する不満が絶えなかった。ながく日立の教育業務を担当していた児玉寛一氏は小平社長を訪ねて苦衷を訴えたという。ところが社長は反問して、

「やめて百姓になるのか」

との質問があったから、百姓になるのではないが、他社の職工になるため去って了う旨を答えたら、社長は、

「辞めて百姓になるのでは教育したかいがないが、日本の工業に役立つ仕事ならば大いに結構ではないか。教育者は有能な技術者、工業人を作ることを目的とすればよい。」

といわれたので、大いに意を安んじた、とのことである。

ここに、小平氏の教育に関する理念をうかがい知ることができる。第9章で紹介するドイツのデュアルシステムを実施している企業では小平氏の発言と似たような方針を持っていて、企業のホームページに受け入れ訓練生数を明記している。つまり、社員ではないデュアルシステムの訓練生を引き受けるのは企業の社会的責任だ、という意味である。わが国の企業においてもこのような精神で経営者は教育訓練にあたってもらいたいものである。

それでは労働者の立場からはどうであろうか。これについては第4章で明治時代の片山潜と労働組合期生会の教育訓練の要求を紹介したが、その後の発展をみることはできなかった。

戦後では初期に、業種別労働組合が、職業教育の要求を掲げていた。例えば、日本鋼管

川崎製鉄所従業員組合綱領では「技術の錬磨と知識の啓発に努め、自由・平等・博愛の精神に基づく、人格の陶冶に精進し、自己の社会的水準を向上し、以て健全なる勤労分化の昂揚を期す。」(昭和21年1月) としていた。

しかしながら、日本労働組合総評議会の「当面の行動綱領」では、「われわれは六・三制の完全実施、教育の機会均等などの実現を期するとともに、労働者自らの手による労働教育事業の普及をはかり、働く人の明るい分化の建設のために闘う。」(昭和25年7月) のように、働く労働者のための教育要求ではなく公教育への要求へと傾斜したのであった。以後、労働組合からの職業教育に関する要望が強く出されることはなかった。

以上のように、産業勃興期の経営者の理念も、労働組合からの職業教育の要求も次第に薄れているというのが現実であろう。それでも、職業訓練が不必要だ、とする論は労使から無く、大いに職業訓練の意義と重要性を喧伝しなければならない。

ところで、企業内訓練と公共訓練では基本的に性格と目的が異なるともいえる。しかし、見方を変えると、就職が先か、訓練が先かで企業内訓練と公共訓練の違いが出るだけであり、訓練が本質的な職業人の養成であるという意義において差異はない。

ここで、その職業訓練の意義を明確にしておこう。職業の能力はまず労働者自身に習得してもらわねば仕事にならない。その習得した能力を利用して仕事をしてもらうことが企業の経営に有効であり、ひいては国の基盤を形成していることになる。このことが職業訓練の意義である。労働者の教育訓練は「企業のため」だけではないという理解が重要である。

4. 産業基盤の土台づくり

確かに、職業訓練は人の職業的自立を保障することにより、人の尊厳の確立に寄与している。職業訓練の目的は、働く人にエネルギーを与えたり、能力を引き出すことであるが、その施策のためには財政的な保証が必要となる。なぜ、国はそのような出資をしてまで、人の能力開発をするのかが問題となる。

既にお分かりのように、職業訓練には「人の成長」になる「受講者の立場」だけではなく、同時にそのことが「国の立場」になるのである。近代化を追究するため、つまり国の発展のために労働者の能力を高める施策を整備しなければならないからである。

このことは、よくいわれる「職業訓練のニーズ」の問題である。ニーズは受講者のためだけでなく、国にとっても有効な人材の開発、労働能力の養成のために必要なのである。

働くために職業訓練は不可欠である。それは働くための学習であり、真の就職のための準備である。職に就き働くことによって、先に宗像氏が述べたように、職業訓練は究極の「国づくり」としての役割を担っている営みとなるのである。

　人が、労働し、仕事をして企業の生産を上げ、これが国としての国民総生産を高めているのである。つまり、一人ひとりの労働者の仕事が国をつくっているのである。その労働の方法を学び、指導する営みの中心が職業訓練である。

　このことを言い換えると、労働者の能力を開発することによって、産業人を養成し、国の基盤を支える人材を養成することが職業訓練である、といえる。

　しかし、一人ひとりの労働者の能力が発揮されねば産業のためにも、国のためにもならないことは明らかである。人の能力の開発には経済を発展させ、国を発展させる役割があるのである。これが職業訓練の目的といえよう。

第8章問題

問1　1958（昭和33）年の「職業訓練法」の人材養成の目標はそれ以前の職業補導、技能者養成の目標よりも後退している面があるが、それはどのようなことか。

問2　今日の「職業能力開発促進法」は1985（昭和60）年に「職業訓練法」を改正されて制定されたが、この「職業能力開発促進法」の「日本国憲法」における位置づけをどのように考えるべきであろうか。

第 9 章　世界の職業訓練
──何を学ぶべきか──

　国際協力の仕事で、職業訓練援助のために多くの職業訓練指導員が開発途上国へ出向き、その報告の中に、必ず日本人との職業訓練に対する意識の違いを記している。

　このことは日本人と他の諸国の人々との間に「職業訓練」に関する考え方が根本的に異なっていることを示している。これらの問題の根源を探り、日本の職業訓練のとらえ方を再検討することが本章の目的である。

> **職業訓練観に関するメモ**
>
> 　十数年前、筆者の勤める大学校で途上国の職業訓練指導員を対象とした国際協力コースを担当していたときの話である。アフリカのある女性指導員から「日本の学校ではなぜ職業訓練をしないのか？」の質問を受けたことがある。この質問の意味に戸惑ったが、講義を終える段階でもあったことに乗じて、その場逃れの答弁で誤魔化した。
>
> 　そして、次の年から同じコースに来た海外の指導員に、上の質問は可笑しくないか、と尋ねるが誰も可笑しいとはいわない。一方、様々な日本人のグループにも同じ質問をしたが、当初の筆者の反応と同じく、誰もそのような論理で考えたことがない、という。つまり、日本人と外国人は職業訓練のとらえ方が全く異なるということである。このことに気がついたことが本書をまとめなければならないと考えるきっかけになった。

1. 主要先進国の職業訓練

　まず、主要な先進国の職業訓練についてみてみよう。これまで先進国の職業訓練の体制は徒弟制度を基盤とするドイツ型、学校を基盤とするフランス型、といわれてきた。また、イギリスは論者により時代により見方が多様である。しかし、アメリカは特定の型でいわれることなく、学校制度として注目されていた。しかし、近年のグローバルな産業界の改革により、これまでの解説を大きく補足しなければならないだけでなく、その分類にも再検討が必要になってきているのかもしれない。以下では近年の職業訓練、特に熟練工を目指した養成システムについて概略してみたい。

1―1　学校に発展したイギリスの職業訓練

香港はイギリスの150年にわたる統治を終え、中国に1997年に返還された。返還される直前の3月にある研究会に参加して香港を訪問し、そのときに図9―1ような香港の学校制度図を入手した。

図では「学制」に「職業訓練」や「学徒訓練」が入っている。「職業訓練」の施設では日本の公共職業訓練施設とほとんど同じである。また、「学徒訓練」とはわが国の企業内教育のようなものだとの解説だった。いわば徒弟制度であろう。中国返還後も"一国二制度"であるため、この学校制度は現在も生きているはずである。

このような日本にない学校制度が、香港ではどのようにして体系化されたのだろうか。その歴史的発展に関する経緯を知らないが、150年の統治によるイギリスの文化の影響であることは明らかであろう。イギリスの影響を受けたと思われる東南アジアの国々での学校制度は、香港の制度図と大同小異のようである。

しかし、もしイギリスの影響だとしても、なぜ職業訓練が学校と同居するのであろうか。このことを解明するためにはイギリスの学校の成立過程をみる必要がある。

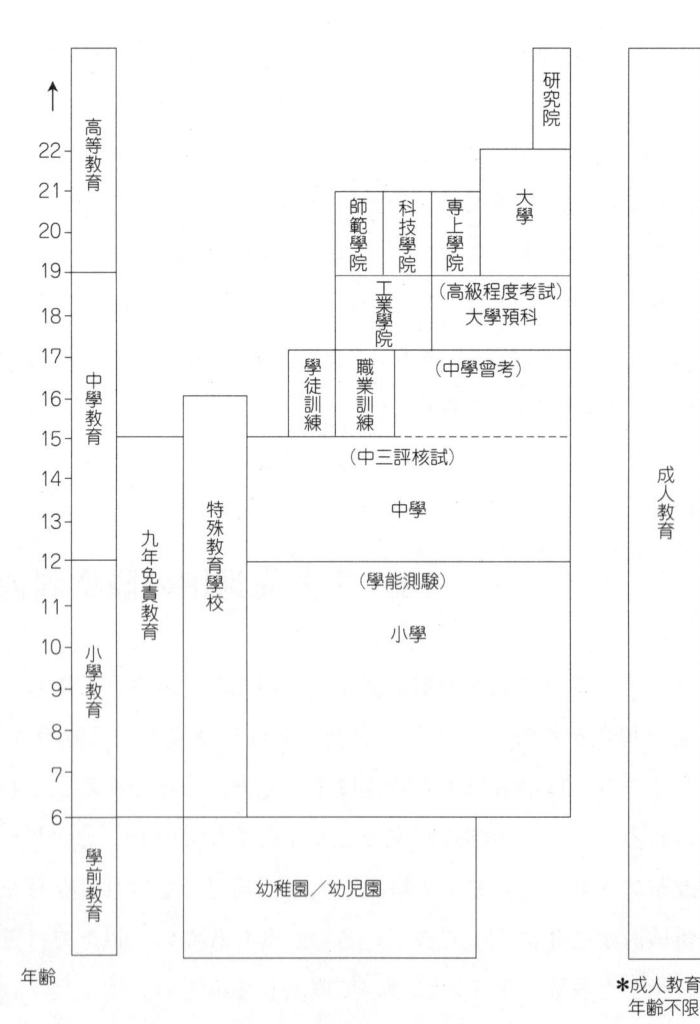

図9―1　香港の学校制度

佐々木輝雄氏の研究によるイギリスの庶民の学校の成立過程図を次の図9—2に示した。イギリスの庶民の学校は、徒弟制度、「救貧法」が成立させたワークハウス・スクール、そして「工場法」における児童労働者の学習の保障を経て成立したという。このような過程でワークハウス・スクールが重要な役割を演じたことを佐々木氏は明らかにした。つまり庶民の学校は児童（労働者）の学習問題から発展したというのが英国における経過であった。そのイギリスにおける最初の「工場法」は1802年の「徒弟の健康及び道徳に関する法」である。

　なお、「救貧法」が児童労働者の学習問題の制度化につながった理由は以下の通りである。産業革命下の経営者は低賃金労働者により利益の追求を図ろうとして、児童を酷使していたが、この事態に対し、児童に読み書きが必要（キリスト教徒は聖書が読めなければならない）との批判が起こり、この対策として工場の一角で読み書きの指導を始めたという。

　その方法は多様であるが、その学習システムをワークハウス・スクールと呼んでいる。

　ワークハウス・スクールは様々な形態があったようだ。次の絵（1790年頃か）のリバプールのワークハウスについて著者は少年刑

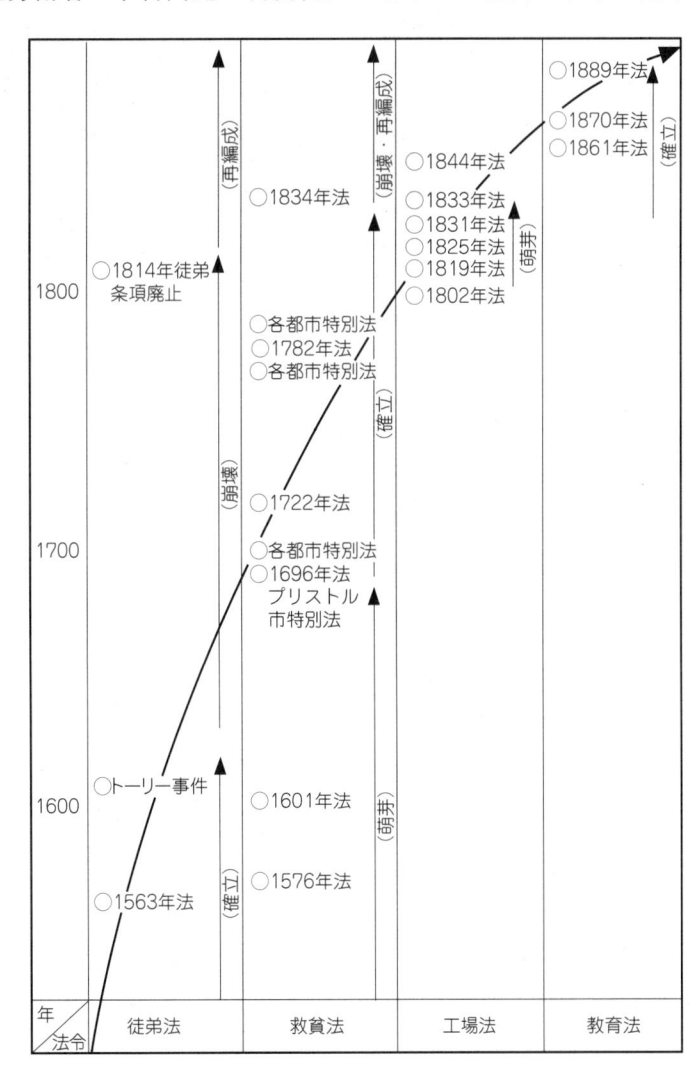

佐々木輝雄『技術教育の成立』より
図9—2　イギリス教育の歴史

務所的なニュアンスを想像させる「救貧労役所」というタイトルをつけているが、これは適切ではないといえよう。むしろ、ワークハウス・スクールの経験が「工場法」において「学習した児童労働者でなければ働かせてはいけない」という、実質的な"義務教育"制度の条件を整備したからである。

リバプールのワークハウス

玉川寛治『「資本論」と産業革命の時代』より

> **イギリスと日本の違い**
>
> わが国でも徒弟制度はあった。また、職業に関する「往来物」を学ぶ寺子屋などの学習施設もあった。しかし、わが国ではそれらの伝統と経験を断絶することによって近代的な学校制度を創った。わが国の「学制」は国家主導による学校の制度化であったが、イギリスでは歴史の自然な発展として、働く者の学習施設として学校が成立した。
>
> なお、イギリスの最初の「教育法」は1861年に制定された。日本の「学制」との差はわずかに11年であることに注意しなければならない。つまり、わが国の教育関係法制定の遅れはわずかであるが、働く子供達の学習問題を規定した「工場法」の制定はイギリスに比べ、一世紀以上も遅れていたということである。そして両国の教育法と工場法との制定の順序が逆転していることが序論に述べたわが国と世界との教育観の差異となっている大きな要因と考えられる。

ところで、イギリス特有の古くからあるパブリックスクールはよく知られている。しかし、これは主として貴族の子弟が入学する全寮制の中等学校であり、本書で論じている庶民の学校とは異質である。

このような延長線上にイギリスにおいては、日本でいう文部省と労働省を合体した教育雇用省 Department for Education and Employment に再編し、さらに2001年に教育職業技

能省 Department for Education and Skills へと再編したことはなにも不思議なことではないことが分かる。つまり、"Education" には職業に関する能力開発が含まれているからであり、"Education" は雇用のためであるからである。

そして今日、イギリスにおいては教育職業技能省の下において、現代徒弟制が再構築され、学歴資格と職業資格を統合する全国資格制度 General National Vocational Qualification GNVQ を整備している。この新制度の基本は、これまでの様々な職業資格と学歴資格を対等に位置づけるように、整理することである。このことは、単に資格の問題だけではなく、職業訓練の評価の問題でもあることが分かる。

> **職業訓練と学校制度に関するメモ**
>
> 職業訓練が学校に取り入れられている国は少なくない。オランダもそうである。リヒテルズ直子『オランダの教育―多様性が一人ひとりの子供を育てる―』（平凡社、2004年）を参照されたい。

1―2　現代に続くアメリカの徒弟制度

アメリカは周知のように州により法律が異なり、また産業ごとにも労働者への対応は異なる。このことを前提に、徒弟制度を自動車産業について素描してみよう。なお、アメリカの学校状況からみると、徒弟制度へ入る者は高卒以上の者が大半であるといえる。

アメリカ合衆国における徒弟制度の基本的枠組みは、1937年に制定された全国徒弟制度法（National Apprenticeship Act）という連邦法（federal regulations）がベースとなっている。オレゴン州では、徒弟制度を規定する法律の名称は、State of Oregon regulations の中に盛られている。この州法の中の徒弟制度に関する部分には、成文化された徒弟契約書の必要性、徒弟契約書に載せるべき事項とその内容、州レベルの徒弟制度・訓練委員会の構成と委員の報酬、訓練費用、徒弟制度の基準、労使合同徒弟制度委員会の役割と構成、訓練期間中の徒弟および職人の賃金、O. J. T に関連する法定時間数などについての規定が盛り込まれている。

徒弟制度を規定する連邦法と州法とを受けて、熟練職人を養成するにあたっての全国的レベルの団体交渉がおこなわれ、労使による全国労働協約が締結され、全国協約を受けて工場別の支部協約が成立するのである。そして、労使が全国協約を締結する場合、労使は「徒弟制度基準」を団体交渉によって取り決めて、これに基づいて徒弟制度を運営している。

現代徒弟制度（modern apprenticeship）とも呼ばれる企業内技能者養成制度の端緒は、1972年に印刷機械メーカーが設立したものである、といわれている。

　フォード自動車会社における徒弟制度の仕組みは、フォード社と全米自動車労組が締結している労働協約文書（全国協約、national agreement）およびフォード自動車の工場経営者と全米自動車労組の工場支部とが締結している労働協約文書（支部協約、local agreement）のなかに明記されている。全国協約文書の中では、「フォード自動車会社と全米自動車労組との間の、熟練職種の補足協約」という形で取りあげられている。全国協約文書では、労働協約が包括する熟練職種の範囲、先任権、熟練職種の割り当て、労働協約文書に署名した労使の代表者の氏名が列挙された後、「徒弟制度基準（apprenticeship standard）」と題する箇所が続いていく。熟練職種の範囲の部分では、「この労働協約は、工具工、鋳型工、保全工、建設業（construction）および動力室の職種群におけるすべての熟練職種の従業員に対して適用される」と述べられている。なお、これはあくまでも全国協約のレベルにおける規定である。

　さて、「徒弟制度基準」でフォード社の場合、徒弟制度をめぐって労使間で労働協約が締結されたのは、第2次世界大戦が終わる年の1月である。

　「徒弟制度基準」の第1条項では定義、第2条項では「徒弟制度への応募条件（apprenticeship eligibility requirement）」が規定されており、第3条項では、徒弟採用前に就業経験をもつ従業員に対する単位認定条件（credit for previous experience）、第4条項では徒弟期間について、第5条項では徒弟の内定取り消し期間（probationary period）、第6条項では労働時間が規定されている。労働時間条項では、徒弟に対する教育・訓練によって消費された時間については、実際の労働時間としてはカウントされない（賃金の支払いがない）という趣旨が書かれている。第7条項では職人に対する採用される徒弟の割合、第8条項では労働規律、第9条項では「徒弟を訓練する職種群（apprentice training group）」と徒弟の賃金率とが規定されている。

　以上のように、自動車産業の例であるが、アメリカでは徒弟制度が今日にも息づいているのであり、重要な熟練労働者の養成制度となっていることが分かる。

　なお、徒弟制度によらない労働者の養成は、多くはコミュニティカレッジにおいて、企業との連携で行われている。ここで受けた単位の多くは一般の学校、大学で認定されるものとなっている。

1―3　学校になっているドイツの徒弟制度

　ドイツにおいてはわが国の憲法に相当する「ドイツ連邦共和国基本法」の第12条に「すべてのドイツ人は職業、労働の場及び養成訓練の場を自由に選ぶ権利を有する」と規定されている。このように、養成訓練だけではあるが、職業選択とセットで権利として職業訓練が規定されている意味は大きい。

　そのドイツの職業訓練制度は、職業学校と事業所の両方で行う「デュアル（二重）システム」として有名であり、わが国にも早くから紹介されてきたが、その概要を説明しよう。ドイツでは一般学校教育が第二次世界大戦以前から、図9―3のようないわゆる複線型教育制度を基本としており、それが生徒達の職業進路とも関係している。

　ドイツの学校教育は国ではなく各州の文化省が管轄しており、制度は州によって若干異なっている。図による説明もある程度モデル化した全国の標準的な姿を表しているものである。

　ドイツの教育制度の骨格は、わが国の小学校に当たる「基礎学校」、その5年生（10歳程度）から分かれる「ギムナジウム」「実科学校」「基幹学校」の三種類の学校である。その上には、「ギムナジウム」修了のための試験「アビトゥーア」の合格を経ての「大学」進学、そして、その他の「基幹学校」「実科学校」終了者などには「デュアルシステム」を中心とする職業教育がある。

　ギムナジウム、実科学校、基幹学校の三つの進路は、それまでの基礎学校での学業成績から見るとほぼこの順に並ぶのだが、この入学に際して試験があるわけではない。親と教師と本人と、いわば三者面談のような形で進路決定がされるのだという。その際の大きな判断要素が、生徒の将来の職業なのである。

　学校への入学に際して入学試験による選別が行われない代わりに、学校修了資格は厳しく判定される。大学などの高等教育機関での学業によって職業能力を形成している人々を別にすると、2002年のデータでおよそ220万人の若者が職業訓練課程に在籍している。そのうちデュアルシステムによる職業訓練を受けている人々は約173万人で、全日制の職業専門学校で職業訓練を受けている人は約43万人である。

　訓練職種によって訓練期間は異なるが平均すると3年程度であるので、上の数字を3で割ったものが同一年齢、あるいは1学年のおおよその数字となる。デュアルシステムには毎年50数万人の若者が、また全日制職業訓練校には10数万人の若者が、新たに職業訓練に入っていくということである。

　こうした数字の上からも、今日なおドイツの職業教育の中核はデュアルシステムにある

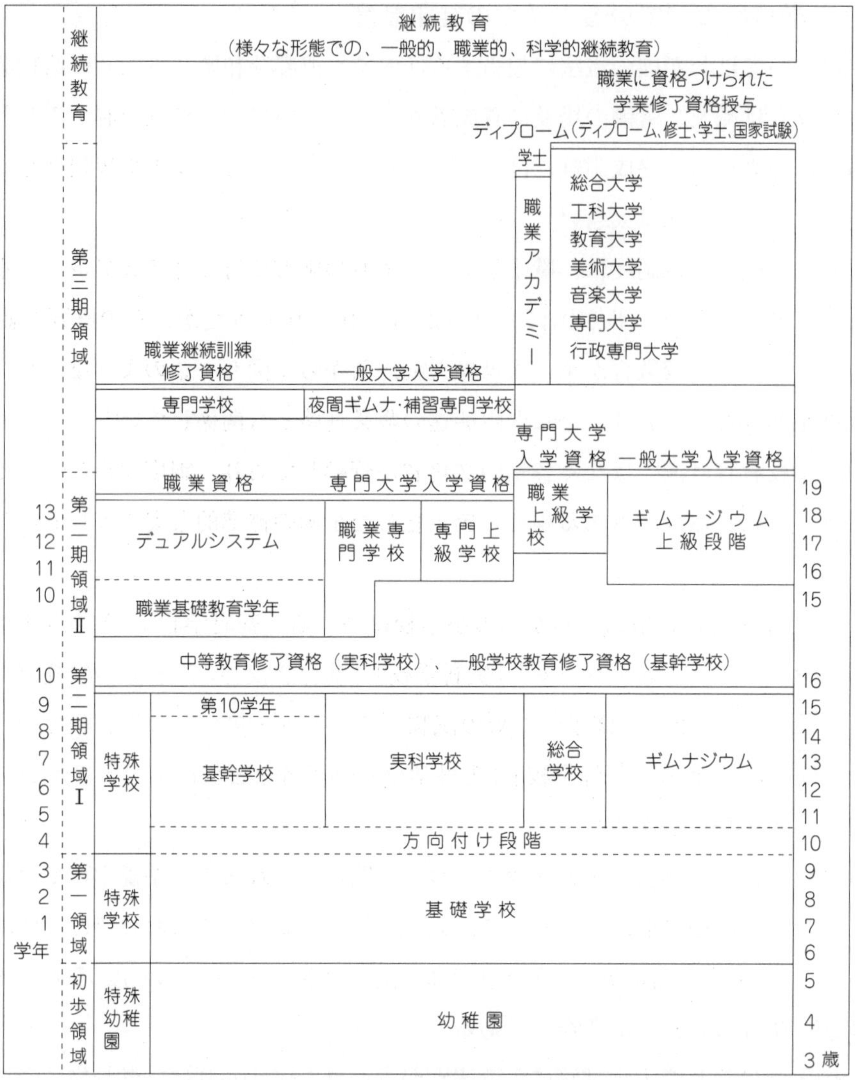

小原哲郎『ドイツの職業訓練関係法令資料集』より
図9—3　ドイツ連邦共和国における教育制度の基本構造

ことが分かる。サトウサンペイが、ドイツを称して「職の国ドイツ」といった理由である。この制度がデュアルシステム（二重制度）と呼ばれるのは、週に1〜2日職業学校に通い、残りの3〜4日を訓練生契約を結んだ事業所に通って職業訓練を受けるためである。職業学校の方は学校教育として各州の文化省所管であるのに対して、事業所での訓練の方は商工会議所、手工業会議所、農業会議所などの所管にある。後者は連邦レベルでは経済省の管轄である。

訓練職種の新設と同時に統廃合も進み、現在約360の訓練職種がデュアルシステムによって運営されている。訓練期間は訓練職種によって異なるが、およそ3年である。

以上のように、ドイツの職業訓練はデュアルシステムを中心として文字通り全国民的規模で取り組まれているが、2004年の学校卒業者について「訓練職種と希望の職種は一致したか」との問いに対しては、75.1％が「一致した」と答えており、「部分的に一致した」が15.2％、「一致しなかった」が9.8％であった。この結果は国民全体の職業選択につながる職業訓練選択のシステムとしては、非常に優れた成果だといえるであろう。

近年、わが国で試みられている「日本版デュアルシステム」は以上のようなドイツのデュアルシステムを参考にしているのである。

なお、日本で実施されている企業内の認定訓練は、生徒の身分が訓練生という意味だけでなく社員であるという点を除けば形態的にはデュアルシステムだといえよう。

また、在職者の訓練は継続教育にも含まれ、企業の責任において行われている。

1—4　学校段階と並ぶフランスの見習工制度

フランスでは、人材養成は学校形式が主流だといわれているが、近年では見習い工制度も多様に発達している。図9—4は最新の学校と見習い工制度を対比させた図であるが、見習い工制度が学校制度と並んで体系化されていることが分かる。最上位の「技師資格」に対応する見習い工制度は、1994年度より始まり、2001年度で2万5千人弱が修了しているという。

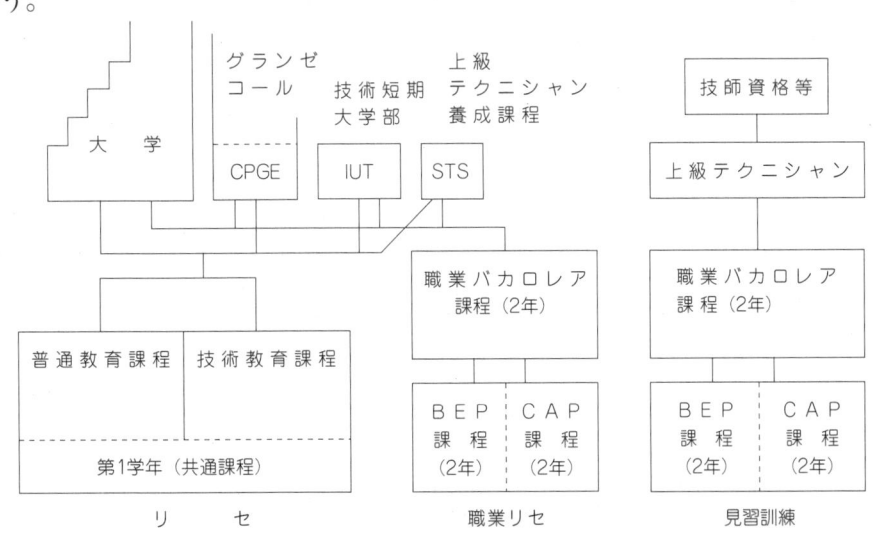

夏目達也「フランスにおける見習訓練制度と学校職業教育」より
図9—4　フランスの学校系統図

フランスでは、職業教育・訓練は後期中等教育以降の段階で実施されている。高等教育段階でも、多くの教育機関が何らかの形で職業教育・訓練を行っている。最高度の専門教育を行っているグランゼコールも、そこでの教育はある意味で職業教育とみることができる。もちろん、特定職種の職業資格の取得やそこでの就職をめざして教育を行っている高等教育機関も少なくない。また、学校教育を終えて就業している者を対象とする各種の継続教育訓練制度がある。これらの多くは職業教育・訓練が主体である。このほか、職業資格を取得しながらも就職機会がなく失業中の青年を対象とする各種の職業教育・訓練プログラムもある。

　これらの多様な職業教育・訓練で多くの対象者を集めているのは、後期中等教育レベルのそれである。このレベルの職業教育・訓練には、学校教育によるものと見習訓練によるものとがある。フランスの見習訓練制度の存在を見落としては同国の職業教育・訓練制度の理解は得られない。近年、高等教育レベルでも見習訓練が普及しつつあることを考慮すれば、なおさらである。

　後期中等教育レベルの学校職業教育は、主にリセと職業リセで行われている。リセは前期中等教育（4年制）を修了した生徒を対象に、修業年限3年の教育を行っている。共通課程となっている第1学年を経て、第2学年から普通教育課程と技術教育課程とに分化する。このうち、職業教育は技術教育課程で行われる。両課程ともバカロレア資格（後期中等教育と高等教育入学資格を併せて認定する国家資格）の取得を目的とした教育を行っている。普通教育課程は中等教育バカロレア（別称、普通バカロレア）、技術教育課程は技術バカロレアを取得することにより、同課程の修了が認定されるとともに、高等教育入学の基礎資格の取得を認められる。両バカロレア資格の取得には、3年終了時の国家試験に合格することが必要である。

　一方、職業リセは、同じく前期中等教育課程を修了した生徒を対象に、修業年限2年の教育を行っている。ここでは、CAP（職業適任証）とBEP（職業教育修了証）という2種類の職業資格の取得をめざして準備教育を行っている。これらの資格を取得した者は、職業バカロレア準備課程（2年制）に進学できる。リセの普通および技術の両バカロレア資格と同様の試験に合格することにより、職業バカロレアを取得できる。これを取得すると、高等教育入学の基礎資格が得られる。

　フランスの職業資格はその大半が国家資格である（1980年代半ばまでは職業資格の創設・改編は国家の専権事項であり、1990年以降業界独自の資格である「職業能力認定証」（Certification de qualification professionnelle, CQP）も増加傾向にある）。この資格は国家

試験を通じて取得するが、取得のための準備教育は多くの場合学校が担っている。各々の職業資格について準備教育を行う学校が決まっており、その学校が学校段階全体においてどのような位置を占めているか、とりわけ学校の修業年限によって、職業資格が等級づけられている。もっとも基礎的な職業資格であるCAP（職業適任証）とBEP（職業教育修了証）の場合、準備教育を担当するのは職業リセである。同校は後期中等教育段階に位置しており、修業年限は2年（小学校から職業リセ修了までに要する年限は11年）である。両資格は第5水準に位置づけられている。

見習訓練制度（apprentissage）とは、企業における実地訓練と教育機関における理論教授を組み合わせた教育・訓練により、職業資格の取得を目的とする制度である。職業資格と学校教育がいわば連動している点がフランスの職業教育・訓練の特徴の一つである。しかし、職業資格は学校教育ばかりでなく、その他の手段によっても取得することができる。その一つが見習訓練制度である。

まず、見習訓練を受けている訓練生の数の推移をみる。訓練生数は、2001年度現在約36.2万人である。1960年代前半には約30万人ほどであったが、義務教育年限の延長（1967年から従来の14歳までが16歳までになった）や訓練期間の短縮（3年間から2年間へ）などの事情により減少し、1974年には15万人にまで減少した。その後増加に転じ、1980年以後1993年に至るまで、ほぼ20～22万人の間で推移してきた。1994年から増加が顕著になっており、1996年には30万人を超え、2001年現在36万人になっている。

近年における特徴は、多様な職業資格の取得をめざす訓練生が増加していることである。1980年代半ばまで、見習訓練制度を通じて取得できる職業資格は、CAPに限定されていた。1987年の法律改正により、CAP以外の資格も取得できるようになった。最近では、CAP準備コース以外で訓練生の増加が目立っている。とくに職業バカロレアや上級テクニシャン免状の準備コースの訓練生が増加しており、そのことが訓練生総数の増加につながっている。その結果、CAP以外の職業資格を見習訓練制度を通じて取得する者の数は、従来はきわめて少数であったが、その状況に大きな変化が生じているのである。

2. 国際組織の職業訓練

2−1　学校を含むILOの職業訓練

1975年6月にILO総会で採択された「人的資源の開発における職業指導及び職業訓練に関する条約」〔第142号〕は次のような条文で始まっている。

第1条

1 加盟国は、特に公共職業安定組織を通じて雇用と密接に関係付けられる職業指導及び職業訓練に関する包括的なかつ調整された政策及び計画を採用し、及び発展させる。（2～4略）

5 1の政策及び計画は、すべての者が社会の必要に考慮を払いつつ自己に最も有利にかつ自己の希望に従って職業能力を開発し及び活用することを、平等の基礎の上にかついかなる差別もなく、奨励し及び可能にするものとする。

第2条 加盟国は、前条に定める目的のため、一般教育、技術教育、職業教育、教育指導、職業指導及び職業訓練（これらの活動が学校教育の制度の下で行われるものであるかないかを問わない。）に関する開放的、弾力的かつ補完的な制度を設け、及び発展させる。

上の第2条のカッコの中の注記である「これらの活動が学校教育の制度の下で行われるものであるかないかを問わない。」は見過ごされやすいが重要な意味を持っている。つまり、一般教育から職業訓練までが学校で行われようが、どこで行われようが変わらないことを指摘している。このことをより明確に理解するためには最初のILOの「職業訓練に関する勧告」（1939年）をみる必要がある。

1939年の「職業訓練に関する勧告」では次のように述べている。

第1部 定 義／1 この勧告において、

(a)『職業訓練』と称するのは、技術的又は職業的知識を習得し又は向上させることができるすべての訓練方法をいい、訓練が学校において施されると作業場において施されるとを問わない。

(b)『技術及び職業教育』と称するのは、職業訓練のために学校において施されるすべての程度の理論的及び実地的教育をいう。

(c)「徒弟制度」と称するのは、使用者が契約により年少者を雇用すること、並びに予め定められた期間及び徒弟が使用者の業務において労働する義務ある期間、職業のため組織的に年少者を訓練し又は訓練させることを約束する制度をいう。

このようにILOの職業訓練の勧告は、職業訓練の中に学校教育を含めている。技術教育、職業教育は職業訓練のためとしている。その後ILOの職業訓練に関する勧告は新たなものが出されるが、今日までその基調は変化していない。例えば、1975年の「人的資源の開発における職業指導及び職業訓練に関する条約」では職業訓練を次のように述べている。

職業訓練（これらの活動が学校教育の制度の下で行われるものであるかないかを問わない）

このように、ILO の職業訓練は、学校教育をも含んだ極めて幅広い概念としていることが分かる。

2－2　ILO と同じユネスコの規定

職業訓練の形態と類似している技術教育、職業教育について、ユネスコで1989年11月に採択された「技術教育及び職業教育に関する条約」（抄）は次のように始まっている。

（前略）

1975年に国際労働機関（以下 ILO）の第60回会期において採択された「人的資源の開発に関する職業指導及び職業訓練に関する条約（第142号）」及び「勧告（第150号）」の諸規定に留意し、

ユネスコと ILO とが、調和のとれた目標を追求するため、それぞれの文書の作成にあたって両機関の間の緊密な協力を行なっていることに注目し、かつ、この実り多い協力が継続されることを期待し、

（中略）

1989年11月10日に、この条約を採択する。

第1条　締約国は、次の事項について合意する。

(a) この条約において、「技術教育及び職業教育」とは、一般的知識に加えて、テクノロジー及びこれに関連する科学の学習、並びに、経済的及び社会的生活の種々の部門の業務に関する実際的技能、実用的方法、態度及び理解力の獲得を含むすべての形態及び段階の教育過程をいう。

(b) この条約は、教育機関において行なわれる、又は、一方での教育機関と他方での工業、農業、商業若しくは労働の世界に関連するその他の事業とが共同して組織した連携制のプログラムを通じて行なわれる、すべての形態及び段階の技術教育及び職業教育に適用される。

(c) この条約は、各締約国の憲法の諸規定及び法令に従って適用される。

上の条約の下線部分は、先の ILO の条約と類似した説明になっている。このことを理解するためにやはり初期のユネスコの勧告を見る必要がある。1962年12月にユネスコが総会で採択した「技術・職業教育に関する勧告」はその前文で「国際労働機関の総会が、その第46回会期において、職業訓練に関する勧告を採択したことに注意し、1962年12月11日

にこの勧告を採択する。」として、ユネスコの技術教育に関する勧告がILOの勧告と矛盾せず、そして連携して目的を達成することを前提にしていることが分かる。

そして、次のような定義から始まっている。

Ⅰ　範囲及び定義
1.　この勧告は、工業、農業、商業およびこれに関連する業務の分野で、職業的訓練を与えるために学校またはその他の教育機関で提供されるすべての形態の教育に適用される。
2.　この勧告の目的のため、
　　(a) 次の三者が区別される。
　　　　（ⅰ）熟練労働者のレベルでの教育
　　　　（ⅱ）技術者のレベルでの教育
　　　　（ⅲ）技師または技術専門家のレベルでの教育

このように、ユネスコも学校における技術教育および職業教育は職業訓練のためにその基礎教育として実施することをうたっている。ユネスコはILOとの重複を避けながらも、職業教育に積極的にかかわろうとしていることが分かる。そしてILOは、学校教育がカバーし得ない領域を職業訓練としてその計画のうちに包み込んでいる。そのようなILOの職業訓練に関する勧告をユネスコも認めていることが分かる。

ILOとユネスコの勧告・条約に見るように、職業訓練は独自の意義を認められていることが分かる。それは決して教育の一環ではないのである。このことはわが国の通念のように「教育の中に職業訓練が含まれる」のではなく、むしろ逆の位置づけであり、教育は職業訓練を保障するための基礎的学習であるということが確認されているといえる。

2―3　生涯教育としてのOECDの戦略

先進国を中心に組織されている経済協力開発機構（OECD）は第二次大戦の戦勝国を中心に組織された。日本は1964（昭和39）年4月27日に国会承認により参加した。その条約は次の通りである。

経済協力開発機構条約（抄・1961年9月30日効力発生）

第1条　経済協力開発機構（以下「機構」という。）の目的は、次のことを意図した政策を推進することにある。

　　(a) 加盟国において、財政金融上の安定を維持しつつ、できる限り高度の経済成長及び雇用並びに生活水準の向上を達成し、もつて世界の経済の発展に貢献するこ

と。
(b) 経済的発展の途上にある加盟国及び非加盟国の経済の健全な拡大に貢献すること。
(c) 国際的義務に従って、世界の貿易の多角的かつ無差別的な拡大に貢献すること。

第2条　加盟国は、第1条の諸目的を達成するため、次のことに同意する。
(a) 個個に、及び共同して、自国の経済的資源の効果的利用を促進すること。
(b) 科学及び技術の分野において、個個に、及び共同して、自国の資源の開発を促進し、研究を奨励し、かつ、職業訓練を促進すること。

（以下略）

上のように、経済政策の対策として、第2条の2番目に職業訓練の促進を掲げているように、OECDは職業訓練政策を重視していることが分かる。しかし、教育については明文化されていない。OECDは毎年その年に重視する調査研究の報告書を数多く出しているが、職業訓練をメインテーマとした報告書は多くない。その中で代表的な出版物がロジェ・グレゴワールの『欧米の職業教育・訓練』である。職業訓練を直接テーマにしたこれ以後の報告書は無いようだが、教育に関する報告書はおびただしく出ている。教育に関することは上に見た条約の目的に規定してないが、このことは、教育は職業訓練のための政策として論じられている、とも解釈できる。

さて、OECDの教育に関する政策の中で、わが国で特に注目されたのは生涯学習に関する報告書である。「生涯学習」はわが国でようやく近年注目されているが、OECDはその初期に『RECURRENT EDUCATION』を発行し、世界で注目された。わが国でもいち早く文部省大臣官房は『リカレント教育』として1974（昭和49）年に翻訳・発行した。また、当時生涯教育論の先駆者でもあった森隆夫氏も『生涯教育政策』の中で要約・紹介した。そのリカレント教育とは、森氏の第1部の副題に「教育の機会均等政策」とあるように、OECDの論は人々の学習の平等化と、職業志向の重視策であった。

また、1984年には"Education in Modern Society"を報告し、その後の教育のあり方を提言している。その前提として、失業の拡大、特に若年失業者の増加、労働時間の短縮、女性の労働界への進出などが経済成長の課題となることを指摘している。

このように、OECDの教育政策は、職業訓練への対策を重視することが、経済の発展にとって極めて重要な柱であると位置づけている。

ところで、OECDは日本に対する最近の報告書の中で、日本の職業訓練の問題を次の

ように指摘している。

対日経済審査報告書2002

19. そのためには人的資源育成政策の変化も必要である

　人的資源は、そのユニークな企業内訓練とともに日本の強みの一つであった。したがって、政府の訓練政策はつい最近まで企業向けのものであって、個人向けではなかった。職業技能（skills）への要求は産業構造の変化とともに変わってきており、またこれは企業内訓練を減少させている。一方で、企業に特定的ではない訓練を求める個人のインセンティブは高まっている。政府は、例えば一定規模の敷地を学校設立の要件とするような古い建築規制を取り外すことなどにより、これらの需要に対応する新しい訓練、教育機関の創設を促進しなくてはならない。財政的支援が個人（社会的弱者も含む）の要求に対し向けられなくてはならないし、職業訓練の為の個人勘定あるいはバウチャーといった類の制度が有用であろう。

対日経済審査報告書2005

　…理由の一つは、若年層の間の高い失業率に対処する必要がある…

　若年層の失業率増加は、過去十年間の経済停滞を反映して企業が労働力を減らしたことに伴う新卒雇用の減少を反映している。正規労働者に対する雇用保護を削減することにより、労働力調整のしわ寄せが過度に若年層にいくことを防ぐことができ、新卒雇用減少の傾向を逆転させることができる可能性がある。政府は若年層を支援するための公共雇用サービスの機能強化に向けた措置を講じてきた。しかし、若年層の雇用の可能性を高めるためには、若年層を対象とした職業訓練プログラムを改善することが重要である。

　以上のように、経済政策の中で、職業訓練の問題は取り上げられている。そこでは、訓練政策が企業向けのものであって、個人向けではなかったことや、近年のフリーターなどの問題を背景に、若年層を対象とした職業訓練プログラム改善が提起されていた。このような課題に応えたのが、第7章で紹介した「日本版デュアルシステム」や、第8章で述べた「個人主導の職業訓練への転換」の試行なのであろう。

　以上のように、わが国の教育界においてもOECDの教育訓練政策は注目され参考にされているのである。

2―4　労働権としての国際人権規約

　ここでは職業訓練と教育との関係の位置づけ方の立場について、世界的な共通認識と

なっている国連の「世界人権宣言」をみてみたい。この「**世界人権宣言**」には職業訓練に関係する重要な規定が盛り込まれているからである。その第23条［労働の権利］には次のように規定されている。

　　　すべて人は、労働し、職業を自由に選択し、公正かつ有利な労働条件を得、および失業に対する保護を受ける権利を有する。

としている。つまり労働権において「失業に対する保護」として、失業者が再就職するための職業訓練を受ける権利を規定していることが分かる。しかし、「失業に対する保護」とは失業者になった労働者ばかりでなく、失業を予防するための職業訓練をも意味していることになる。すなわち、在職者訓練である。

　また、失業を予防するためには基礎的な訓練をきちんと受けておかねばならない。それは入職時の訓練であり、見習工訓練、あるいは日本的には新卒者訓練といえる。このような若年者の訓練が上の規定では保障されている、ということになる。

　そして、これらの職業訓練が労働権として規定されていると考えることができる。残念ながらこの事実についてはわが国ではこれまでほとんど論じられてこなかった。「職業訓練を受ける労働者の権利」としての論にもなぜか引用されず、全く人権と職業訓練が関係ないような理解がわが国では生じている。

　この「世界人権宣言」の労働や教育の側面をより詳しく宣言したものとして「**経済的、社会的及び文化的権利に関する国際規約**」（「人権A規約」と略す。ただし「社会権規約」と略称しているものもある）がある。その第6条［労働の権利］では次のように規定されている。

　　　2　この規約の締結国が1の権利の完全な実現を達成するためとる措置には、個人に対して基本的な政治的及び経済的自由を保障する条件の下で着実な経済的、社会的及び文化的発展を実現し並びに完全かつ生産的な雇用を達成するための技術及び職業の指導及び訓練に関する計画、政策及び方法を含む。

ここでは明確に人間の「経済的、社会的、文化的権利」として職業訓練が規定されていることが分かる。

　これらの国連決議で共通する重要な点は、いずれも労働権を教育権よりも先に規定し、その重要性を明確にしていることである。すなわち、国際的立場は労働権の一部である職業訓練への権利を明らかに教育への権利よりも上位に位置づけているということになる。各種の国際規約は生存権を保障するために労働権があり、労働権を具体化するために学習権を位置づけているということになる。

わが国のように、職業訓練を教育に「含める」とか「含めない」とかではなく、人権の立場からは明らかに労働権のなかに職業訓練権が含まれているのであり、その労働権を保障するために教育があることになっている。したがって国際規程においては「職業訓練」の保障のために「教育」があるととらえられていることを示しているといえよう。

3. 世界に共通する視点

　以上にみたように、欧米先進国においても、また国際的な組織における規定や政策においても職業訓練は教育と密接な関係があることが分かる。そのような中で、職業訓練が重視されていることも理解できる。

　本章では先進国の職業訓練を網羅的に紹介できず、やや徒弟制度を中心に紹介した傾向があるが、わが国と異なり、これらの国々で徒弟制度が依然として継続し、あるいは再編され、重視されていることが分かる。そして、再編により目下模索されているヨーロッパの徒弟制度は従来の見習工のための養成制度だけではないことが分かる。当然ながら、徒弟制度に職業資格と密接な関係を持たせているばかりでなく、イギリスにおいてもフランスにおいても学校体系との対比、または連動の関係により再構築されているのである。

　わが国は今日でも依然として「労働基準法」に「徒弟の弊害排除」が掲げられ、その意味が全く顧みられていないといえる。日本版デュアルシステムの成果が認められるが、真にデュアルシステムを位置づけようとするのであれば、職業訓練制度の意味だけではなく、徒弟制度、資格制度、そして生涯学習との統合の戦略の下で再構築しなければならない。

　再度述べれば、徒弟制度は今もって「教育訓練」の原点であるだけではなく、中核なのである。このことを忘れては職業訓練の再編も画竜点睛を欠くといえよう。

　特に、「世界人権宣言」や"人権A規約"における職業訓練の位置づけは、楠原祖一郎氏が1923（大正12）年に主張したことと相違はなく、楠原氏の論は世界の先駆的な論だったことが分かるのである。わが国で、このような優れた論があったことに誇りを持ち、その精神をさらに発展させることが我々に課せられた課題といえよう。

　それではなぜわが国と世界の職業訓練に対する立場と考え方がこれほどまでに異なるのであろうか。

　その問題の第一は、わが国における「教育」概念の狭さと、その言葉に政治的・強権的立場を内包しているという陰の要素があるからといえよう。

そして第二に、わが国の「教育」と世界の"Education"の実態の差異を国の違い、文化の差と見て、教育の本質的なとらえ方にかかわっている、とは考えないことにある。

このような問題は、序論に述べた「教育」と"Education"に関する誤解と妄信を完全に払拭しなければ取り除くことはできないのかもしれない。

第9章問題

問1 最初のメモに紹介した開発途上国の職業訓練指導員の職業訓練に対する意識がわが国の国民と異なるようになったのはなぜだろうか。

問2 今日の「労働基準法」第69条にも、「徒弟の弊害排除」というタイトルがついているが、このことをどのように考えるべきか。

補論 「職能形成学」の確立
——誰のために必要なのか——

1.「職能形成学」確立の意味

　すべての職業で「職への誇り」を持てるべきである。職業訓練指導員の場合も同様であり、職業訓練を担当することに誇りを持ちたいものである。その誇りは職業訓練の歴史、哲学、倫理、モラルとして明確化されるべきである。

　第1章にて「職業訓練学を追究する指導員になってもらいたい」と期待したが、この「職業訓練学」という言葉を初めて用いたのは、1983（昭和58）年の「職業訓練研究発表講演会」において元教授の故佐々木輝雄氏である。しかし、佐々木氏はその発表で「職業訓練学」の定義はしていなかった。ただ、その発表後1985年2月26日の「職業訓練論」研修の講義の中で、佐々木氏は、「生きること、働くこと、学ぶことを三位一体に保障することが職業訓練である。」としていた。この「生きること、働くこと、学ぶこと」とは、先の発表会の予稿の労働政策、産業政策、教育政策に対応するものであることが推測される。また、これらは推察の通り、憲法の生存権、労働権そして教育権に対応している。この佐々木氏の三位一体論に異論を唱えるものではないが、しかし、現状では職業訓練を実践し、担当している関係者以外の人でこの論をすぐ理解できる人はほとんどいないのではないかと思われる。

　そこで、本章のタイトルのように「職能形成学」と考えるのが望ましいと思うが、その差異をまず説明しなければならない。

　残念ながらわが国の一般社会では「職業訓練」という言葉へのアレルギーが強い。その根元には、序論でも紹介したように、「教育」という言葉への誤解と妄信がある。したがって職業訓練へのアレルギーを取り除くことは容易なことではない。そのような中で、「職業訓練学」と主張しても理解を得られないだろうと推測される。

　そこで、従来の「教育学」の問題領域を含み込んだ、「職能形成学」が新たに主張するためには望ましいだろうと考えた次第である。本書の「職業訓練原理」は当然ながら「職能形成学」の基本部分を占めるものと考えている。

　ここで、「職能形成学」とは何か、が問題となるが、とりあえず次のように定義する。

「職能形成学とは、労働者および労働者になろうとする人の職業的自立を援助する営みである職業訓練に関する学問をいう。」

この定義のように「職能形成学」といっても従来の職業訓練の実践と異なったことを研究することが目的ではない。職業訓練の実践を整理し、今後の実践に役立つように体系化することが目的である。つまり、現実の職業訓練に関するあらゆる実践がその対象となる。このことについては第5節で述べる。

ところで、1948（昭和23）年の「技能者養成規程」の「教習事項」の基準では、「社会」科の中の「労働」で、「技能者養成」を含めて解説せよということを指示していた。このような指示は3年後の「教習事項」の改正で削除され、その後の「職業訓練法」にも無いが、職業訓練の概念の解明とその周知を怠ってきたと批判されてもやむを得ない。

また、戦後の公共職業補導の再建に取り組んでいた岩手県の職業訓練指導員諸氏は、「労働文化の発祥は職業補導の実践から」というスローガンを立てて努力していた。この問題もその後忘れてよい、ということではないはずである。職業訓練の問題を文化的に位置づける役割を怠ってきたことは、我々担当者の怠慢であったことに違いない。これは、職業訓練指導員諸氏の責任というだけでは終わらない、職業訓練界全体の問題である。

新たに職業訓練に身を投じようとする人も、その重要性を理解して、今までの遅れを取り戻すように、先輩諸氏と努力して頂きたいと思う。

ところで、「職業訓練学」は、1958（昭和33）年の「職業訓練法」第7条として中央職業訓練所の業務の第一に「職業訓練に関する調査及び研究を行うこと」と規定されたことにより開始されたということができる。この「職業訓練」と「研究」が結びついた言葉の出現は「職業訓練学」の存在を前提としていたと考えてもよいだろう。早川宗八郎職業能力開発大学校前校長が、成瀬政男初代校長や宗像元介職業訓練研究センター初代所長等の研究を評価しながらも、宗像元介氏の論文集である『職人と現代産業』の序文で、「『職業訓練学を市民権を持つ学術分野として構築できずにいるのは能開大30年の怠慢である。』と反省をこめて暴言をはく」と述べていることはそのことを指しているといえる。そして、1977（昭和52）年に『職業訓練研究』第1巻が職業訓練研究センターの発足をひかえ、職業訓練大学校調査研究部より発行されたことにより、意識的に「職業訓練学」形成が目指されたといえよう。

「職業訓練学」の形成が困難であることは間違いなく、また「職業訓練学」を具体的に言葉にしてこなかった我々の心情に「職業訓練が学問になるのか」という確信を持てなかったことも事実であるが、関係者の誰かが言い出さねばならない。決して職業訓練の外

部から提唱される課題ではないのである。そこで以下に「職能形成学」に関する試論を提起してみたい。

> **「学」についてのメモ**
> 　数年前から、大学の講座に「漫画学」が開講されるようになり、近年はかなり広まっている。歴史と実績から「職業訓練学」を標榜することに何ら恥ずべきコトはなかろう。

2.「職能形成学」の概念

　それでは、その「職能形成学」の構造について述べてみたい。
　ひとえに、「職能形成学」は「統合の学」と考える。つまり、これまでの学問は神学、法学、医学、哲学を元として分化・発展してきた。特に多くの学問が哲学（愛知）から発達してきたことが分かる。分化することにより学問は発達した。自然科学の分野ではその成果を享受できるが、すべての分野において可能だとは思えない。
　特に専門化した学問では人間をトータルに見るという視点が欠ける嫌いがある。分化の視点では「人格の完成」を目的とすることなど不可能であろう。部分的に研究するだけではなく、全体を統合して考察しようとする視座が人間の場合は特に必要である。「職業人」として、人間としての人格の完成を目指すには、これまでの分化した学問を統合する視点が必要だと考える。それが「職能形成学」である。
　元来、総合的な調整能力を内在させているのが人間のはずである。その内在している能力を引き出すことを目指されなければならない。
　いうまでもなく、「職能形成学」は新たに構築される「学」である。すでに紹介したようにわが国における職業訓練を論じる立場の論には、国際規定の観点がほとんどないといえる。もっとも学問や、研究はそれぞれの学問の立場から位置づけることが自由であり、それぞれの学問で必要なければ論じなくてよいのである。しかし、それらはあくまでも「職能形成学」を生み出す必要のない既に完成された学問である。
　見方を変えれば、職業訓練自身が他の学問を位置づけてよいはずである。他から位置づけられるのではなく、自らが自身の存在意義を主張してよいはずである。今まではこの自らの立場を主張することが弱かった。職業訓練から外の世界（他の諸学問）をみて総合的に関係づける「職能形成学」を主張して何も不都合は生じない。それが学問の自由である。職業訓練の立場から自己主張として「職能形成学」を体系化すればよいのである。

ここで、疑問が浮かぶ。すなわち、なぜ「職能形成学」であり、「職業能力開発学」ではないのか、と。今日では関係法も「職業能力開発促進法」となっており、「職業訓練法」から「職業能力開発促進法」に転換した背景にはわが国特有の事情として「職業訓練」が正しく評価されないために新たな言葉を採用して、わが国に職業訓練を定着させたいとする意図があった。そして、先にみたように職業訓練とは本来職業能力開発が意味するような幅広い概念であったはずである。そこでわが国特有の狭い概念から脱却するために「職業能力開発促進法」へ改正されたのであった。

また、法律の名称として現在は「職業訓練」を使っていないが、その法の核心は第1条にあるように、「職業訓練」であることに相違ないのである。

その、「職業能力開発促進法」は"Human Resources Development Promotion Law"と訳されている。一方、ILO が採択した「人的資源の開発における職業指導及び職業訓練に関する条約」の原題は"Convention concerning Vocational Guidance and Vocational Training in the Development of Human Resources"である。

このように、H. R. D. は国際的な用い方としては「人的資源開発」であり、わが国の使用法とは異なっている。本書でめざす「職能形成学」は国際的に共通理解が得られるように整理すべきであると考えるので、訳すと混乱する「職業能力開発学」を用いないこととする。

ところで、わが国でいう「教育学」の語源はペタゴジー（pedagogy）であり、子ども（paid）を導く（agogus）という意であるという。また、近年は子どもの教育だけでは不十分として大人の教育が問題となっている。その大人の教育である「成人教育学」の語源はアンドラゴジー（andragogy）であり、大人（andraus）を導く（agogus）という意であるという。しかし生涯学習の時代、子どもと大人を区別する必要はなく、上の両者を兼ね備えてトータルに人の教育を考えるべきである。また、いずれも人を導く目標が定かでない。"Education"であればまだ概念が明確であるが、「教育」の概念では教育学の目標が全く分からない。

ところで、アメリカの研究者は、ペタゴジーとアンドラゴジーは職業技術教育への基本だと考えているようだ。BaseBall と野球はルールが同じなので、日米間で、あるいは国際的な試合が可能である。しかし、"Education"と「教育」では定義が異なるので、同一の基盤になっていないため、議論がかみ合っていないことが予想されるのである。国際的に異質で孤立した観のあるわが国の教育観を世界に通用する観念にする必要があると考える。

さて、「職業訓練」が「仕事を伝授する営み」とすれば、「職業訓練」に最も類似した営みに教育がある。個人の個性の発揮を職業と無関係に論じられる訳がないのだが、「教育学」では、日本において職業に関する教育論を展開することは不可能になっている。
　さらに日本人の人材養成システムである「重ね餅論」で考えると、1段目には公共養成訓練も含まれるが、わが国の教育学では学校以外の方法は考慮されていないといえる。また2段目には公共在職者訓練も含まれるが、わが国の「成人教育」論では職業訓練への指向が弱い。宮原氏の「人間教育すなわち職業教育です」という定義によらずとも、宗像元介氏が述べるように、本来人間は職業的に自立するために「職業志向的である」はずである。この意味では子供と大人を区別する必要はなく、ペタゴジーとアンドラゴジーの両者を兼ね備えてトータルに人の教育を考えるべきである。この論を発展させると、子供も大人も職業へ導く、あるいは仕事を指導する「学問」になるはずである。
　そこで「仕事」、「働き」および「活力」の意がある、また物理学のエネルギーや「仕事」の単位である「エルグerg」の語源でもあるergon（エルゴン）というギリシャ語をもじって仕事（ergon）＋導く（agogus）⇒ ergonagy エルゴナジーという言葉を提起したい。**エルゴナジーは個人の職業的自立を目指した、労働者（学習者）が生き、働き、学ぶための学習を助ける営みである**。これをあえて日本語で記せば「職能形成学」になるはずである。このエルゴナジーはペタゴジーとアンドラゴジーを包摂するものと考える。諸々の国際規約における職業訓練関係規定と教育規定との関係を検討してみると、このようなエルゴナジーの視座は当を得ていると考えることができる。
　さて、職業訓練は人間の営みにどのように位置づくのであろうか。次項で整理するが、定義に関係するので簡単に述べておく。まず職業訓練は先に紹介した国際的な規定にあるように、人権を4層構造としてその一つの層として考える。
　このような「職能形成学」を成り立たせる不可欠の基底の学問としてはどのような学問があるだろうか。これについては第5項で述べるが、それは「経済学」「社会学」および「技術学」の三分野が重要であると考える。「技術学」とは「工学」のみをいうのではなく、主として職業訓練の内容となりうる様々な「技術」の学問のことである。例えばコミュニケーションも人間関係の技術である。なお、職業訓練とよく比較される教育学は土台でなく、上に述べたように職業訓練権を保障するための基礎的構成要素ということになる。

3. 基盤学問としての工学、社会学、経済学の3領域

　職業訓練は常に社会の変化を先取りしなければならない。先取りをするためには社会の動きを見誤ってはならない。動きを見極めるために、関連する学問領域からの情報の取得が肝要である。

　職業訓練は諸学問の重複するところで成立している。そのため、それらの学問との関連を構造的に整理しておく必要がある。この既存の学問との関係についての整理は、普通の学問であれば問われないが、職業訓練はわが国では正当に評価されていないためにどこに位置づくか、という疑問が必ず出ると予想される。この疑問には応えねばならない。

　職業訓練の実践にとって不可欠な分野を考えると、特に次の三つではなかろうか。一つは、労働者が学ぶ内容である。これは「技術学」という。しかし狭い意味での工学に限定されない技術である。技能もここでは同義語として考える。これを学ぶために学校教育が必要となることも自明の理である。また、職業訓練としての内容は何か、が重要な要素となる。対象者や政策理念との関係も出てくる。歴史をこの内容でみても法律の歴史とは異なった理解が可能となる。

　二つ目は、労働者が働く場所の問題である。労働者は社会で働くのであり、また、労働者は一人では生きていけないとすれば、人との関係の在り方が問題となる。現代では個人で行う仕事・職業よりも、集団で行うものが多い。近代的な合理化が進んだ職業ほどその傾向は強い。そのような集団の中において社会を無視した職業訓練は成立しないという意味である。その中に学校の動向が含まれる。新卒者が対象の一つの柱であるから、その動向も一つの情報となる。このような社会に関する社会学の成果を学ぶべきであるということである。

　三つ目は、労働者が生きることを可能とする経済である。原始社会を除いて、人間の生きる社会では経済的な関係を無視しては生きられない。つまり、経済学を考慮しない職業訓練は成り立たない。具体的には景気の動向である。

　これら三つの学問が「職能形成学」の基礎を構成する土台である。あるいは三領域である。これら三つの学問の力を借りることによって、「職能形成学」を発展させることができるはずである。それをあえて図示すれば図補―1のようになる。そして、このようにして形成された職業能力が、産業を支え、国を富ませることになる、という整理である。

　ここで、職能形成学（エルゴナジー）といった場合、その「学」とは何か、「学問」と

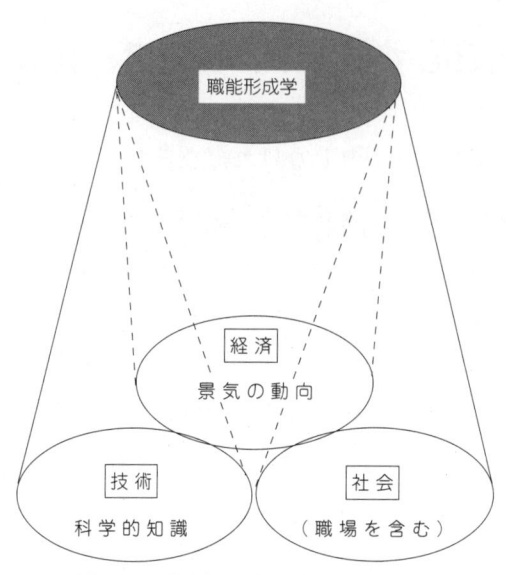

```
        ┌─────────────┐
        │  職能形成学  │
        └─────────────┘
           経済
        景気の動向

   技術          社会
 科学的知識    （職場を含む）
```

図補―1　「職能形成学」の3基底領域

は何かということが気になる。いくつかの辞書を調べてみよう。

『新明解国語辞典（第5版）』（三省堂）では、次のように説明している。

がくもん【学問】「①（学校で）今まで知らなかった知識を教わり覚えること。②基礎から積み重ねられた、体系的な専門知識。〔狭義では、科学・哲学などを指す〕

『広辞苑（第5版）』（岩波書店）は次のように説明している。

がく・もん【学問・学文】①（学門とも書いた）勉学すること。武芸などに対して、学芸を修めること。また、そうして得られた知識。枕二三「さては古今の歌二十巻をみなうかべさせ給ふを御―にはせさせ給へ」。「―のある人」②（science(s)）一定の理論に基づいて体系化された知識と方法。哲学・史学・文学・社会科学・自然科学などの総称。

『日本国語大辞典（第2版）』（小学館）は次のように説明している。この辞典には詳細な例示があるが略して紹介する。

がく―もん【学問・学文】［名］①（―する）武芸などに対し、漢詩文、仏典、和歌など、広く学芸一般について学習し、体得すること。ものまなび。もと、男子のする漢学や仏典の学についていったが、のち、和歌、和文についてもいうようになった。（中略）②（―する）先生についたりまた、書物を読むことなどによって学芸を身につけること。また、その習得した知識。学識。（中略）③一定の原理に従って、体系的に組織化された知識や方法。哲学、文学、科学など。学。（中略）

|補注| 中世から近世にかけて「学文」と書くことが多い。

　これらの定義のように、第一には「学習」と同義語に扱っていることが分かる。これは、序論で示したヘボンの辞書の解説につながるといえる。ここで問題としていることは第2、第3の定義であるが、上のように、「学問」といっても取り立てて難しいことを確立しなければならないことではないことが分かる。要は「学問」という者の"心意気"にかかわるということであろう。はじめに述べたように、我々がこれまで、「職能形成学」を明確にしなかったことも、この心意気が弱かったということであろう。

　結局、「職能形成学」を形成するといっても、これまで実践されてきたことや、試みられてきた職業訓練に関する議論を変える必要があるわけではない。より積極的に職業訓練に関する実践や論を公表し、社会の誤解を正し、日本の今後の発展に寄与する活動を行うことである、といえる。

　また、職業訓練の営みについて「探求する気持ち」をもつ必要がある。そのとき、その議論が「学」であると信じ、実践することである。ただ闇雲に探求しても意味はなく、何を目指して探求するか、が大切である。それはエルゴナジーの「核」とは何かである。簡単にいえば、「個人の職業的自立」を目指す学問である、ということである。「個人の職業的自律」を考えること、実践することがエルゴナジーということになる。そう考えてよいといえる。

　しかし、「個人の職業的自律」といってもすべて「個人」側からアプローチしなければならないということではない。個人が所属する企業や社会からみても当然よい。ただ、この場合であっても、展望としては「個人の職業的自律」を考えておかなければならない。そうでなければその研究は労務管理論になるであろうからである。

　「職能形成学」は職業訓練の"哲学"である。そして「職業訓練の実践」を職業とする人々の「職業哲学」でもある。これは職業訓練を遂行するにあたっての美学、伝統、歴史などすべてを含んだものであるべきと考える。このような「職能形成学」は職業訓練への愛着を持つためのイメージにしか過ぎないかもしれない。

　このような「職能形成学」の形成のためには、対外的に二つの方策を緊急に考えなければならない。第一点は、『エルゴナジー（職能形成学）全集』または『職業能力開発全集』の刊行である。最低でも10巻、可能なら20巻程度に編集し、職業訓練の歴史、実態および課題についてのいっさいを明らかにするような全集にすべきである。これにより職業訓練を世間に正しく理解してもらうことが可能となる。また、職業訓練に携わる者の立場からは、自分の実践を位置づけることが可能となり、そしてどのように課題を乗り越える

べきかの方向を見出せる指針となるはずである。

　第二は、学会の設立である。職業訓練に携わる実践家、行政官、様々な担当者および職業訓練に興味を持つ研究者、企業の担当者などに参加を呼びかけていくべきである。学会であれば学術会議に認定を受けなければならない。本来は労働関係学会として登録すべきであろうが、教育関係学会であってもかまわないであろう。

　学会として認められることは、今日における「学」の確立になる最も客観的（具体的）な評価なのではなかろうか。つまり、エルゴナジー（職能形成学）形成のためには「日本エルゴナジー学会」あるいは、「職能形成学会」を早急に設立すべきということになる。

　教育学関係の学会は、昭和30年前後は13学会であったが、昨今は80を超える学会が設立されているという。このうち、70団体が学術会議に登録されており、戦後初期の10数団体からの激増は、教育学の発展を示しているとみられる。教育関係に限らず、昨今の学会の創立は科学の発展と比例している。職能形成学会が設立されておかしいとする状況は全くない。

　フロイトの「精神分析学」も、柳田国男の「民俗学」も、そして永井博士の「放射線学」も当初は既存の学問から疎んじられたのであった。そのような社会が奇異にみる観点を恐れて、いつまでも「職能形成学」の形成を引き延ばしておくことはない。平成13年度に開校した「ものつくり大学」（通称は職人大学）では、「工芸技能学」という用語を用いてその学問としての確立を既に表明している。一方、職業能力開発総合大学校は開学30年を超えて未だ「職能形成学」を表明できていないことは、早川前校長が言うとおりである。

　学問は一般の常識を覆すところに発生するが、一方、一般の理解を無視し常識として支持されないところには成立しない。「職能形成学」エルゴナジーは全く根拠のない論ではないことが整理できたと思う。

4.「生きること」、「働くこと」、「学ぶこと」との4層構造

　学ぶ・指導するという営みの類似性から、好むと好まざるとにかかわらず職業訓練は教育と比較されてきた。大多数の人は好意的に職業訓練をみてこられたが、その人々も職業訓練を教育の一環とみることが多い。教育の一環ということは職業訓練は教育の一部ということである。また、「職業訓練を一段低く見ている」という論が、今日のように民主的感覚が一般化した時代でもある。この観点にも前提として「職業訓練は教育の一部」であ

る、と考える日本人的な観点がある。しかし、これらの論は「なぜそうなのか」が明解でない。同時に「その逆ではなぜ駄目なのか」の説明もない。「職業訓練を教育の範疇として考える」という論では、学歴主義もなくならない。したがって、学歴以外の能力の尊重も社会に育たないことになる。

　一般的に日本においては職業に関する教育論は軽視される傾向にある。日本における既存の教育学概念では、職業に関する論を展開することは、企業の要請を代弁するものだとする論が大合唱されるようにタブーとなっている。"calling"あるいは"vocation"と"occupation"との区別もせずにである。また、本来学校教育は子供達が社会へ出るための準備機関であるべきことを不問にしてである。

　教育は労働問題と不可分の関係がある。労働の問題を意識していない教育論は国際的にはない。このことを戦後最初に論じた宮原氏が「すべての教育は職業を目的とする教育と考えたいのです。人間教育すなわち職業教育です」と述べていた。しかし、宮原氏の論はその後の高度経済成長の下で、「生産主義的普通教育論」へと変化した感があるが、「教育」の本来の問題を考えるとすれば、上の宮原論の再認識が必要である。この問題をどのように整理すべきであろうか。

　ところで、わが国の教育関係者が述べる「教育を受ける権利」の意味は国際的には使われていない。国際的規約では「教育への権利」や「教育についての権利」である。「教育を受ける権利」と「教育への権利」はそのニュアンスが大きく異なっている。つまり、「世界人権宣言」では"the right to education"「教育への権利」であり、"人権A規約"では"the right of everyone to education"「教育へのすべての人間の権利」である。なお、「日本国憲法」がアメリカに押しつけられた憲法ではなかったという証拠の一つに、GHQ草案には「教育を受ける権利」という意味はなかった。日本文案を翻訳した"the right to receive an equal education"をGHQも理解できないことはないとして、黙認したのではないか。このような権利への理解の相違は先に紹介したEducationの理解の違いではなかろうか。

　また、「世界人権宣言」は続けて、「技術教育および職業教育は、一般に利用できるものでなければならない」ことを強調している。これらの国連決議で共通する重要な点は、いずれも労働権を教育権よりも先に規定し、その重要性を明確にしていることである。条文の順序が重要であることについては、日本でも同様である。すなわち、労働権の一部である職業訓練への権利は、明らかに教育への権利よりも上位に位置づいているのであり、これが国際的に共通する立場であるということになる。生存権を保障するために労働権があ

り、労働権を具体化するために学習権が位置づいているという各種の国際規約をみれば、わが国の教育観の方が逆転していることが分かる。

香港の教育制度では、「職業訓練」と「学徒訓練」を明確に位置づけている。香港だけでなく、ヨーロッパの影響を受けた国の教育制度は類似の制度を持っている。このような関係が制度化されることは義務教育規定がイギリスにおいては「工場法」により実質化されたことを考えれば不思議ではない。

しかし、わが国では教育と職業訓練の関係は国際規定のようには理解されていない。問題はあるが例外として臨時教育審議会の「生涯学習」論が「教育」と「職業訓練」の全体を包括する論だった。

よく、学校での基礎学力が十分に身についていない生徒を訓練している職業訓練指導員が「なぜ学校教育の尻拭いまでしなければならないのか」という疑問に対して、これまでは明確に応えられなかった。しかし、これは、「尻拭いではなく、生徒の労働権を保障するために必要なのだ」と考えなければならないのである。そうすれば職業訓練の意義も明確に位置づくといえよう。

このように、職業訓練を教育に「含める」とか「含めない」とかではなく、人権の立場からは明らかに「職業訓練」の方が「教育」よりも上位概念であることを示しているといえよう。例えばユニセフの「働かなければ生きられない子どもたち」という次のような意見広告（1998（平成10）年3月22日）は世の常識を代表しているといえよう。

　　働く子どもたちの多くは、生活に余裕ができたら学校に生きたいと考えています。貧しくて学校に行くことができない子供は、生活に必要な知識や技能を身につけることができず、読み書きができなければ、まともな仕事に就くことができません。まともな仕事ができなければ貧困から抜け出すことはほとんど不可能です。働く子どもは、この出口のない状態から抜け出す可能性を否定されているのです。そればかりか、自分の子供達もまた、同じ不幸な人生を繰り返さざるを得ないのです。貧困が解決されない限り、この悪循環が無限に続きます。

ここには生存権と労働権および学習権の関係が明確に表されているばかりでなく、学校で「生活に必要な知識や技能」を習得すべきことが表明されている。これが国際規約における三者の関係と内容である。十数年前のアフリカの職業訓練指導員からの「日本の学校はどうして職業訓練をしないのか」という質問は、同様なことを意味しているようだ。

繰り返しになるが、まず前提として人権としての「生存権」があり、その生存権を保障するものとして「労働権」がある。そして労働権を保障するものとして「職業訓練権」が

ある。この職業訓練権を保障するものが「教育権」である。このように人権としての4層は下から「教育権」、「職業訓練権」、「労働権」、「生存権」となる。あるいは、職業訓練権を労働権の中に明確に位置づければ3層構造であるといってもよいが、職業訓練を明確にする必要からはやはり4層構造の方が分かりやすい。

　このような整理は極めて常識的であると思う。一般に言う「良い会社に入るために良い学校に入る」ということは、その当否は別として、意味するところは労働・職業のための教育ということを表している。これが世の常識であろう。このように「教育」は「職業訓練」の象徴的な分かりやすい"具体例"であるということになる。

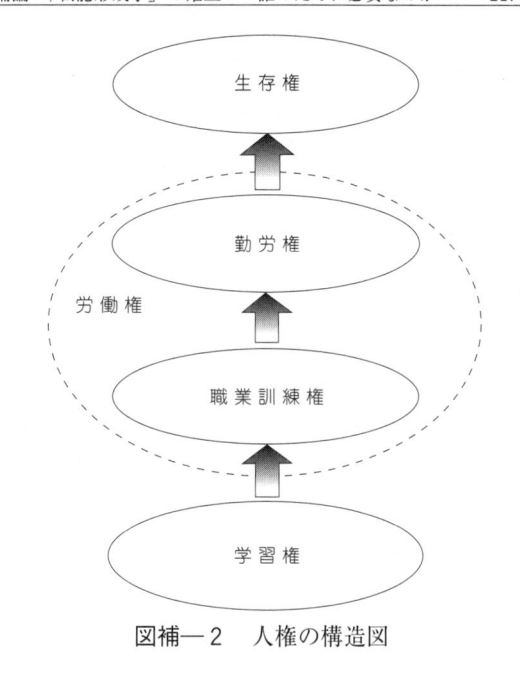

図補—2　人権の構造図

ドイツ・イギリスの連続性に関するメモ

　ドイツでは「職業訓練法」において「職業訓練」は「職業養成訓練準備」、「職業養成訓練」、「職業継続訓練」および「職業転換訓練」の4種としている。「職業養成訓練」は主としてデュアルシステムのことであり、「職業養成訓練準備」とは学校段階の教育訓練のことである。

　イギリスではNVQとしてのレベル5は義務教育段階の能力を意味している。

　これらのように、職業訓練と学校教育とは密接に連続しているのである。そして、わが国でも両者は「密接な関連のもとに行われなければならない」の規定が字句の通り運営されることを期待したいものである。

---

5. 研究すべき視点と視角

　それでは、その「職能形成学」エルゴナジーはどのようなことを研究すべきなのであろうか。「職能形成学」はその定義からあらゆる職業訓練の営みを対象とすることになる。それは職業訓練に関する歴史的、社会的、諸外国との対比を含む。特にわが国では看過されている古今東西の徒弟制度を含んで考察されるべきである。それらの研究対象を大まか

に課題別に列挙すれば、次のようになるであろう。

(1) 職業訓練の存在意義について論じること

この課題は職業訓練のレーゾンデートルに関することである。職業訓練とは何か、などの諸科学との関係を問題にすることも対象となる。働く者（労働者）の「生きること」、「働くこと」、「学ぶこと」の保障について論じることなどである。

今日の学校教育が職業に関する子供達の進路を全く指導していないことをみれば明らかである。しかし、学校を終えた若者はほとんど職業に就き、働き、自分の生計を立てなければならない。また、大人も大半は仕事に就いており、社会の変化、技術革新の進展に対応するための学習は必須である。学校で実業を学ぶ生徒、職業能力開発施設での職業訓練受講者などの、これらの人に勇気を与える必要がある。人々が働き、「良い仕事」をするためには職業訓練が必要であることは言を待たない。

(2) 受講者としての労働者について論じること

労働者には在職者、求職者（失業者・離転職者・学校卒業者・家庭婦人など）、障害者、女性、外国人などが考えられるが、これらの受講者によって職業訓練の考え方も整備の仕方も異なってくるからである。

(3) 職業訓練の制度・政策を論じること

制度・政策は何もお役人だけの専有物ではない。歴史的にも職業訓練施設の実態の中から政策化されていることがいくつもある。その代表的なものは、今日の公共職業能力開発において新規学校卒業者を対象化している訓練である。これはかつて「養成訓練」と呼ばれていたが、公共職業訓練にはこの政策は当初なかったのである。職業訓練の現場の実態からの提言が具体的な政策になった事例である。

(4) 「技能」とその意味を論じること

職業訓練は「技能の訓練」と表裏の関係として論じられてきた。一時期は政策がそのように提示したこともある。しかし、「技能」についての哲学、とらえ方は論者によって多様にある。この技能については簡単にある一つの論に統一することは困難であると思われる。しかし、技能を看過しては「職能形成学」は成立しないのも事実であろう。技能と技術との関係も重要な問題となってくる。

(5) 教える内容を追究すること

職業訓練の内容はいかにあるべきかを論じることである。この論には職業訓練のカリキュラムやコース開発も含まれる。訓練科の改廃・新設の提言も重要である。この内容論も対象者により異なるのは当然である。

訓練のカリキュラム論といえば、教育学の遺産を参考にすべきだが、その論をすべて前提とすべきではない。それは職業訓練独自の在り方を求めるべきであるということである。職業訓練のカリキュラム論は教育学の内容論と異なっても何ら差し障りはないと考えるべきである。職業訓練の関係者には学校教育を批判しつつ、その実態の追随に終わり、それが職業訓練の存在を否定するような訓練を実践している人もいる。まずは職業訓練のあるべき姿から考察すべきである。日本の学校教育から学ぶ場合は特に吟味を要する。

例えば、学校教育ではカリキュラムとして技術に傾斜しやすい。技術革新の今日、その重要性を否定すべきではないが、すべてが技術で片づくのであれば、職業訓練は不要である。

また、学歴とは教育期間＝学習時間である。職業訓練は学歴主義への批判として職業の能力を問題にしているはずである。

教育学においても実質陶冶と形式陶冶の論議があるが、職業訓練では実質を重んじるべきであることは当然である。しかし、そのことは形式を無視することではないというように戒めるべきでもある。

（6）「モノづくり学習」（実技・実習）の意味を論じること

上の（5）に関連して実習の教育学的整理あるいは教育学的カリキュラム論は十分になされていない。それは単位制についても同様である。職業訓練からみたこれらの課題も重要であろう。

実技・実習は現場実習と体験実習という側面を有している。これは生産現場での体験が実習場では困難であることと関係する。現場体験の優れた面をいかに実習として経験させるかという問題になる。

実習の現場委託とO.J.Tの問題として解明すべきことは多い。

（7）　職業資格・技能検定の意味を論じること

職業訓練の結果として受講者に職業能力が備わらなかったら無意味である。その評価の尺度が職業資格である。この「職業資格」の概念についても今日様々であるが、この問題の整理も十分ではない。例えば、学歴も一つの職業資格とする論もある。学歴による求職差別も厳然としてある以上、職業訓練による職業資格の課題も看過することはできない。

（8）「教える方法」を追究すること

職業訓練は個性を尊重しなければ成立しない。つまり画一的な一斉講義では技術・技能の修得は困難である。一人ひとりの個性と興味・関心、手の労働の巧緻性などに合わせた指導が必要である。このことは今日の日本の学校教育が「個性尊重」を標榜しているにも

かかわらず、逆に個性を圧殺する事態を生じさせている点と対比しているといえよう。

カリキュラムとしても問題となる。カリキュラムの内容は（5）の課題であるが、どのように編成するかという課題は方法と考えてもよい。

（9） 職業訓練の評価に関して追究すること

評価とは何を評価すべきか極めて難しい課題であるが、職業訓練の結果としていかに成果が上がっているかということである。これは極めて漠然としている職業訓練のどこを見るのかによっても多様に存在する。対象を限定して考えるべきである。

（10） 職業訓練指導員の諸問題を論じること

職業訓練指導員の問題についてはこれまで最も弱かった課題である。その議論がなされていなかったということは、タブーであったということではなく、様々な問題と複雑に絡まっていたために、その絡まりを解す糸口が分からなかったためだと思われる。そのためには、論じるほかはない。様々な立場から論じ合えばよいのである。社会は大きく変化し、職業訓練の実態も変わっているにもかかわらず、職業訓練指導員の問題だけを残してよい訳がない。

（11） 今後の課題について論じること

この課題は以上の整理でも入らない問題であるが、課題を明確化して独立させるべきものは少なくない。

まず、特に国際協力、国際的動向の課題がある。わが国の職業訓練と国際的整理との比較も重要である。

教育との関係も十分に本稿で整理が終わったとはいえない。「教育基本法」（社会教育）との関係や宮原論（教育の職業教育論）の整理も重要である。

また、「ものつくり大学」との関係も気になる。カリキュラムや教育訓練の内容はほとんど現在の職業訓練と変わらないといえるが、そこでは文部科学省の学位が取れる。この相違をどのように整理すべきであろうか。

そして、「生涯学習」との関係も十分に整理されていない。

あるいは職業訓練の訓練費用の負担の問題と訓練受講権との関係も重要である。今日では「雇用保険法」がかかわってくる。都道府県では県費もかかわる。

以上のように、簡単に整理しても「職能形成学」の課題は多様にある。ここに記していないことで重要な課題もまだあると思われる。

注意すべきことは上記のように個々別々のテーマとして完結するものではなく、むしろ総合的な問題であることを忘れないことである。したがって、例えば中学校で不登校だっ

た子どもが訓練校（技術専門校）で皆勤賞を取るような事例の紹介をする場合、カリキュラム、方法、生徒への接し方などのあらゆることを紹介する必要がある。あるテーマが中心となって、関連するテーマについても論じられるべきである。その中から、事例に共通する事項を抽出して問題を一歩ずつ整理することが必要である。このような過程を経て、真に社会に認められる「職能形成学」エルゴナジーが形成されていくものと考える。

6.「職能形成学」の意義

「職能形成学」形成への期待は職業訓練界に留まるわけでもない。学歴しか評価しない社会は問題であり、知育偏重の問題が叫ばれて久しい。この知育偏重論に真正面から対峙する理論はまだ出ていない。それが「職能形成学」であると考える。立身出世とは異なったキャリアを生かし、職業を尊重する社会が望ましいことは誰の目にも明らかである。学歴以外のキャリアを誇ることができなければ人間社会として不自然である。全員が大学に行けば解決するような問題ではないことを考えれば明らかである。

また、なぜ「職能形成学」エルゴナジーを新たに提起すべきかといえば、これまで論述してきたように、日本の「教育観」が独特であるため、世界に共通する概念として便利であると考えるからである。エルゴナジー観に立てば、これまでの狭い「教育」観を越えて、新たな「キョウイク」観を確立できるのではなかろうか。

エルゴナジーのメリットは大きくは二つある。その第一は、「職能形成学」エルゴナジー観に立てば、わが国において使用されている職業訓練、教育訓練、教育・訓練、職業能力開発、キャリア教育等の類似の言葉をすべて包摂してしまうことができることである。これらの用語はこれまで明確な区別のないままそれぞれの思いで使用され、場合によっては差別的に用いられてきた。これらを総合化した言葉としてエルゴナジーは利用できる。

このことによって、エルゴナジーは世界に共通な概念となり得る。いままで、教育、職業訓練の実態が国により異なり理解ができなかった。また、既にみたように「教育」と"Education"とは概念が明らかに異なっている。エルゴナジーによって、教育訓練における"グローバルスタンダード"な概念の設定が可能になるといえよう。

宗教改革によってキリスト教は職業を重視する思想となった。そのため、"Education"を考えればあえてエルゴナジーは要らない、といえる。なぜなら、労働は神聖であり、そう考えるべきとする前提がある。このことは、欧米先進国では職業訓練が教育を含むとい

うことを意識しないことに連なる。しかし、仏教には職業重視思想があるようには思えない。したがって、労働観についての教えはない。わが国の教育学にも職業や労働を重視する教育観が育たないのはそのためではなかろうか。

　第二のエルゴナジーのメリットは、わが国を含めて先進諸国においても、「教育学」ペタゴジーと「成人教育学」アンドラゴジーとの関係が問われており、その両者を統一的にみる観点として役立つことである。わが国では成人教育学においてでも在職者の訓練問題が軽視されていることを考えると、この観点も重要である。

　この観点が不要となるのは、リタイヤしてその後さらに職業に就く必要のない人々か、職業に就く意志を持たない人々についての学習を問題にする場合である。つまり、労働に全く関係なく、直接に生存権の保障につながる学習もあるということである。

　このように、今日の教育や職業訓練の諸問題を世界的な立場から統一的にとらえることが可能になるのが「職能形成学」エルゴナジーであるといえる。このことにより、わが国で実践されている職業訓練も「学」として位置づけることができるのではなかろうか。

　例えば中学校で不登校となり、職業訓練校へ入校したK君がいた。ところがK君は、皆勤賞を取って就職した。その後は当然就職した企業において不可欠の人材となっている。この例のように職業訓練は、不登校者を一人の人間として人間性を回復し、学歴社会の中で生きていく力を与え、社会に貢献する人材に育成しているのである。しかもK君の事例は特異ではない。K君の成長は、「職能形成学」の成果であるといえよう。

　K君のように若年者だけでなく、成人も職業訓練の営みにより社会で生き、働くことに自信を得ているのである。

不登校児に関するメモ

　小学校1年生でも千人余いるが、学年進行と共に幾何級数的に増大し、中学校3年生で4万人を超え、全体で10万人を超えている（平成15年度）。

　また、不登校児でも「卒業」できるということは、「義務教育」のあり方についての再検討が緊要なのではなかろうか。

　そしてK君のように高校進学希望者の受験のあり方についても同様である。

7. 誰のための「職能形成学」か

　最後に、エルゴナジー「職能形成学」は誰のために確立しなければならないのであろうか。このことを明らかにしておきたい。

　事実の問題として、職業訓練の受講者は新規学校卒業者であっても、在職者であってもそして離転職者・失業者であっても、学校教育を受けているとは思っていないことである。職業訓練の現象である技能訓練、技術教育が学校教育に類似していることをもって、これまで、職業訓練は教育の一環として考えられてきた。しかし、受講者はだれもそのように思っていない。

　また、そうでなければ不登校の若者が学校よりもはるかに過酷な職業訓練で皆勤賞をとることはあり得ないだろう。在職者が技能の基礎的知識・技術を求めて来ないだろう。失業者が新たな職のために来ないだろう。

　職業訓練は知られていないとよくいわれるが、一度職業訓練を受講した人たちは皆そのことに喜び、感謝してくれている。これは職業訓練の独自性があるからである。つまり、受講者は職業訓練への観念を転換するのである。むしろ、職業訓練の関係者の方が一般人と同じような立場と観念で職業訓練をみているのかもしれない。

　この職業訓練に対する受講者の思想が転換するという事実は、職業能力開発総合大学校への職業訓練短期大学校からの編入生の意識によって分かった。近年は全国のブロックごとに設立された職業能力開発大学校があるので、職業能力開発総合大学校への編入生は少なくなったが、以前は20数名が入っていた。

　当時、「教育」と「職業訓練」との関係についての観念を様々な人たちに意見を求めていた。その結果は、どのようなグループ、学生、教員、指導員であっても、程度の差こそあれ「職業訓練」は「教育」に含まれる、とするのが大半であった。指導員の場合でもそうであり、経験の差は関係なかった。

　しかし、編入生の意識はこれが明らかに逆転していたのである。このことは、編入生の意識は他の日本人の意識とは異なることを意味している。その差異は、編入生が2年間の職業訓練短期大学校における職業訓練を受講してきた、という事実のみである。

　つまり、職業訓練を担当している者であっても変化しない観念が、2年間の職業訓練の受講によって変化していると考えざるを得ないのである。ここには教育学の理論があるとは考えられない。このことは「職能形成学」によってしか証明できない。そのような思想

を無意識のうちに自分自身で形成しているのである。そして、職業訓練の受講者は短期大学校の学生だけではない。

　一般の日本人とは異なる意識を持つようになっている職業訓練の受講者の思想をより明確にすることができれば、必ずや受講者のためになるといえよう。それは「職業能力形成が人の人格完成の目標である」という学になり得るといえよう。

　そして、わが国において真に職業訓練の意義が認められることと同じであるはずである。そのためにも、「職能形成学」を形成し、そして受講者のために職業訓練を実施することが重要なのである。

8. 職業訓練担当者としての責務

　職業訓練は複雑であり、どのような立場から整理すればよいのかさえも明らかではない。そのことが、職業訓練を「学」として見ることができなかった最大の要因であろう。

　公的な職業訓練が制度化されたのは1916（大正5）年に制定された「工場法施行令」であるから、すでに90年を過ぎた。職業訓練の"最高学府"と評される職業訓練大学校が設立されたのは1961（昭和36）年であるから、既に45年が過ぎた。この間、職業訓練に携わってきた者の数は計りしれないが、その担当者が世間を納得させうる「職業訓練」についての論理・理論を出し切れなかった、という面もある。早川宗八郎職業能力開発大学校前校長が「職業訓練学を市民権を持つ学術分野として構築できずにいるのは能開大30年の怠慢である。」との批判に甘んじないように、職業訓練の役割を信じている読者諸氏もこの立場に立って共に頑張っていただきたいと願っている。そのためには、職業訓練の実践の経験をどのような些細な内容であっても、例え失敗であっても情報公開して、財産として共有していかねばならない。

補論問題
　「職能形成学」の基底学問に「教育学」を入れていない理由はなぜだろうか。

おわりに

　本書は「職業訓練の意義」について体系的にまとめた試みである。

　本書の関係書としては厚生労働省が編集した『職業訓練における指導の理論と実際』（本研究会刊行）がある。同書は職業訓練指導員となる者のテキストとして編集されており、同書では指導方法について詳しく述べられている。その理由は、職業訓練指導員になっての最も重要な業務は職業の訓練であるからである。そこで、本書では指導方法に関してはほとんど触れていない。

　また、同書の第1章には「職業訓練原理」が設けられているが、同書は限られた時間の下で学ばなければならないという制約がある。そのため「職業訓練原理」は職業訓練関係法の変遷が重点となっており、法律の立場から職業訓練をとらえようとする限界が認められる。その弱点を本書では補おうとしたものである。本書では法律のとらえ方についても職業訓練の実態から見た新たな整理を提起したつもりである。同書と併せてご検討頂ければ幸いである。

　以上のように、本書は職業訓練施設（職業能力開発施設）の第一線で職業訓練を担当されている職業訓練指導員、および職業訓練指導員になろうとしておられる方々の職業訓練に対する考え方の一助になることを願ってまとめた次第である。しかし、そのような意図が成功しているか否かは読者のご判断に待つしかない。

　なお、ほかに職業能力開発短期大学校等の専門課程の学生のためにまとめた『仕事を学ぶ－自己を確立するために－』（実践教育訓練研究協会、平成16年）がある。しかし同書は専門課程の学生だけでなく、その他の受講生にも意味があると考えている。同書と本書は対をなすと考えているので、両書を比べながら、また、受講者に職業訓練について語りながら、職業訓練のあり方についてご検討頂ければ幸いである。

　ここで職業訓練指導員としての新たな職業に就こうと決意された方々にお願いしたいことがある。それは、よく企業で「愛社精神」を持て、といわれることについてである。自分が所属している組織を愛することができなければ仕事も中途半端になるという意味であろう。このことは指導員の場合であっても同じであろう。職業訓練指導員の場合は「愛訓精神」である。職業訓練を愛することは職業訓練をよく知ることなしに困難であり、ましてや受講者に職業訓練の意義や意味を語ることは不可能であろう。

　職業訓練指導員として就職したときは、職業訓練も十分に分からず、ましてや愛するこ

となどは思いもよらなかった人が多いかもしれない。しかし、職業訓練指導員を続ける限りは職業訓練をよく知り、愛することができなければ、指導員としての仕事に就いたことが不幸であり、さらに受講者にとってはより大きな不運なこととなる。なぜなら職業訓練を愛していない人から職業訓練の意味を聞かされることは忍びないからである。そうであれば、職業訓練指導員としての立場も危うくなりかねない。

　職業訓練をよく知り、愛するということは、自らのためでもあり、受講者のためにもなるということである。このように考えて日々の仕事に全力を尽くして頂きたい。そして、退職するときに、修了生が活躍している姿を思い「指導員は天職であった」と思えるようになって頂けることを願っている。

　さて、本書は実に多くの方々のご教示やご示唆をもとにして完成することができた。恩師である故宗像元介先生や木村力雄先生、故佐々木輝雄先生をはじめとする元調査研究部・職業訓練研究センターの諸先生および山崎昌甫先生をはじめとする指導学科の諸先生や同僚、その他幾多の職業訓練の実践の場において創意工夫をして取り組まれている指導員の方々のご意見が参考になっている。これらの人々にお礼を申し上げます。

　本書は未完成であり、大方のご批判とご教示をいただき改訂されねばならないと考えている。本書を刊行していただいた㈶職業訓練教材研究会に感謝するとともに、次代を担う人により本書をこえる新たな「職業訓練原理」が公刊されることを期待したい。

2006年3月

田中　萬年

[主要参考文献]

OECD『リカレント教育』、文部省大臣官房、昭和49年。
OECD・扇田博元訳『現代教育への挑戦』、第一法規出版、昭和61年。
石川謙『日本庶民教育史』、玉川大学出版部、1988年6月新装版。
石川俊雄「職業訓練の国際基準」、『職業訓練研究第1巻』、1978年。
岩崎隆造『これからの職業訓練の課題』、労働基準調査会、昭和54年。
岩手技能開発センター・田中萬年『「ブロック訓練」による能力再開発訓練の展開』、職業訓練大学校指導科報告シリーズNo.8、1989年。
遠藤政夫『成人訓練の理論とすすめ方』、日刊労働通信社、昭和47年。
岡実『改訂増補工場法論』、有斐閣、大正6年。
尾高邦雄『新稿　職業社会学』、昭和28年、福村書店。
王智新『近代中日教育思想の比較研究』、勁草書房、1995年12月。
小川三夫『木のいのち木のこころ（地）』、草思社、1993年12月。
小原哲郎「職業訓練と諸国憲法の人権規定」、『職業能力開発研究第22巻』、2004年。
小原哲郎『ドイツの職業訓練関係法令資料集』、職業能力開発総合大学校能力開発専門学科教材第4号、2005年。
勝田守一『能力と発達と学習』、国土社、1964年。
木村力雄『職業訓練指導員のための教育原理』、職業訓練大学校調査研究資料No.12、昭和48年度版。
木村力雄『異文化遍歴者森有礼』、福村出版、1986年12月。
貴村正『徒弟学校の研究』、職業訓練大学校調査研究資料第3号、昭和47年度。
楠原祖一郎「職業の補導に関する考察」、『社会事業研究』第13巻第3号、大正12年3月。
現代職業訓練研究会編『現代職業能力開発セミナー』、雇用問題研究会、平成3年6月。
小関智宏『鉄を削る』、太郎次郎社、1985年。
三枝孝弘『範例方式による授業の改造』、明治図書、1965年。
坂口茂『近代日本の企業内教育訓練（上・下）』、私家版、1992年3月。
佐々木英一『ドイツ・デュアルシステムの新展開』、法律文化社、2005年10月。
佐々木輝雄職業教育論集第1巻『技術教育の成立－イギリスを中心に－』、第2巻『学校の職業教育－中等教育を中心に－』、第3巻『職業訓練の課題－成立と意義－』、多摩出版、昭和62年。
佐藤忠男『学習権の論理』、平凡社、昭和48年。
澤和壽「工場法の制定過程に関する研究－教育条項を中心に－」、『技能と技術』1977年3号。
塩野米松『木のいのち木のこころ（人）』、草思社、1994年12月。
渋谷直蔵『職業訓練法の解説』、労働法令協会、昭和33年。
職業能力開発局監修『職業訓練における指導の理論と実際』、職業訓練教材研究会、平成14年八訂版。
隅谷三喜男編著『日本職業訓練発展史』＜上＞・＜下＞、日本労働協会、昭和45年・和46年。
関英夫『雇用保険法の解説』、ぎょうせい、昭和50年。
田中萬年・戸田勝也「職業訓練学の位置と構造」、『職業能力開発研究第17巻』、1999年3月。
田中萬年・村瀬勉「職業訓練指導員養成体系の再編成に関する試論」、『職業能力開発研究第12巻』、1994年3月。

田中喜美編著『国民教育におけるテクノロジー・リテラシー育成の教育課程開発に関する総合的比較研究』、科研費報告書、平成9年3月。
谷口雄治「ILO勧告にみるHRDに関する国際共通認識の変化」、『労務理論学会誌』、2006年3月。
玉川寛次『「資本論」と産業革命の時代』、新日本出版社、1999年。
戸田勝也『在職者訓練の理論と実際』、雇用問題研究会、2001年3月。
永井憲一監修『教育条約集』、三省堂、1987年7月。
中原晃『生涯訓練』、労務行政研究所、昭和51年12月。
西岡常一『木のいのち木のこころ(天)』、草思社、1993年12月。
日本ユネスコ国内委員会『ユネスコ関係条約・勧告集』、1973年。
野見山眞之『新時代の職業能力開発』、労務行政研究所、昭和62年。
『日立製作所史』、日立評論社、昭和24年6月。
平田諭治『教育勅語国際関係史の研究』、風間書房、平成9年3月。
平沼高編著『製造業における熟練労働者のキャリア・ディベロップメントに関する国際比較研究』、科研費報告書、2005(平成17)年3月。夏目達也「フランスにおける見習訓練制度と学校職業教育」、同上書。柳田雅明「イギリスにおける現代化された徒弟制の検討」、同上書。
細谷俊夫『技術教育概論』、東京大学出版会、1978年2月。
細谷俊夫・仲新『教育学研究入門』第5版、東京大学出版会、1975年6月。
松原東樹『転換期の職業能力開発』、労務行政研究所、平成7年。
松本邦宏『生涯職業能力開発の新たな展開』、労務行政研究所、平成4年8月。
『宮原誠一教育論集』第6巻、国土社、1977年8月。
武藤山治『私の身の上話』、昭和9年。
宗像元介『職人と現代産業』、技術と人間、1996年10月。
村上有慶『技能連携制度の研究』、職業訓練大学校調査研究資料第7号、昭和47年。
孟子・小林勝人訳注『孟子』、岩波文庫、1972年6月。
元木建『技術教育の方法論』、開隆堂、昭和48年。
森和夫『技の学び方・教え方』、中央職業能力開発協会、2002年3月。
森和夫編著『職業訓練指導員の業務に関する調査』、職業能力開発大学校研修研究センター調査研究報告書№72、1994年3月。
文部省『目で見る教育のあゆみ』、昭和42年1月。
柳宗悦『手仕事の日本』、岩波文庫、1985年(初出は靖文社、1948年)。
山崎昌甫監『人材活用と企業内教育』、日本経済評論社、2000年6月。
山見豊『昭和33年職業訓練法の成立過程』、職業訓練大学校調査研究資料第2号、昭和47年。
労働省職業訓練局「職業訓練指導員業務指針」、昭和37年8月。
労働省職業訓練局『日本人の職業生涯と能力開発を考える』、雇用問題研究会、昭和55年。
労働省職業能力開発局『職業能力評価制度の発展と課題』、労務行政研究所、平成3年。
労働省『労働行政史第2巻』、労働法令協会、昭和44年。
労働省監修『ILO条約・勧告集(第5版)』、労務行政研究所、昭和54年。
ロジェ・グレゴワール著・中原晃訳『欧米の職業教育・訓練』、日刊労働通信社、昭和44年4月。
和田勝美『職業訓練の課題と方向』、労務行政研究所、昭和43年。

索引

〔あ行〕

ABB方式	155
ILO	44
アナログ信号	148
天城勲	117
安藤忠雄	140
アンドラゴジー	209
為政者思想	79
委託訓練	94
Ⅰ類	113
一般税	173
浮雲	11
A型訓練	153
永六輔	139
エルゴナジー	210
オイルショック	42、114、180
王選手	130
往来物	2
岡野雅之	137
小川三夫	23、143
教えないこと	23
教えない指導	4
O.J.T.	84、90
Off J.T.	87

〔か行〕

科学主義	148
学制	7
学制序文	9
学文	6
学問	6
片山潜	74
学校観	19
学校化	113
学校教育法	34
学校技能者養成令	103
学校Ⅲ	80
学校焼き討ち	9
勝田守一	128
神奈川県立職業輔導講習所	88
鐘淵紡績	84
カリキュラム構造	163
環境教育	144
完成教育	177
完全雇用	115
官定英訳	14
関東大震災	90
幹部機械工養成所	105、119
機械工技術講習要項	94
機械工補導所	99、104、154
機械工養成所	104、120
期間教授法	162
期間主義	132
技術移転	42
技術高校	51
技術者及熟練工養成方策要綱	97
技術・職業教育に関する勧告	199
技能開発センター	115
技能クリニック方式	27
技能者養成規程	178
技能者養成指導員指導書	154
技能者養成担当者	121
技能審査認定制度	149
技能連携制度	51
キャリア形成支援	18
救貧法	189
窮民救済法案	82
教育観	19
教育基本法	46
教育訓練	111
教育訓練給付金	119
教育権	203
教育刷新委員会	51
教育職業技能省	190
教育勅語	14
教育への権利	215
教育令	10
教科編成指導要領	27、155
教科目計画表	163
教科目標表	163
教習事項	110
虚業	31
楠原祖一郎	91、182
口入れ屋	82
口伝	139
国づくり	186
訓練基準の体系	151
訓練基準の弾力化	61
訓練コース開発	150
経験主義教育	124
経験の継承	140
経済協力開発機構	200
現代徒弟制	191
合科教授	154
郷学	7
工業学校	72
工芸技能学	214
工場事業場技能者養成法要綱案	105
工場事業場技能者養成令	101
公的職業訓練	38
高齢者	174

五感	135
国際婦人年	62
国民所得倍増計画	40、111
国民精神総動員	105
個性の発揮	33
小関智宏	138
小平浪平	183
児玉寛一	184
国家資格	196
国家総動員法	100
個別カリキュラム	59
個別訓練	157
個別指導	22
コミュニティカレッジ	125
コメンタール	30、44
雇用促進事業団	111
雇用保険法	42、115
雇用予約制	158

〔さ行〕

在職者訓練	49
作業分析表	143
佐々木輝雄	183、189、206
サトウサンペイ	130
佐藤忠男	175
GHQ 草案	215
資格試験	164
時間割	162
士族授産	83
実学融合	154
失業対策施設要綱	103
失業保険法	114、115
実業補修学校	68
実験研究	166
実習	133
実物教授	138
私的職業訓練	38

指導員	21
指導の適時性	164
自動車運転士	86
自奮自励	166
四民平等	8
社会権規約	203
集団指導方式	159
集中実習	162
自由入所制	132、166
儒教	6
授権者思想	79
授産部	84
授産・輔導施設	84
受託実習	172
主要三大対象者	167
生涯教育訓練	113
生涯訓練	180
職工学校	124
職業安定法	176
職業訓練行政	44
職業訓練研究	43、207
職業訓練権	217
職業訓練指導員業務指針	17、155
職業訓練指導員資格	26
職業訓練に関する勧告	198
職業訓練の悲劇	110
職業紹介法	103
職業探索的訓練	168
職業的自立	210、213
職業能力開発基本計画	63、166
職業能力開発大学校	118
職業能力検定	47
職業能力認定証	196
職業輔導講習所	87
職業補導所指導資格基準	120
職業補導の根本方針	109

職人の教養	164
職場実習	173
女子補導所	61
新卒者訓練	49
真の教育	20
人権A規約	203
随時修了	157
税金	52
生計の維持	33
生産主義教育論	125
生産主義的普通教育論	215
成人教育	14
青年学校令	105
世界人権宣言	203、215
絶対評価	148
説明責任	25
全国資格制度	191
全国徒弟制度法	191
選択制	131
専門先修制	164
創造性	137
相対評価	148
即時反応の原理	22

〔た行〕

大学設置基準	21
大正デモクラシー	91
太平洋戦争	105
第六感	145
高梨昌	117
田中儀衛門	68
多能的熟練工	119
単位制	131
段階的かつ体系的	180
男女雇用機会均等法	63
単能的熟練工	119
中央職業訓練所	122

中央職業紹介委員会 96	〔は行〕	モジュール訓練 114、132、155
朝鮮戦争 108、178	パートタイマー 55	モノづくり塾 174
TWI 112	廃藩置県 7	ものつくり大学 214
デジタル信号 148	発育 12	森有礼 10
デュアルシステム 77、193	発明・発見 142	森隆夫 201
転業補導所 104	早川宗八郎 43、207	門徒徒弟 5
転職訓練推進要領 112	反教育 128	
天職の訓練 32	藩校 7	〔や行〕
統合の学 208	非学校形式 26	役割の実現 33
等差循環方式 157	日立製作所 183	役割分担 169
同心円 161	ビジネス・キャリア制度 64	柳宗悦 66、130、141
篤志家 80	B型訓練 57、61、151、153	山田洋次 80
特需ブーム 108	福沢諭吉 6、12、123	有給教育休暇に関する条約
徒弟学校 68	二葉亭四迷 11	116
徒弟制度基準 192	普通教育 67	有給教育訓練休暇 42
徒弟の弊害排除 124、204	不登校者 20	ユニット・システム訓練 159
	ブラックボックス 168	ユニセフ 216
〔な行〕	フリーター 170	ユネスコ 14
内務報告令 83	プロジェクト法 136	養成工制度 69
成瀬政男 207	プロセス管理 24	横浜市婦人授産所 84
西岡常一 23	ブロック訓練システム 159	余剰感 64
日華事変 100	文學萬代の寳 3	
日清戦争 6	並列式 77	〔ら行〕
2＋2年制 118	ペスタロッチ 133	ラウンド方式 161
日本工業協会 94	ペタゴジー 209	離職者訓練 49
日本国憲法 44、176	ヘボン 12	立身出世 123
日本人の職業生涯と能力開発	保険の負担率 116	臨時教育審議会 116
を考える懇談会 116	香港 188	ルソー 133
日本労働組合総評議会 185		労働基準法 177
II類 113	〔ま行〕	労働権 203
認定職業訓練 39	マイスター 22	労働時間単位 132
ニーズの把握 150	満州事変 94	Lifelong Integrated Education
ニート 170	見習訓練制度 197	92
年間訓練計画 162	宮原誠一 125	
能力開発事業 42、115	無期間主義 132	〔わ行〕
能力主義 132	宗像元介 43、77、130、182、207	ワークハウス・スクール 189
	孟子 5、23	

〔著　　者〕田中萬年（たなか・かずとし）

1968年職業訓練大学校卒業、長崎総合職業訓練所指導員、職業訓練研究センター研究員を経て、現在、職業能力開発総合大学校教授・学術博士

〔専　　門〕職業訓練、職能形成学（エルゴナジー）

〔主要著書〕

単　　著　『学校とは何だったのか』、学文社、2006年3月。

『仕事を学ぶ』、実践教育訓練研究協会、2004年3月。

『生きること・働くこと・学ぶこと』、技術と人間、2002年4月。

『わが国の職業訓練カリキュラム』、燭台舎、1986年10月。

共編著　『働く人の「学習」論』、学文社、2005年9月。

共　　著　『成人の学習と生涯学習の組織化』東洋館出版社、2004年9月

『人材活用と企業内教育』、日本経済評論社、2000年6月。

『現代職業能力開発セミナー』、雇用問題研究会、平成3年6月。

『教育理念』、第一法規出版、1988年8月。

職業訓練原理　　　　　　　　　　　　　　　　　　　©

平成18年3月30日　初版発行　　定価：2,793円（本体2,660円）

　　　　　　著　者　田中　萬年
　　　　　　発行者　財団法人 職業訓練教材研究会

　　　　　発行所　財団法人 職業訓練教材研究会
　　　　　　　　　〒162-0052　東京都新宿区戸山1-15-10
　　　　　　　　　TEL 03(3203)6235
　　　　　　　　　FAX 03(3203)6236
　　　　　　　　　URL http://www.kyouzaiken.or.jp

著者・発行者の許諾なくして、本書に関する自習書・解説書もしくはこれに類するものの発行を禁ずる。

ISBN 4-7863-9001-1

『職業訓練原理』別冊

田中　萬年　著

職業訓練往来

「職業能力開発促進法施行規則（抄）」

財団法人　職業訓練教材研究会

「職業能力開発促進法施行規則」（平成十七年第二五五号改正抄）

（普通課程の訓練基準）
第十条　普通課程の普通職業訓練に係る法第十九条第一項の厚生労働省令で定める事項は、次の各号に掲げるとおりとし、同項の厚生労働省令で定める基準は、それぞれ当該各号に定めるとおりとする。

一　訓練の対象者　学校教育法（昭和二十二年法律第二十六号）による中学校を卒業した者（以下「中学校卒業者」という。）若しくは同法による中等教育学校の前期課程を修了した者（以下「中等教育学校前期課程修了者」という。）若しくはこれらと同等以上の学力を有すると認められる者又は同法による高等学校を卒業した者（以下「高等学校卒業者」という。）若しくは同法による中等教育学校を卒業した者（以下「中等教育学校卒業者」という。）若しくはこれらと同等以上の学力を有すると認められる者であること。

二　教科　その科目が将来多様な技能及びこれに関する知識を有する労働者となるために必要な基礎的な技能及びこれに関する知識を習得させるために適切と認められるものであること。

三　訓練の実施方法　通信の方法によっても行うことができること。この場合には、適切と認められる方法により添削指導及び面接指導を行うこと。

四　訓練期間　中学校卒業者若しくは中等教育学校前期課程修了者又はこれらと同等以上の学力を有すると認められる者（以下この項において「中学校卒業者等」という。）を対象とする場合にあっては二年、高等学校卒業者若しくは中等教育学校卒業者又はこれらと同等以上の学力を有すると認められる者（以下この項において「高等学校卒業者等」という。）を対象とする場合にあっては一年であること。ただし、訓練の対象となる技能及びこれに関する知識の内容、訓練の実施体制等によりこれにより難い場合には、中学校卒業者等を対象とするときにあっては二年以上四年以下、高等学校卒業者等を対象とするときにあっては一年以上四年以下の期間内で当該訓練を適切に行うことができると認められる期間とすることができる。

五　訓練時間　一年につきおおむね千四百時間であり、かつ、教科の科目ごとの訓練時間を合計した時間（以下「総訓練時間」という。）が中学校卒業者等を対象とする場合にあっては二千八百時間以上、高等学校卒業者等を対象とする場合にあっては千四百時間以上であること。ただし、訓練の実施体制等により

これにより難い場合には、一年につきおおむね七百時間とすることとする。

一　訓練の対象者　職業に必要な技能（高度の技能を除く。）及びこれに関する知識を習得しようとする者であること。

二　教科　その科目が職業に必要な技能（高度の技能を除く。）及びこれに関する知識を習得させるために適切と認められるものであること。

三　訓練の実施方法　通信の方法によっても行うことができること。この場合には、適切と認められる方法により添削指導を行うほか、必要に応じて面接指導を行うこと。

四　訓練期間　六月（訓練の対象となる技能及びこれに関する知識の内容、訓練の実施体制等によりこれにより難い場合にあっては、一年）以下の適切な期間であること。

五　訓練時間　総訓練時間が十二時間（別表第三の訓練科の欄に掲げる訓練科に係る訓練にあっては、十時間）以上であること。

六　設備　教科の科目に応じ当該科目の訓練を適切に行うことができると認められるものであること。

七　訓練生の数　訓練を行う一単位につき五十人以下であるものであること。

八　職業訓練指導員　訓練生の数、訓練の実施に伴う危険の程度及び指導の難易に応じた適切な数であること。

九　試験　学科試験及び実技試験に区分し、訓練期間一年以内ごとに一回行うこと。ただし、最終の回の試験は、法第二十一条第一項（法第二十六条の二において準用する場合を含む。）の規定による技能照査（以下「技能照査」という。）をもって代えることができる。

2　別表第二の訓練科の欄に定める訓練科に係る訓練については、前項各号に定めるところによるほか、同表に定めるところにより行われるものを標準とする。

（短期課程の訓練基準）

第十一条　短期課程の普通職業訓練に係る法第十九条第一項の厚生労働省令で定める事項は、次の各号に掲げるとおりとし、同項の厚生労働省令で定める基準は、それぞれ当該各号に定めるとおり

2　別表第三の訓練科の欄に掲げる訓練科又は別表第四の訓練科の欄に掲げる訓練科に係る訓練については、前項各号に定めるところによるほか、別表第三又は別表第四に定めるところにより行われるものを標準とする。

3　前二項の規定にかかわらず、短期課程の普通職業訓練のうち第六十五条の規定による技能検定の試験の免除に係るものに係る法第十九条第一項の厚生労働省令で定める事項は、第一項各号に掲げるもの及び試験とし、当該訓練に係る法第十九条第一項の厚生労働省令で定める基準は、別表第五に定めるとおりとする。

（専門課程の訓練基準）

第十二条　専門課程の高度職業訓練に係る法第十九条第一項の厚生労働省令で定める事項は、次の各号に掲げるとおりとし、同項の厚生労働省令で定める基準は、それぞれ当該各号に定めるとおりとする。

一　訓練の対象者　高等学校卒業者若しくは中等教育学校卒業者又はこれらと同等以上の学力を有すると認められる者であること。

二　教科　その科目が将来職業に必要な高度の技能（専門的かつ応用的な技能を除く。）及びこれに関する知識を有する労働者となるために必要な基礎的な技能及びこれに関する知識を習得させるために適切と認められるものであること。

三　訓練期間　二年であること。ただし、訓練の対象となる技能及びこれに関する知識の内容、訓練の実施体制等によりこれにより難い場合には、一年を超えない範囲内で当該期間を延長することができる。

四　訓練時間　一年につきおおむね千四百時間以上であり、かつ、総訓練時間が二千八百時間以上であること。

五　設備　教科の科目に応じ当該科目の訓練を適切に行うことができると認められるものであること。

六　訓練生の数　訓練を行う一単位につき四十人以下であること。

七　職業訓練指導員　訓練生の数、訓練の実施に伴う危険の程度及び指導の難易に応じた適切な数であること。この場合において、次のいずれかに該当する者を一名以上配置するものであること。

イ　第四十八条の二第二項第一号若しくは第二号に該当する者又は同項第三号に該当する者で研究上の能力又は教育訓練に関し適切に指導することができる能力を有すると認められるもの

ロ　研究所、試験所等に十年以上在職し、研究上の業績があり、かつ、教育訓練に関し適切に指導することができる能力を有する者

八　厚生労働大臣が定める職業訓練施設において指導の経験を有する者であって、特に優れた技能又は専門的な知識を有す

別表第二（第十条関係）

普通課程の普通職業訓練

一　教科

1　訓練科（次の表の訓練科の欄に定める訓練科をいう。）ごとの教科について最低限必要とする科目は、次の表の教科の欄に定める系基礎学科、系基礎実技、専攻学科及び専攻実技の科目とする。

2　中学校卒業者若しくは中等教育学校前期課程修了者又はこれらと同等以上の学力を有すると認められる者（以下この表において「中学校卒業者等」という。）を対象とする訓練の訓練科については、1に定めるもののほか、社会、体育、数学、物理、化学、実用外国語、国語等普通学科の科目のうちそれぞれの訓練科ごとに必要なものを追加するものとする。

3　1及び2に定めるもののほか、必要に応じ、それぞれの訓練科ごとに適切な科目を追加することができる。

二　訓練期間

1　訓練科ごとに最低限必要とする訓練期間は、次の表の訓練期間及び訓練時間の欄に定めるとおりとする。ただし、中学校卒業者等を対象とする訓練科の訓練期間については、それぞれ次の表の訓練期間及び訓練時間の欄に定める訓練期間に一年を加えて得た期間とする。

2　1に定める訓練期間は、一年（中学校卒業者等を対象とする訓練であって、1に定めるところによる訓練期間が二年となるものにあっては、二年）を超えて延長することはできない。

3　中学校卒業者等を対象とする訓練であって、1に定めるところによる訓練期間が四年となるものについては、2にかかわらず、当該訓練期間を延長することはできない。

三　訓練時間

1　通信制訓練以外の訓練の訓練科ごとに最低限必要とする総時間及び教科ごとに最低限必要とする訓練時間は、次の表の訓練期間及び訓練時間の欄に定めるとおりとする。ただし、二の1のただし書に定める訓練科ごとに最低限必要とする総時間は、同表の訓練期間及び訓練時間の欄に定める総時間に千四百時間を

八　試験　学科試験及び実技試験に区分し、訓練期間一年以内ごとに一回行うこと。

2　別表第六の訓練科の欄に定める訓練科に係る訓練については、前項各号に定めるところによるほか、同表に定めるところにより行われるものを標準とする。

ると認められるもの

加えて得た時間とする。

2　一2の普通学科について最低限必要とする訓練時間は、二百時間とする。

3　通信制訓練の面接指導のために最低限必要とする訓練時間は、次の表の訓練期間及び訓練時間の欄に定める系基礎学科及び専攻学科の訓練時間並びに2に定める普通学科の訓練時間のそれぞれ二十パーセントに相当する時間とする。

四　設備

1　訓練科ごとに最低限必要とする設備は、次の設備の欄に定めるとおりとする。

2　1に定めるもののほか、公共職業能力開発施設の設備の細目は、厚生労働大臣が別に定めるとおりとする。

訓練科表（省略）

別表第三（第十一条関係）

　　管理監督者コースの短期課程の普通職業訓練

一　訓練の対象者

　管理者又は監督者としての職務に従事しようとする者又は従事し

ている者であることとする。

二　教科

　訓練科ごとの教科は、次の表の教科の欄に定めるところによるものとし、その細目については厚生労働大臣が別に定めるところによるものとする。

三　訓練時間

　訓練科ごとの訓練時間は、次の表の訓練時間の欄に定めるとおりとする。

四　設備

　訓練に必要な机、いす、黒板等を備えた教室とする。

訓練科表（省略）

別表第四（第十一条関係）

　　短期課程の普通職業訓練

一　教科

　訓練科ごとの教科の科目は、次の表の教科の欄に定める学科及び実技の科目とする。

二　訓練の実施方法

通信の方法によって行う場合は、適切と認められる方法により添削指導及び面接指導を行うこととする。

三　訓練期間
1　訓練科ごとの訓練期間は、次の表の訓練期間の欄に定めるとおりとする。
2　1に定める訓練期間は、これを延長した場合であっても一年を超えることはできない。

四　訓練時間
1　通信制訓練以外の訓練の訓練科ごとの訓練時間は、次の表の訓練期間及び訓練時間の欄に定めるとおりとする。
2　通信制訓練の面接指導のための訓練時間は、次の表の訓練期間及び訓練時間の欄に定める学科の訓練時間の二十パーセントに相当する時間とする。

五　設備
1　訓練科ごとに必要な設備は、次の表の設備の欄に定めるとおりとする。
2　1に定めるもののほか、公共職業能力開発施設の設備の細目は、厚生労働大臣が別に定めるとおりとする。

六　訓練生の数　訓練生の数、訓練の実施に伴う危険の程度及び指導の難易に応じた適切な数とする。

七　職業訓練指導員　訓練生の数、訓練の実施に伴う危険の程度及び指導の難易に応じた適切な数とする。

八　試験　訓練の修了時に行うこととする。

訓練科表（省略）

別表第五（第十一条関係）

一　一級技能士コースの短期課程の普通職業訓練の基準
1　訓練の対象者　次の表の訓練科の欄に掲げる訓練科に関し、普通課程の普通職業訓練若しくは専門課程の高度職業訓練を修了した者若しくは二級の技能検定に合格した者であって、その後相当程度の実務の経験を有するもの又はこれと同等以上の技能及びこれに関する知識を有すると認められる者であることとする。
2　教科　訓練科ごとに最低限必要とする教科は、次の表の教科の欄に

訓練科表（省略）

二　二級技能士コースの短期課程の普通職業訓練の基準

1　訓練の対象者

次の表の訓練科の欄に掲げる訓練科に関し、普通課程の普通職業訓練若しくは専門課程の高度職業訓練を修了した者であって、その後相当程度の実務の経験を有するもの又はこれと同等以上の技能及びこれに関する知識を有すると認められる者であることとする。

2　教科

訓練科ごとに最低限必要とする教科は、次の表の教科の欄に定めるとおりとする。

3　訓練の実施方法

通信の方法によっても行うことができることとする。この場合には、適切と認められる方法により添削指導及び面接指導を行うこととする。

4　訓練期間

通信制訓練以外の訓練について最低限必要とする訓練期間は、一月以上六月以下の期間内において定めるものとし、通信制訓練の訓練期間は、おおむね一年とする。

5　訓練時間

通信制訓練以外の訓練について最低限必要とする訓練時間は、次の表の訓練時間の欄に定めるとおりとし、通信制訓練について最低限必要とする訓練時間は、次の表の面接指導時間の欄に定めるとおりとする。

6　設備

最低限必要とする設備は、訓練に必要な机、いす、黒板等を備えた教室又は視聴覚訓練のための機材を整備した視聴覚教室とする。

7　試験

訓練の修了時に行うこととする。

定めるとおりとする。

3　訓練の実施方法

通信の方法によっても行うことができることとする。この場合には、適切と認められる方法により添削指導及び面接指導を行うこととする。

4　訓練期間

通信制訓練以外の訓練について最低限必要とする訓練期間は、一月以上六月以下の期間内において定めるものとし、通信

5 訓練期間

 訓練の訓練期間は、おおむね一年とする。

6 訓練時間

 通信制訓練以外の訓練時間について最低限必要とする訓練時間は、次の表の訓練時間の欄に定めるとおりとし、通信制訓練については、次の表の訓練時間の欄に定めるとおりとする面接指導のための訓練時間は、次の表の面接指導時間の欄に定めるとおりとする。

6 設備

 最低限必要とする設備は、訓練に必要な机、いす、黒板等を備えた教室又は視聴覚訓練のための機材を整備した視聴覚教室とする。

7 試験

 訓練の修了時に行うこととする。

訓練科表（省略）

三 単一等級技能士コースの短期課程の普通職業訓練の基準

1 訓練の対象者

 次の表の訓練科の欄に掲げる訓練科に関し、普通課程の普通職業訓練若しくは専門課程の高度職業訓練を修了した者であつて、その後相当程度の実務の経験を有するもの又はこれと同等以上の技能及びこれに関する知識を有すると認められる者であることとする。

2 教科

 訓練科ごとに最低限必要とする教科は、次の表の教科の欄に定めるとおりとする。

3 訓練の実施方法

 通信の方法によつても行うことができることとする。この場合には、適切と認められる方法により添削指導及び面接指導を行うこととする。

4 訓練期間

 通信制訓練以外の訓練期間は、おおむね一年とする。

5 訓練時間

 通信制訓練以外の訓練時間について最低限必要とする訓練時間は、次の表の訓練時間の欄に定めるとおりとし、通信制訓練の訓練期間は、一月以上六月以下の期間内において定めるものとし、通信制訓練の訓練時間は、次の表の訓練時間の欄に定めるとおりとする面接指導のための訓練時間は、次の表の面接指導時間の欄に定めるとおりとする。

6 設備

 最低限必要とする設備は、訓練に必要な机、いす、黒板等を

別表第六（第十二条関係）

専門課程の高度職業訓練

一　教科

1　訓練科（次の表の訓練科の欄に定める訓練系及び専攻科からなる訓練科をいう。）ごとの教科について最低限必要とする科目は、次の表の教科の欄に定める系基礎学科、系基礎実技、専攻学科及び専攻実技の科目とする。

2　1に定めるもののほか、必要に応じ、それぞれの訓練科ごとに適切な科目を追加することができる。

二　訓練期間

1　訓練科ごとに最低限必要とする訓練期間は、次の表の訓練期間及び訓練時間の欄に定めるとおりとする。

2　1に定める訓練期間は、一年を超えて延長することはできない。

三　訓練時間

訓練科ごとに最低限必要とする訓練の総時間及び教科ごとの訓練時間は、次の表の訓練期間及び訓練時間の欄に定めるとおりとする。

四　設備

1　訓練科ごとに最低限必要とする設備は、次の表の設備の欄に定めるとおりとする。

2　1に定めるもののほか、公共職業能力開発施設の設備の細目は、厚生労働大臣が別に定めるとおりとする。

訓練科表（省略）

7　試験

訓練の修了時に行うこととする。

訓練科表（省略）

備えた教室又は視聴覚訓練のための機材を整備した視聴覚教室とする。

解答

問1 基本的に学校教育が職業訓練に含まれるという考え方はILOの勧告にみられるようにヨーロッパの思想だといえる。すると、途上国の国民がなぜヨーロッパ的思想で考えているか、ということになる。

多くの途上国はヨーロッパ諸国の長年の植民地支配を受けてきた。その過程で、途上国の思想としてヨーロッパの思想が根づいたためと考えられる。

問2 徒弟制度への忌避観は欧米諸国に比べて特にわが国では強いようだ。それも有識者に認められる。「徒弟の弊害排除」は封建的色彩がある雇用関係を指摘しているのであれば正しいが、今日ではそのような実態はほとんど無くなっているのではなかろうか。徒弟制度のもう一方の師弟関係について考えればそれはあらゆる教育訓練の原点であるといえ、このことを法令を作る識者が今日でも気づいていないことを示しており、早急に削除・訂正するように求めるべきであろう。

補論問題
「職能形成学」の基底学問に「教育学」を入れていない理由はなぜだろうか。

解答

教育は職業訓練に含まれている、と考える立場が前提であるので、職業訓練の学である「職能形成学」の外になる基底学問として教育学を位置づける必要はない。

特に教育の方法で参考になることは職業訓練の方法として採用すればよいのであり、学問として別のものと考える必要はないからである。

～～～～～～～～～ ※ ～～～～～～～～～

本解答集に限らず、『職業訓練原理』に関する質問やご意見を下記にお寄せ下さい。
　　　　eメール　info@kyouzaiken.or.jp

問3　第一に、訓練の財源が雇用保険会計ではなく、一般財源であることである。第二に、受講者が入る課程は一般は「短期課程」であるが、日本版デュアルシステムの場合は短期課程に限らず「専門課程」にも入っていることである。

　また、企業における実習をインターンシップといわずに正規の訓練課程として組み込んでいることである。さらに、賃金をもらってのパート就労期間も訓練期間における実習としていることである。

第8章問題

問1　1958（昭和33）年の「職業訓練法」の人材養成の目標はそれ以前の職業補導、技能者養成の目標よりも後退している面があるが、それはどのようなことか。

問2　今日の「職業能力開発促進法」は1985（昭和60）年に「職業訓練法」を改正されて制定されたが、この「職業能力開発促進法」の「日本国憲法」における位置づけをどのように考えるべきであろうか。

解答

問1　「職業訓練法」以前の職業訓練は企業内訓練は「労働基準法」による技能者養成であり、公共訓練は「職業安定法」による職業補導であった。前者の職業訓練の目標は「知識、技能を習得させる」であり、後者は「知識技能を授ける」ことであったが、「職業訓練法」では「技能を習得させる」として、「知識」を削除したことである。

問2　「職業能力開発促進法」の前身である「職業訓練法」も、元をたどれば「職業安定法」と「労働基準法」であり、これらは憲法第22条の「職業選択の自由」と第27条の「勤労の権利」の理念で制定された。したがって、今日の「職業能力開発促進法」も「日本国憲法」第22条・第27条に基づいているといえる。

　ただ、第27条の「勤労権」に直接的に位置づかないという問題を含んでいる。

第9章問題

問1　最初のメモに紹介した開発途上国の職業訓練指導員の職業訓練に対する意識がわが国の国民と異なるようになったのはなぜだろうか。

問2　今日の「労働基準法」第69条にも、「徒弟の弊害排除」というタイトルがついているが、このことをどのように考えるべきか。

> **第 6 章問題**
> 多くの企業は社員を募集するときに「創造性」を発揮することが求められるが、一方では社会や企業における組織人でなければならないことが求められる。この両者は矛盾することにならないか。

解答

　難しい問題だが、確かに企業からは矛盾したことが要望されている、といえる。近代の労働者の場合は、仕事の質により、また、場面により、「組織人」が要望されたり、「創造性」が要望されたりする。求めるものはいつも矛盾したことを求めるのかもしれない。

　例えば、「職人気質」という言葉にも職人に対する矛盾した評価の意味が込められている。一方ではその言葉により職人の頑固さにより技を追究する姿を、他方では社会常識を守らぬ姿を嘲笑する意味が込められている、といえる。

> **第 7 章問題**
> **問 1**　「職業能力開発促進法」の制定に合わせて「B型訓練」の基準が設定される直前に設定されていた訓練科は、「普通課程」と「職業転換課程」を合わせ、重複を除いて193科であった。では、B型訓練にするとどれほどの訓練科を開設することができるか。
> **問 2**　北欧のある国の小学校の時間割はすべてのコマが等しい時間で割りつけられていない。つまり、科目によって1コマの実質時間が異なるのである。このようにしている理由と、授業運営のための方策はどうあるべきだろうか。
> **問 3**　日本版デュアルシステムは主として若年失業者などを対象に職業訓練を実施しているが、従来の失業者・離転職者を対象とした訓練と何が異なるのだろうか。

解答

問 1　B型訓練は訓練科を訓練実施者が自由に設定できる。したがって、論理的には無限大である。

問 2　その理由は、児童の興味のある科目では精神が集中するから長くてもよいが、そうではない科目では精神の集中が短いからである。そのような時間割を設定するためには、教師が全面的に責任をもって計画し、それを指導しなければならない。

なかったが、失業者を対象にしていた公共職業訓練であったはずである。長年わが国では「失業者」は中高年齢者という実態と合意があった。すると、1950（昭和25）年頃には、18歳以下（新規中学校卒業者が主だった）が19歳以上よりも多く受講していたのはなぜか。

問3 1958（昭和33）年に制定された「職業訓練法」には高卒者の規定はなかった。高卒者の規定が設定されたのは1969（昭和44）年に新たに制定された「職業訓練法」であった。ところが、既に1958（昭和33）年時点で、高卒者の職業訓練を実施していた企業があった。どのような企業が高卒者を採用していたのだろうか。

解答

問1 明治の「民法」が今日までにも続いているように、戦時体制の推進に関係のない法律は存続したのである。戦後も社会は動いているのであり、特に氾濫していた失業者の対策は戦前の「職業紹介法」の体制で運営されていたのである。

問2 図5－4のデータは労働省発表より作成したものであり、この事実を労働省は周知していたことになる。しかし、公の文書で中学校卒業者を入れよ、と指示したのは1951（昭和26）年の「職業補導の根本方針」であり、それ以前に行政指導はなかった。すると、施設の判断（所長と指導員）で入所させたといえる。

では、なぜ入れたのか、が問題となる。当時、今日のように社会的制度が確立していなかった頃、世帯主である失業者は家族をかかえてまずはその日の食料費を調達すべきであった。そのために、当時、職業安定事業と併行して重視されていた"失業対策事業"の"日雇い労働者"となって子弟を養わざるを得ず、受講などは困難であった。

一方、施設の立場で考えれば、法の目的である失業者が入所しなければ施設そのものの存立意義が問われる。中学校卒業者は希望しても高校に進学できない者が多く、しかし彼らも親の支援を得て、就職のために職業補導所へは入所できたのであった。

このような相互関係から図5－4のような結果になっていたと推測される。

問3 わが国の若者は就社希望として大企業を挙げる。すると大企業は高校進学率が上がってもいまだ中卒者の募集が可能であった。今日でも、トヨタ、東京電力、デンソー、日野自動車が中学校卒業者を対象とした3年訓練を実施していることからも分かる。

当時、高校進学率が向上し始めた段階で、高卒者の訓練を実施していたのは中卒者の募集が困難になった企業である。つまり、中・小の企業がまず中卒者の募集が困難となり、その中でも高卒者を採用できるのは中堅企業であった。

課程を、高等学校の上に専門課程を図示することになる。

問3　「職業訓練法」は高度経済成長を支える人材養成制度として制定された。最も期待されたのは中学校卒業者であり、彼らの職業能力であった。その目的意識からすれば（想像の域を出ないが）障害者の職業能力への期待は低かったからであろう。

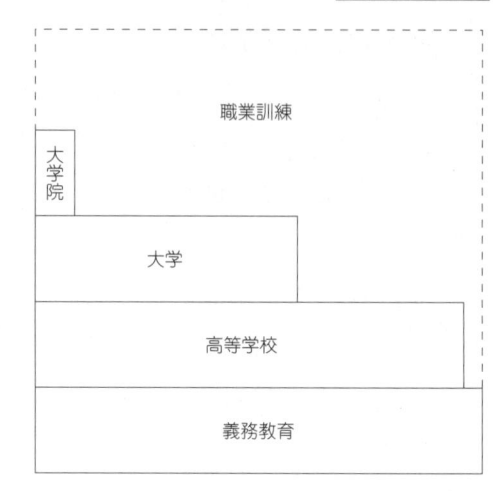

```
┌─────────────────────────────┐
│           職業訓練           │
│ ┌──┬──────────────────────┐ │
│ │大│                      │ │
│ │学│        大学          │ │
│ │院│                      │ │
│ │  ├──────────────────────┤
│ │  │      高等学校         │
│ │  ├──────────────────────┤
│ │  │      義務教育         │
└─┴──┴──────────────────────┘
```

第4章問題

日本の今日に継続する職業訓練は学校教育に比べて遅れて成立した。なぜそのように遅れたのだろうか。また、なぜ職業訓練は成立したのだろうか。

解答

第2章の解答に記したように、学校制度による人材養成策を先に重視したことがある。その当時の最も大きい課題が昌平坂学問所や藩校に代わる官僚の養成にあったことが、学校制度の整備を急いだ理由であった。

しかし、義務教育への就学率も十分でなかった時代、また、窮迫した財政の下で職業教育を実施することはできなかった。そのため、企業は独自に社員の教育を始めなければならなく、企業内教育訓練が開始された。

また、ひとたび社会に出た人々のための学習制度は未整備であり、特に失業者が再就職するためには職業能力の習得が必要となり、公共職業訓練が整備された。

いずれも、学校教育での未整備が新たな職業訓練の整備を必要としたのであった。ただ、在職者訓練と離転職者訓練とは学校制度では困難な面が多々あるため、いずれの国でも別の制度が整備されているといえる。

第5章問題

問1　「工場法」、「職業紹介法」が戦後に廃止されなかったのはなぜか。
問2　戦後の「職業安定法」下の公共職業補導において、受講者の年齢を規定してい

な方法を創意工夫しなければならない。

> **第2章問題**
> 職業訓練の概念は様々であるが、わが国の「職業訓練」は国際的な位置づけに比べると極めて曖昧になっている。特に徒弟制度を全く対象にしていない。このようになった背景には何があるのだろうか。

解答
わが国はヨーロッパに比べると遅れて近代化をはじめた。人材養成策はヨーロッパ諸国に"追いつけ追い越せ"の富国強兵・殖産興業策の重要な土台であったが、近代化を強く意識したために歴史の発展に従った制度ではなく、人為的な学校制度を確立したことにある。徒弟制度を今日でも古い制度とみる考え方はわが国独特の教育観から生まれている。

> **第3章問題**
> **問1** 労働省は教育刷新委員会の建議を受け、昭和23年の「教習事項」の基準において、教科目の時間を35時間の単位で告示した。なぜ、科目の時間を35時間単位で告示したのであろう。
> （ただ、教育刷新委員会の建議に文部省が反対したため、労働省の告示は無意味となり、「職業訓練法」下の基準では労働時間単位（当時は1,800時間）となり、今日に至っている。）
> **問2** 見慣れた階段型（ピラミッド型）の学校制度図を簡単に記し、その図に今日の職業訓練を図示して学校教育との関係を示すとどのようになるか。
> **問3** 障害者に対する職業訓練が「職業安定法」時代よりも、「職業訓練法」時代の方が様々な面での配慮が欠けることになった理由はなぜだろうか。

解答
問1 教育刷新委員会の建議が実施されるとすれば、技能者養成の訓練を高校の単位に簡単に換算しやすくする必要があった。戦後、高等学校は単位制であり、その単位は35時間単位であったためである。
問2 図のとおり、学生を除いて在職者対象の訓練、離転職者の訓練はあらゆる人が対象になっている。
やや詳しく描けば、新規学校卒業者の制度として義務教育および高等学校の上に普通

職業訓練往来

> **序論問題**
> 「職業訓練は教育ではない」という言葉には「教育」に対する誤解と職業訓練に対する偏見が内包されている場合が多いが、職業訓練の立場からいえば「今日の日本では」と限定すべきであるが、「職業訓練は教育ではない」と考えるべきである。これはなぜか。

解答

まずは、その人の「教育」の概念を確認する必要がある。

簡単にいえば、「教育」は王様が部下を育てるときの言葉であるが、職業訓練は職業能力を修得することを目的としている、といえるからである。

また、「教育」と"Education"は異なる。"Education"は職業能力開発的な概念であり、そのため「教育」と職業訓練は異なるといえる。

> **第1章問題**
> 今日は「生涯学習」の時代である、といわれる。我々の言葉では「生涯職業能力開発」である。そのような時代で、職業訓練指導員としてはどのような"能力開発"を目指すべきだろうか。

解答

まず最も大事なことは技術・技能の進歩にしたがったその技術・技能の学習である。これは職業訓練の核心として重要であるが、その進歩した内容をそのまま訓練しなければならないということではない。現在の進歩の状況を理解した上で、担当している受講者に最も則した訓練内容を検討しなければならない。

ただ、先端の技術・技能だけでも十分ではない。今日の技術・技能はこれまでの古い技術・技能を土台として発展してきたのであり、特に修理、修復する技術・技能のためには古い技術・技能を軽視してはいけないからである。

また、職業訓練の制度なども時代と共に変化するので、このことも十分に理解し、新た

『職業訓練原理』別冊
田中 萬年 著

職業訓練往来

解 答 編

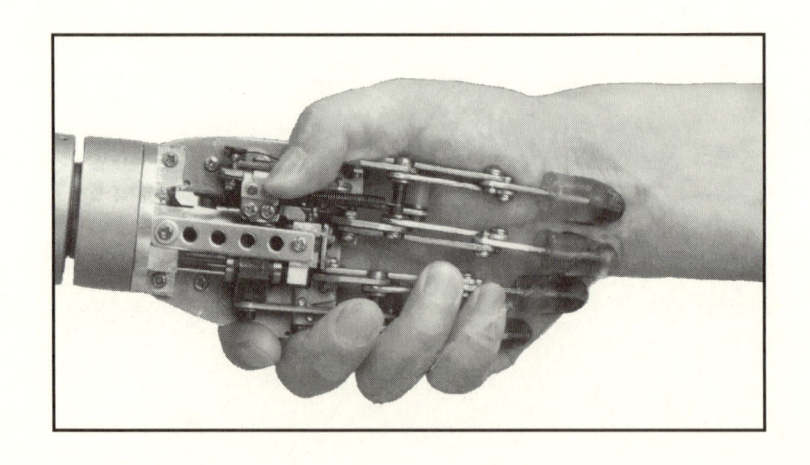

財団法人 職業訓練教材研究会